내 사랑 황하를 흘러

평생 부르심에 이끌려 중국과 한국 사람들의 몸과 영혼을 섬긴
하나님의 충직한 대사 R. A. 토레이 2세 선교사의 생애

Ambassador to Three Cultures
(The Life of Dr. R. A. Torrey Jr.)

by Clare Torrey Johnson

Copyright © 1990 Jane Grey Torrey
Jesus Abbey, MT.-7, Hasami-dong,
Taebaek-si, Gangwon-do, 235-250

본 저작물의 한국어판 저작권은 원 판권 소유자와 독점 계약한 좋은씨앗에 있습니다. 저작권 법에 의하여 한국 내에서 보호를 받는 저작물이므로 무단 전재와 무단 복제를 금합니다.

Korean Copyright © 2009 Good Seed Publishing Company
Seoul, Korea

All other rights reserved

내 사랑 황하를 흘러

클레어 토레이 존슨 지음 | 김원경 옮김

좋은씨앗

내 사랑 황하를 흘러

초판 1쇄 인쇄 / 2010년 3월 17일
초판 1쇄 발행 / 2010년 3월 26일

지은이 / 클레어 토레이 존슨
옮긴이 / 김원경
펴낸이 / 신은철
펴낸곳 / 도서출판 좋은씨앗
출판등록 / 제4-385호(1999. 12. 21)
주소 / 서울시 서초구 양재동 2-30, 덕성빌딩 4층(137-886)
영업부 / 전화 (02)2057-3041 / 팩스 (02)2057-3042
편집부 / 전화 (02)2057-3043
홈페이지 / www.gsbooks.org
이메일 / sec0117@empal.com
ISBN 978-89-5874-148-0 03230
Printed in Korea

R. A. 토레이 2세의 생애에서
가장 중요한 두 여성인 나의 할머니 클라라 토레이와
어머니 자넷 맬러리 토레이에게 이 책을 바칩니다.
할머니께서 아버지가 쓴 편지들을
충실하게 보존하지 않았더라면 이 책을 세세하게
기술할 수 없었을 것이고, 어머니의 격려와 도움이 없었더라면
이 책을 쓰는 것 자체가 불가능했을 것입니다.

추천의 글 **1** 방지일 | 영등포교회 원로목사, 우리나라 최초 중국 선교사

주님이 보내신 사랑의 대사

대를 이어 중국과 한국에서 복음 역사를 펼치신 주의 종 토레이 선교사 가족은 두 나라 사람들 모두에게 존경의 대상이었다. 내가 중국에 선교사로 갔을 때에도 거기서 그분의 존경받는 이름을 익히 들었다. 그분이 한국에 와서는 의수족을 만들어 사지를 쓰지 못하는 이들에게 팔 다리를 달아주니 그들에게 그 쾌감이란 그야말로 새 삶을 출발하는 기분이었을 것이다.

전쟁 후인지라 폐허가 된 우리나라에 홀몸으로 건너와 부산, 대전 그리고 마지막엔 서울로 진출하여 불우한 장애인들에게 새로운 삶을 살게 하신 공헌이야말로 당사자 된 그들에게야 말할 것도 없고 곁에서 지켜보는 이들에게도 말로 다할 수 없이 감격적인 일이다. 후에 기록으로나마 보고 듣는 이들도 이 귀한

역사에 극한 존경을 내내 보낼 것이다.

 이 책에선 토레이 선교사의 참으로 천진난만한 소년 시절의 모습도 볼 수 있다. 당시의 실정을 실감나게 알게 되거니와 그 순결한 봉사는 주님의 희생을 그대로 실천하여 사심이며, 내외분의 수기는 보는 이들에게 생생한 역사의 기록이자 복음 선교의 획을 긋는 역사의 한토막이 아닐 수 없다. 오늘날 주님의 사랑을 실천하는 일에 대해 새로이 생각해보는 계기가 될 것이다.

 그분이 한 일들이 많은 사람들에게 크나큰 덕을 나타냈거니와 이 글을 보는 후대들에게도 같은 맥락으로 주님의 사랑을 보여주고 있으니 이제도 많은 심령을 주님께 인도하는 견인의 역사가 일어날 것을 바라본다.

추천의 글 2 한철호 | 선교사, 선교한국 상임위원장

선교사가 선교다

루벤 토레이 선교사는 한국 그리스도인들이 잘 알고 있는 예수원 대천덕 신부의 부친이다. 또한 그의 부친인 R. A. 토레이는 무디성경학교의 초대 교장을 지낸 성령론으로 유명한 신학자다. 그는 1913년 중국에 선교사로 가서 사역을 했고, 1952년부터는 한국에서 사역을 하기도 했다. 중국에서 주로 교회를 개척하고 복음을 전하다가 중국 공산화로 인해 미국으로 돌아갔지만, 다시 한국에서 사역을 이어가게 된다. 한국에선 한국전쟁으로 인해 팔 다리를 잃은 많은 장애인들을 돕는 사역을 통해 사랑을 실천함으로써 복음 전파를 이루었다.

중국의 근대화 과정에서 기독교 선교는 많은 의미가 있다. 이미 7세기부터 중국에 복음이 전파되기 시작했지만, 중국에서 기

독교가 확장된 것은 20세기에 들어 유럽과 북미의 젊은이들이 선교사로 나가면서 본격적으로 시작되었다. 당시 중국은 근대화로 넘어가는 과정에서 정치적, 사회적 혼란이 가속화되고, 백성들은 가난과 무지의 어둠 속에 있는 상황이었다. 그 가운데서 수많은 선교사들은 자신들의 삶 전체를 드려 사역했고, 그 결과는 오늘날 중국 교회의 놀라운 확장으로 우리가 확인하고 있는 바다. 토레이 선교사가 중국에서 이룬 사역이 이러한 역사의 아름다운 본보기가 됨을 이 책에서 확인할 수 있다.

그의 삶과 사역에 대한 이야기를 읽고 나면, 어떤 학자가 "매체가 메시지다"라고 말한 것처럼 우리는 "선교사가 선교다"라는 결론을 내리게 될 것이다. 오늘날 우리 선교의 과제는 어떻게 우리 삶이 선교가 되게 할 것인가에 있다. 그 해답을 이 책에서 발견하게 될 것이다. 이제 막 세계 선교에 중요한 역할을 하기 시작한 한국 선교는 서구 선교로부터 많은 것을 배워야 한다. 서구 선교가 지난 200년 동안 이룬 업적과 전략을 배우는 일도 중요하지만, 동시에 앞서간 선교사들이 보여주었던 희생과 삶의 본도 놓치지 말아야 할 것이다. 그것이 무엇인가에 대한 해답 또한 이 책에서 확인하게 될 것이다. 토레이 선교사 가족의 후손들은 오늘도 한국 땅을 겸손히 섬기고 있다.

추천의 글 3 김승호 | 선교사, 한국 OMF 대표
복음, 오직 그 능력만 가지고 간 사람

어릴 적 당시 선교 동원을 위해 북미주를 방문한 허드슨 테일러 선교사의 집회에 참석하고 선한 비전과 개인적인 격려를 받았던 루벤 토레이는 후에 성인이 되어 중국에서 주를 섬긴 선교사가 되었다. 루벤은 무디와 함께 북미주의 영적 지도자였던 R. A. 토레이 목사의 아들이요 또한 우리에게 잘 알려진 예수원의 원장 루벤 아처 토레이(한국명 대천덕) 신부의 아버지였다. 지금 예수원을 섬기는 현재인 사모는 루벤 토레이 선교사의 며느리다.

이 책은 루벤 토레이 선교사가 격동기였던 선교지에서 겪은 큰 고난과 시련 가운데 어떻게 예수 그리스도를 중국인들에게 알려가는지 잘 보여주고 있다. 또한 다른 선교사의 필요에 민감하여 그들을 도와주며 섬기는 선교사의 목회자로서의 삶도 잘 보여주고 있다. 뿐만 아니라 당시 중국이 황하강 범람과 메뚜기

재앙과 대기근으로 국가적 재해를 당하고 있을 때 복음과 함께 구제의 선한 손길로 중국의 영혼들을 섬긴 일들을 잘 묘사하고 있다.

무엇보다도 루벤 선교사를 통해 우리가 다시 한 번 회복하고 도전 받아야 할 중요한 일은, 우리가 선교할 때 루벤이 중국인들에게 그러했듯이 복음을 원색적으로 힘 있게 전하여 누구든지 듣고 믿으면 구원을 얻는 복음의 능력을 선교지 영혼들이 체험하도록 하는 일이다. 그가 중국인들에게 전하여 많은 사람들이 믿고 회심케 한 복음의 내용 한 부분을 소개하고 싶다.

"한 분뿐인 진짜 하나님은 사람의 손으로 만들어지지 않았고 오히려 그분이 우리를 만드셨습니다. 우리는 우리의 죄 때문에 그분을 달래기 위해 향을 피우거나 애쓸 필요가 없습니다. 그분이 우리에게 바라고 계신 것은 우리가 그분의 아들을 믿고 그분을 사랑하는 것입니다. 예수님은 우리를 대신해 징벌을 받으심으로 하나님이 우리를 용서하게 하셨습니다. 우리들은 죽으면 영원히 살 수 있도록 예수님이 준비해놓으신 집이 있는 낙원으로 들어갈 것입니다."

추천의 글 **4** G. 톰슨 브라운 | 선교사, 호남신학대학원 설립자
복음의 진리를 담은 대하소설

클레어 토레이 존슨이 쓴 그녀의 아버지 루벤 토레이의 전기에는 옛 중국의 독군들, 혁명, 일본군 침공, 공산당 점령으로 점철된 격동의 시절을 가로지르는 중국 파송 선교사 가족의 삶과 사역에 관한 이야기들이 한 편의 대하소설처럼 흥미진진하게 펼쳐진다. 이 책의 원제 '세 문화에 파견된 대사'(Ambassador to three Cultures)는 중국, 미국, 한국의 높고 힘 있는 자들과 가난하고 지위가 낮은 자들을 연결하는 데 있어 루벤 토레이가 감당한 역할을 적절하게 표현하고 있다.

이 책의 줄거리는 '복음의 진리'를 담고 있다는 점만 제외하면 한 편의 소설을 방불케 한다. 이야기는 그가 북미 유수의 복음전도자들 중 한 사람 아래에서 성장하는 과정으로부터 시작

해 대학생 시절의 구애, 중국 사역에 대한 결단, 언어 훈련, 폭도들의 공격, 기근 구제, 황하 제방의 재축조, 도시 하나를 구해내기 위한 퇴각 군인들과의 협상으로 이어진다. 납치당한 러시아 소년을 부모와 만나게 한 훈훈한 이야기도 있다.

루벤이 처음으로 택했던 사역은 시골을 돌며 복음을 전하는 일이었다. 산동성에서 자립적 교회들을 개척한 일은 중국 내에서 장로교단이 선교 활동을 하는 표본이 되었다.

저자 클레어는 그런 과정에서 겪은 어려움들, 낙담, 가족의 이별, 일본의 침략, 가택연금, 송환, 미 육군 연락관 근무, 중국에서 트럭 사고로 한 팔을 잃은 일, 그리고 이 사고가 한국에서 수족절단자 재활 사업이라는 새로운 사역으로 인도된 일 등을 가감 없이 적어나가고 있다.

닥터 루벤 토레이의 지혜, 영적 통찰, 선교사로 나서고자 하는 한국 젊은이들에게 주는 실제적인 충고가 여기에 담겨 있다. 함께 수록된 '옛 중국'의 모습을 담은 사진들로 인해 책의 내용이 더욱 실감난다.

추천의 글 5 현재인 | 예수원 이사장, 고 대천덕 신부 부인

하나님으로부터 오는 승리의 기운

시부모님인 토레이 선교사 내외가 대전에서 사역하실 때 남편 대천덕 신부와 나는 잠깐 한국에 머물렀다. 우리는 많은 행사들에 참여했고, 두 번의 휴가를 함께 보냈다.

시어머님은 귀가 잘 들리지 않음에도 만나는 모든 사람들에게 친밀한 관심을 보이고 베풀며 대접하기를 즐기셨다. 오른팔을 잃는 극심한 고통을 겪었던 시아버님은 그 고통을 다른 사람들의 필요에 집중하는 것으로 승화시키셨다. 그분의 마음속엔 항상 팔 다리가 없는 이들을 돕고 그들을 위한 학교를 키우려는 생각이 가득했다.

그분은 도움을 받는 이들에게 기독교인이 되기를 강요하지 않았지만 그런 기회를 주었고, 좋은 음악을 맛볼 수 있는 기회에까지 관

심을 기울이셨다. 훌륭한 이 두 분에 대해 알면 알수록 나는 더욱 도전을 받는다.

　이 책의 저자이자 시누이인 클레어 존슨은 나의 진정한 영적 친구다. 우리는 함께 기도하고 함께 웃으며 지내왔다. 나는 클레어를 흠모해왔고, 특히 그녀의 한결 같은 기독교인다운 성품에 줄곧 경탄하며 살았다. 클레어는 여러 문제들과 사람들 속에서 하나님으로부터 오는 승리의 기운을 보며 그것들을 저술 속에서 꾸준한 사랑으로 다루어왔다. 그러한 기운이 이 책을 읽는 이들에게 고스란이 전해지길 기원해본다.

차례

추천의 글 ①: 주님이 보내신 사랑의 대사   6
추천의 글 ②: 선교사가 선교다   8
추천의 글 ③: 복음, 오직 그 능력만 가지고 간 사람   10
추천의 글 ④: 복음의 진리를 담은 대하소설   12
추천의 글 ⑤: 하나님으로부터 오는 승리의 기운   14

저자의 말: 오직 주님만 영광 받으소서   20

1부 : 소년에서 청년으로

1. 사고   29
2. 유년 시절   35
3. 진학   42
4. 첫 만남   47
5. 일생의 결정   55
6. 중국 파송   62

2부 : 미지의 땅, 중국

7. 어학 공부	71
8. 지난	79
9. 시골 전도	85
10. 중요한 해	92
11. 동료 선교사들의 목사	99
12. 위수로 첫 전도 여행	106
13. 문이 열리다	115
14. 첫 안식년	124
15. 기근 구제	132
16. 남부식 친절	139
17. 위수에서의 생활	145
18. 패장 달래기	151
19. 어머니의 기도	159
20. 음침한 골짜기	171
21. 미국 복귀	181
22. 휴가 연장	190

3부 : 격동의 시기

23. 작별	201
24. 내면의 투쟁	215
25. 짙어지는 전운	223
26. 점령지	233
27. 마지막 준비	241
28. 사역의 종언	249
29. 전쟁포로들	259
30. 송환	274
31. 전선 복귀	286
32. 연락담당관	292
33. 입원	301
34. 귀향	308
35. 다시 중국으로	314
36. 상하이	321
37. 공산주의자들	330

4부 : 이제는 한국으로

38. 새로운 임무　　339
39. 준비　　344
40. 한국 도착　　350
41. 사역의 시작　　360
42. 아내의 합류와 팀의 완성　　369
43. 희망의 빛　　379
44. 생애 최고의 순간　　392
45. 은퇴 생활　　404

에필로그: 아버지와의 감동적인 만남　　418
연표로 보는 루벤 토레이 선교사의 생애　　420

저자의 말: 오직 주님만 영광 받으소서

1970년 아버지가 돌아가신 후 수년이 지나는 동안 가족들 중 많은 이들이 매우 중요하고 흥미진진한 아버지의 생애를 전기로 남겨야 한다는 공감을 하게 되었다. 그리고 이런 문제를 얘기할 때마다 결론은 늘 "그걸 할 사람은 너밖에 없어"였다. 이런 소리를 수년 동안 들어오다가 어머니가 내 곁에 머물면서 집필에 도움을 주실 수 있겠다는 데 생각이 이르렀고 정보를 모으기 시작했다.

당시 어머니는 캘리포니아에 사셨고 나는 중서부에 살고 있었는데 어머니와 함께할 때마다 어머니의 생애와 아버지의 개성과 품성에 관한 일들, 아버지에 대한 어머니의 생각을 끌어내기 시작했다. 방대한 분량의 기록을 확보하고, 나와 어머니 사이의 대화, 어머니가 지인들과 나눈 대화 그리고 모임에서 연설

한 내용들을 녹취했다.

집필을 시작한 지 얼마 되지 않아서, 아버지가 중국 선교 현장에 파견된 이후로 당신 어머니에게 보내신 편지가 담긴 상자들을 언니로부터 넘겨받았다. 언니는 이 편지 상자들을 1953년 할머니가 돌아가신 후 유품들을 정리하다가 발견했다고 한다. 할머니는 그동안 편지 상자들을 보관하고 계셨던 것이다. 언니는 "자, 여기 있다. 아버지 전기를 쓸 때 사용하렴"이라고 말했다. 아버지나 어머니가 쓰신 그 편지들을 보고 나는 얼마나 기뻤는지 모른다.

할머니는 당신의 아들이 보낸 편지들을 남김 없이 보관하려 하신 것 같다. 편지들 중에는 아버지가 어린 소년이었을 때 할머니와 할아버지가 전도 여행을 하고 계시는 동안 그분들에게 보낸 것들도 있었다. 아버지는 중국에 머물고 있는 동안 할머니에게 매주 긴 편지를 쓰셨다. 아버지가 편지를 쓸 겨를이 없을 때에는 할머니가 당신의 아들에게 편지를 보내셨다.

아버지와 어머니가 한국에 계셨던 수 년간, 두 분은 당신들의 사역에 관한 설명을 미국에 있는 후원자들에게 글로 써서 보내셨다. 이 책에 나오는 직접 인용문은 대개 이런 자료들에서 나온 것이다. 그러나 대화의 많은 부분은 이런 편지들과 내가 아는 부모님에 대한 지식을 근거로 만들어 낸 가공의 표현들이다.

좀 더 많은 사람들이 이 책을 읽을 수 있도록 하기 위해 학문적 논문 형식을 피하고 소설처럼 술술 읽히는 전기가 되도록 노력했다. 중국의 인명과 일부 지명은 그곳의 기독교인과 아직 그곳에 살고 있는 그들의 후손을 보호할 목적으로 다른 이름과 명칭으로 바꾸었다. 내가 중국에서 17년 간 살았던 기억을 더듬어서 중국의 정취를 살리고자 노력했다. 한편 나의 기억을 확인하고 보강하기 위하여 구할 수 있는 자료들을 모조리 읽었다. 로저 마틴이 쓴 내 할아버지의 공식 전기 「R. A. 토레이: 확실성의 대사R. A. Torrey - Ambassador of Certainty」에도 많이 의지했다.

분주한 목회자의 아내로서 시간이 날 때마다 짬짬이 10여 년에 걸쳐 글을 썼다. 은퇴 생활 이후 부분을 제외하고 나머지 부분들은 1984년 어머니가 돌아가시기 전에 탈고했다. 어머니가 생전에 읽어 보실 수 있게 하기 위해서였다. 이 책의 일부분은 어머니가 마지막 날들을 보내신 요양원의 한 방에서 쓰여졌다. 어머니는 교정을 보면서 매우 기뻐하셨다. 어머니는 늘 내가 이 책을 쓰는 것에 대하여 감격스러워 했고 자랑스럽게 여기셨다. 한 가지 유감스럽게 생각하는 것은 어머니가 '우리들의'(어머니는 이렇게 표현하셨다) 작품이 책으로 출판되는 것을 보지 못하고 돌아가셨다는 사실이다.

아버지의 평소 생각을 미루어 볼 때, 이 책이 다른 이들의 영적 생활을 깊게 할 수 있는 것이라면 아버지도 이 책이 출판되기를 원하셨을 것이라고 확신한다. 아버지가 바라는 것은, '인간' 이 칭송 받는 것이 아니라 당신이 충성스럽게 섬긴 구세주만 영광을 받으시는 것이다. 또한 하나님이 우리들의 삶을 온전히 주관하시게 한다면 "모든 것들이 합력하여 선을 이루게"(롬 8:28) 된다는 진리를 이 책의 독자들이 깨닫는 것이라고 생각한다. 독자들에게 이와 같은 역사가 일어날 것을 믿는다.

부모님은 당신들이 훈련시키고 영어를 가르친 많은 한국인들과 함께 7년 간 한국에서 수족절단자 재활 사역을 하면서 한국과 한국인들을 점점 더 사랑하게 되셨다. 그래서 이 전기가 한국어로 다시 출간됨을 허락하신 하나님께 감사 드린다.

'좋은씨앗' 출판사와 만날 수 있도록 도와주고 의사소통의 창구가 되어준 올케 제인 토레이(한국명: 현재인)와 그녀의 친우 유오디아 홍에게 고마움을 전한다. 고인이 된 오빠 아처 토레이 목사와 그의 한국인 동역자들이 없었더라면 이 책의 출판은 애초에 불가능했을 것이다. 이런 문들을 열어주신 하나님께 감사를 드리며, 아버지의 생애에 사랑과 관심을 보여주는 한국의 기독교인들에게 감사한 마음을 전한다.

나의 삶은 10대 소녀 시절부터 한국과 관련되기 시작했다. 1935년, 나는 중국을 떠나 평양으로 가서 선교사 자녀들을 위한 미국인 학교에서 4년 간 고등학교 시절을 보냈다. 부모님도 중국 사역의 길이 막히자 한국에 와서 한국 교회를 7년 동안 섬기셨다. 성공회 신학교를 다시 개설하기 위하여 오빠가 한국에 오게 된 데에도 부모님의 역할이 컸다.

1958년에 일본에서 선교사로 사역하던 나와 남편은 한국을 방문해 부모님과 오빠와 올케, 조카들을 만나는 기쁨을 누린 적이 있었다. 남편이 목회에서 은퇴를 한 후 주님의 인도로 우리 부부는 한국을 다시 방문해서 아름다운 산 속 예수원에 있는 오빠의 가족들을 만나볼 수 있었다.

모쪼록 한국과의 아름다운 인연이 지속되기를 기대해본다.

2009년 5월 플로리다 레이크랜드에서
클레어 토레이 존슨

"우리가 알거니와 하나님을 사랑하는 자
곧 그의 뜻대로 부르심을 입은 자들에게는
모든 것이 합력하여 선을 이루느니라"(롬 8:28).

1부
소년에서 청년으로

'나는 죽지 않는다. 나는 하나님을 사랑한다.
나는 부르심을 받았다. 나는 살아서
다시 사역할 것이다. 중국에서…"

1장 사고

연락담당관 루벤 토레이와 동료 프랭크 투스가 충칭에서 비행기에 올라 쓰촨성 북부 리앙산 활주로에 내린 것은 청명하고 더운 날이었다. 거기서 미군 트럭을 타고 산을 가로질러 양자강의 어느 항구로 향했다. 두 사람은 배가 강을 오르내리며 강어귀 항구에 정기적으로 부려놓는 신선한 채소를 저장할 보급 창고를 세워야 했다.

임무를 잘 끝낸 두 사람은 트럭 수송단에 합류하여 귀로에 올랐다. 가파른 산허리를 따라 폭이 좁은 선반처럼 뻗어 있는 옛 대상로를 트럭이 상하좌우로 흔들리며 주행할 때, 루벤은 운전대를 잡고 있는 젊은 병사의 검게 그을고 잘생긴 얼굴을 유심히 관찰했다. 병사는 짜증과 불만이 가득한 표정이었다.

'마음 깊숙한 데 자리 잡은 분개가 이 친구의 영혼을 갉아먹고 있군.' 차가 심한 커브 길을 너무 급히 돌자 루벤은 몸의 균형을 잡기 위해 열려 있는 차창을 손으로 붙들면서 생각했다. '기분이 언짢다고 험하게 운전을 해선 안 되는데. 내가 무슨 말을 해줘야 도움이 될까?' 루벤은 곰곰이 생각했다.

한 편에 높이 치솟은 험산들이 보이고 다른 한 편에 나무가 울창한 깊은 협곡들이 보였다. 그 기막힌 경치를 바라보며 기도했다. '하나님, 이 젊은이의 마음을 풀어줄 만한 말이 생각나게 도와주십시오. 그래야 안심하고 차에 앉아 있을 수 있겠습니다.'

그 순간 갑자기 트럭이 급하게 연속으로 커브를 틀며 질주하더니 곧 브레이크를 밟는 날카로운 쇳소리가 나고 둔중한 충돌이 일어났다. 아래 계곡에서 불발탄들이 터지면서 앞에 가던 트럭들이 급정거를 한 것이었다. 루벤이 탄 트럭은 길 가장자리에 너무 붙어 있어 잘못하면 절벽 아래로 곤두박질칠 수밖에 없는 상황이었다. 운전병은 브레이크를 밟으며 순간적으로 운전대를 틀었고 그 바람에 앞 트럭의 후면을 들이박고 말았다.

충돌을 예감한 루벤은 자신도 모르게 본능적으로 오른팔을 차창 밖으로 내저었다. 그러다 팔이 뒤로 밀리면서 두 차량 사이에 끼고 말았다. 충돌 순간, 루벤은 자기가 평생 불구가 될 것을 알았으나 훗날 가훈이 된 성경 말씀이 뇌리를 스쳤다. "우리가 알거니와 하나님을 사랑하는 자 곧 그의 뜻대로 부르심을 입은 자들에게는 모든 것이 합력하여 선을 이루느니라"(롬 8:28). 머리 속에선 줄곧 이런 생각이 맴돌았다. '나는 죽지 않는다. 나는 하나님을 사랑한다. 나는 부르심을 받았다. 나는 살아서 다시 사역할 것이다. 중국에서…"

충돌한 두 트럭의 운전병들이 밖으로 뛰어내렸다. 무슨 일이 일어났는지 보려고 주위에 사람들이 모여들고, 루벤은 무리 가운데서 친구이자 이번 여행의 동반자인 프랭크 투스의 반가운 얼굴을 발견했다.

"프랭크, 트럭을 떼봐. 내 팔은 이미 글른 것 같아!" 루벤은 소리쳤다. 두 운전병이 급히 운전석에 돌아와 시동을 걸고 두 트럭을 떼어놓자 루벤의 팔이 젖은 걸레처럼 툭 떨어졌다. 팔꿈치 위 절단된 동맥에서 피가 분출하고 팔 하단의 벌어진 근육 사이로 뼈가 드러났다.

"어서 지혈대 좀!" 루벤은 외쳤다. 한 병사가 자기 허리띠를 급히 풀어 루벤의 팔 윗부분에 감아 출혈을 멎게 했다.

"이 사람을 리앙산에 있는 응급처치소로 데려가야 해." 누군가가 소리쳤다. 사람들이 다친 루벤을 트럭에서 끌어내 지프 뒷좌석으로 옮겼다. 프랭크 투스가 옆자리에 탑승해 루벤의 몸을 받쳤다. 급조한 지혈대를 붙들고 있는 병사가 앞좌석에서 무릎을 꿇고 루벤 쪽으로 돌아앉았다. 병사는 루벤의 팔을 쥔 손을 놓지 않기 위해 지프의 지붕 지지대에 기대며 몸을 틀었다. 차가 리앙산 치료소까지 꾸불꾸불한 13킬로미터 길을 질주하는 동안 병사는 이런 힘든 자세를 한 채 몸의 균형을 가까스로 유지했다.

지프가 절벽의 좁은 암봉을 급히 주행하며 요동칠 때마다 루벤의 몸에 통증의 파도가 밀려왔다. 고통과 비극의 와중에도 작은 것들에 위안을 받을 수 있다는 건 이상한 일이다. 루벤은 셔츠 주머니에 껌 한 개를 넣어둔 것이 기억났다. 프랭크에게 그것을 꺼내 입에 넣어달라고 부탁하고 껌 하나가 준 청량감에 대해 하나님께 감사 기도를 드렸다. 극도의 고통과 약함에도 불구하고 마음에는 평강이 넘쳐 흐르고 정신은 생동했다.

'팔을 잃게 되겠지. 팔이 하나밖에 없다는 건 결코 부끄러운 일이 아니야. 현실을 받아들이고 적응해야지. 스스로 불구라고 생각하지 않는 한 불구가 아니야. 하나님이 내 목숨을 살려주실 거야. 지금까지 두 팔로 해온 모든 일들을 한 팔로 하는 법을 배우면 돼.' 그는 생각했다.

리앙산 비행기 착륙장이 내려다보이는 곳에 위치한 응급처치소가 드디어 시야에 들어왔다. '우리가 이곳에 내린 게 기껏 오늘 아침이라니. 내린 지 수 주는 흐른 것 같군.'

지프가 처치소 작은 건물 앞에서 정차했다. 루벤이 운반되어 수술대 위에 놓였다. 피로 흠뻑 젖은 셔츠를 잘라내자 팔의 상처가 드러났다. 군외과의는 크게 탄식했다. "여기서 다루기엔 상태가 너무 심각해! 청두 기지 병원으로 이송해야겠어." 청두는 여기서 644킬로미터 떨어져 있고, 거기까지 가기 위해선 비행기 편 말고는 없었다.

절단된 동맥들을 하나하나 묶고 탈골된 어깨를 맞추고 더러운 상처 부위를 닦아내는 등 루벤의 짓이겨진 팔을 돌보면서 군외과의는 병사에게 명령했다. "비행장에 '작전'을 요청해서 청두로 갈 비행기를 즉시 대기시키라고 해. 사람의 생사가 걸린 문제라는 걸 확실하게 말하게." 혈장을 주입할 정맥을 찾았지만 피가 너무 많이 흘러서 허탈되지 않은 정맥을 찾기가 쉽지 않았다.

"오늘 비행 가능한 항공기가 없답니다. 비행장 내 모든 항공기가 가솔린 부족으로 지상 계류 중입니다."

"젠장!" 군외과의는 절망하여 소리쳤다. "지금 이 사람은 쇼크 상태에 있어. 말도 못하게 혈압이 떨어져 있다고. 반드시 청두에 가야 해!" 벽시계가 큰 소리로 재깍대고 오후 햇살 속에 파리떼가 윙윙거렸다.

루벤은 낙심했다. 가솔린이 부족하다는 사실은 알고 있었다. 이번 여행에서 연료 부족 때문에 충칭에서 이틀 간 지체한 터였다. 사실, 그의 임무 중 일부가 먼 데 있는 비행장들에 보급선을 유지시키는 것이었다. 항공기도 없고, 혈압도 없고, 정맥도 찾을 수 없다니! 루벤은 결국 이렇게 죽는 것인가!

외과의 부하 병사의 목소리가 루벤의 의식을 뚫고 들려왔다.

"의무관님, 제가 관제소에 전화를 해보겠습니다."

'관제소에 전화?' 루벤은 생각했다. '어리석은 짓이야. 작전실에서 '비행기가 없다'고 하는데, 관제소에서 무슨 뾰족한 수가 있겠나?'

"그렇게 해봐." 군외과의는 대답했다. 얼마 후 놀라운 보고가 돌아왔다. "관제소에서 방금 항공기 한 대의 착륙을 허가했습니다. 지금 그 항공기가 들어오고 있습니다. 15분 후면 도착한답니다!"

"그 항공기를 징발해!" 군외과의는 고함쳤다. "구급차도 불러!" 주사바늘이 드디어 정맥에 꽂혔다. 환자는 활주로로 급히 옮겨졌다. 한 육군 소령 의사가 루벤 옆에 앉아 루벤의 머리 위로 혈장이 담긴 병을 치켜들고 있었다.

비행기에 조심스럽게 실리면서 루벤은 고통 중에서도 기도했다. "하나님, 당신의 보살핌과 때를 택하심에 감사합니다. 지프가 15분만 늦게 도착했더라면 자칫 비행기를 놓칠 뻔 했습니다."

항공기의 프로펠러들이 돌기 시작했다. 커다란 '새'가 활주로를 질주하고 몇 초 후 이륙하여 청두로 향했다. 루벤은 이 항공기가 어디에서 왔으며 지금 어디로 가고 있는지 알지 못했다.

2장 유년 시절

비극과 개인적 상실과 외로움 앞에서도 맨정신으로 자기 자신을 추스르고 있는 이 사람은 누구인가? 병원 침상에 누워 고통의 낮과 밤을 보내며 그는 분명 지나온 58년의 삶을 되돌아 보았을 것이다. '나는 어디에서 왔고, 하나님이 나에게 지금까지 무엇을 성취할 수 있게 해주셨던가?

오른팔을 잃은 지금, 그는 장차 자기 인생이 어떻게 바뀔 것인지에 대해 자문해봤을 것이다. 그가 확실히 아는 것 하나는 글씨 쓰는 법을 처음부터 다시 배워야 한다는 것이었다. 난생 처음 글씨 쓰기를 배울 때 그것이 얼마나 어려웠던가를 기억해냈을지도 모른다.

루벤의 마음속 눈에 지루한 교실 풍경이 보였을 것이다. 커다란 벽시계가 재깍대는 소리와, 선생님이 아이들이 쓴 글씨를 바로잡으면서 종이 넘기는 소리만 들리는 조용한 교실. 다른 친구들은 모두 집에 갔는데 여섯 살 루벤만 자존심이 상한 채 나무 책상들 가운데 혼자 앉아 있다. 아이는 두 눈에 눈물이 그렁그렁해서는 숱 많고 빗질 안 한 곱슬 금발이 책상에 거의 닿도록 고개를 숙인 채 석판 위에 글을 쓰고 있다. 지난 며칠 간 루벤은 1학년 시험지 위에 자기 이름 쓰는 법을 배우려 애를 썼지만 글자가 자꾸 거꾸로 쓰이고 한쪽으로 몰렸다.

선생님은 왜 루벤이 그토록 학습에 어려움을 겪는지 이해할 수 없었다. 이 아이의 부친은 교육자로서, 예일대와 같은 대학 신학원을 졸업하고 심지어 독일 라이프치히와 에를랑겐에서 수학한 한 사람이 아니던가. 달리 어찌 해야 할지 모르는 선생님은 아이가 방과 후에 남아 글씨를 연습하고 가도록 했다.

당황스런 마음과 연방 흘러내리는 눈물 때문에 힘들었지만 루벤은 분필을 꼭 쥐고 선생님이 칠판 위에 적은 아름다운 글자들을 천천히 공들여 베껴나갔다. 루벤의 고치려는 의지는 선생님의 의지 못지않게 강했다. 드디어 베껴 쓴 글씨가 선생님 글씨와 비슷해지기 시작했다. 몇 번 더 쓰고 나니 글자들을 석판 위에 보기 좋게 배치시킬 수도 있게 되었다. 어린 소년은 손등으로 눈물을 훔치고 빈 책상 사이를 지나 씩씩하게 선생님 앞으로 나아갔다.

"선생님, 다 했어요!" 아이는 자랑스럽게 말했다. 선생님의 얼굴이 환해졌다. 석판 가장자리에 이름이 또박또박 정성스럽게 쓰여 있었다. '루벤 토레이.' 이 의지의 승리에 선생님도 아이만큼이나 기뻐했다. 루벤의 학습은 이렇게 시작되었고, 이후 82년 간 계속되었다. 그는 학습과 도전을 결코 멈추지 않았다.

미국의 위대한 전도자 중 한 사람인 R. A. 토레이의 외아들 루벤은 1887년 9월 16일, 미네소타주 미네아폴리스에서 출생했다. 그가 세 살 때 가족이 시카고로 이사했다. 부친이 신설된 무디성경학교에서 초대 교장이 되었기 때문이다. 시카고에서 부친 R. A. 토레이가 D. L. 무디의 최고 조력자로 있는 시기에 어린 루벤은 무디성경학교나 매사추세츠 노스필드에서 열리는 무디의 하령회에서 초빙한 당대 가장 뛰어난 설교자들의 설교를 들었다. 그 중 유명한 선교사 두 명이 가장 기억에 남았다.

둘 중 한 명이 에너지가 넘치는 존 G. 페이튼이다. 그는 뉴헤브리드 제도의 식인종들 사이에서 사역을 했다. 토레이 박사가 시무하는 무디교회에서 페이튼이 설교하던 역사적인 어느 날 저녁, 그는 설교 말미에 하나님을 섬기는 일에 생을 바치고 싶은 사람이 있는지 청중들에게 물었다. 그러자 저녁 내내 귀여운 얼굴에 흥미가 가득하던 여섯 살 루벤이 갑자기 엄마 옆자리에서 일어나 긴 통로를 지나 강단 앞으로 나갔다. 강단 앞에 선 다른 어른들 사이에 서 있는 루벤의 몸집은 평소보다 더 작아 보였다. 그러나 가정에서 예수님을 알고 사랑해온 이 아이는 예수님을 섬기는 일에 대해서는 누구 못지 않게 진지했다.

어린 루벤의 마음을 사로잡은 다른 한 사람은 중국 선교의 선구자 닥터 J. 허드슨 테일러였다. 그는 전형적인 선교사의 이미지와는 다른 모습이었다. 키는 작지만 워낙 중요한 인물이어선지 실제보다 더 커 보였다. 멋지게 기른 구레나룻이 낯을 거의 가리고 있었지만 형형한 눈빛과 수시로 얼굴을 환하게 밝히는 찬란한 미소까지 가리지는 못했다.

소년 루벤은 테일러 선교사가 무디 식당에서 자기 가족과 한 식탁에서 식사할 계획이라는 걸 알고 가슴이 설레이었다. 그가 들려주는 재미난 중국 이야기에 어찌나 빠져들었던지 포크 드는 것마저 잊다시피 했다. 루벤은 마음속 깊은 데서 '나도 언젠가 선교사가 되어야지' 하고 느꼈으나 집을 떠나 그렇게 먼 데까지 간다는 것, 그리고 거기서 겪게 될 겁나는 일들을 생각하니 여섯 살 어린 마음에 부담이 되었다.

테일러 선교사가 식당을 떠나며 루벤 옆에 멈추어 서서 그의 곱슬머리 위에 한 손을 얹고 물었다. "루벤, 커서 뭐가 싶니?"

루벤은 생각 없이 대답하기 싫어 잠시 망설인 뒤 또렷한 말씨로 대답했다. "목사님요." 평소 아버지를 마음속 영웅으로 생각했고 아버지처럼 되고 싶었기 때문에 루벤은 그렇게 말하면서 마음이 편안했다.

루벤이 선교사가 될 생각을 한 것은 나중 일이다. 어쨌든 그는 독자였다. 부모가 늙으셨을 때 네 누이에게 부모를 부양하게 할 순 없는 일이었다. 루벤이 생각하기에 그건 자기의 책임이었다. 그러니 선교사가 되어 먼 나라로 떠난다는 것은 생각하기 힘든 일이었다. 매사에 늘 논리적이고 일관적으로 생각하며 성급하게 결정하지 않는 것은 그때나 나중에나 루벤의 성격이었다. 그는 목사가 되겠다는 결심을 한 순간도 잊지 않았다.

루벤이 열한 살 때 깊은 상처가 된 비극이 일어났다. 누나라기보다 쌍둥이 같았던, 루벤이 제일 좋아한 누이가 디프테리아로 갑자기 죽은 것이었다. 누이는 루벤보다 겨우 18개월 위였고 학교에서도 같은 반이었다. 훗날 루벤은 노인이 된 후에도 죽은 누이에 대해 얘기할 때면 두 눈에 눈물이 가득 고였다.

루벤과 그가 가장 좋아했던 누이 엘리자베스.

토레이 가의 자녀들(왼쪽부터 엘리자베스, 루벤, 마가렛, 블랑셰, 에디스).

무디성경학교의 초대 교장으로서 무디와 함께 19세기 후반 미국 부흥운동을 이끈 R. A. 토레이 박사.

R. A. 토레이와 클라라 토레이 부부.

3장 진학

1903년, 어느 더운 여름날 저녁이었다. 노라 에머슨 집 빅토리아풍 거실에서 온 가족이 모여 가을을 어떻게 보낼지 의논하고 있었다. 거실의 레이스 커튼이 미풍에 일렁이고 있었다.

R. A. 토레이 박사는 평소 무엇을 결정하는 데 어려움을 느끼지 않았다. 그의 사고는 독창적이었고, 그 뒤에는 항상 기도와 정연한 논리가 있었다. 일단 그가 결정을 내면 감히 누구도 그와 논쟁하려 들지 않았다. 그러나 이날 밤, 토레이의 자녀들은 고모 노라가 아버지에게 루벤이 앞으로 해야 할 일에 대해 그녀의 생각을 거침없이 피력하는 모습을 놀라움 속에 지켜보고 있었다.

열여섯 살 루벤과 그의 누이 셋은 양친이 국외로 전도 여행을 떠난 1년 간 고모 집에서 기거하고 있었다. 이제 양친이 노라에게 아이들을 영국으로 데려가 2년 간 살겠다고 하는 것이었다.

"토레이, 이번 영국 전도 여행에 딸들을 데려가려는 건 이해한다마는, 루벤은 학교를 너무 자주 옮겨 다녔어. 이 시점에서 루벤을 개인교사 밑에서 배우게 하는 건 현명한 처사가 아니야."

"노라," 납득할 수 없다는 듯이 토레이가 천천히 말했다. "개인교사들에게 개인적으로 관심을 받으며 배우는 게 교실에서 배우는 것보다 예일대에 입학하는 데 더 도움이 될 거야." 토레이는 갑자기 아들에게 고개를 돌리고 말했다. "루벤, 가만히 있지 말고 네 생각을 말해보렴."

"아버지, 저도 아버지, 어머니와 함께 유럽에 가는 게 좋긴 해요. 하지만 여기서 사귄 좋은 친구가 몇 명 있고, 폴리테크닉에서 지금 성적도 좋고 토의하는 것도 재밌고…."

"토레이!" 노라 고모는 지원군을 얻었다는 듯 강경한 어조로 말했다. "이런 말 하긴 뭐 하지만, 네가 지금 루벤을 외국에 데리고 가면, 루벤은 제때에 대학에 진학할 수 없게 될 거야. 아니, 영영 대학에 가지 못할 수도 있어."

"이 문제에는 아직 아무도 생각지 못한 측면이 있어." 이제 생각이 정리되기 시작한다는 투로 토레이가 입을 열었다. "그 측면이란, 루벤이 영국에서 살아보는 것이 브루클린에서 2년 간 학교 다니는 것보다 교육적 가치가 더 클 거라는 거야."

처음부터 의논에 참여하고 있던 노라 고모의 딸 리지가 별안간 울음을 터뜨렸다. "제발, 루벤을 데려가지 마세요!"

토레이는 놀라서 리지를 쳐다봤다. 그는 신경질적인 여자들을 싫어했다. 순간 그의 마음에서 일말의 망설임이 걷혔다. '이런 환경은 내 아들에게 좋지 않다.' 그는 확신에 찬 어조로 말했다. "루벤은 우리와 함께 영국으로 간다."

리지가 큰소리로 울며 방을 뛰쳐나갔다. 이것으로 모든 논의가 끝난 것을 안 노라 고모가 자리에서 일어나 침착한 모습으로 천천히 딸의 뒤를 따라나갔다.

이후 2년 간 루벤의 학업은 불규칙했다. 노라 고모가 걱정한 대로였다. 첫 1년 간 영국에서 여러 개인교사 밑에서 공부했고, 다음 1년 간은 독일에서 공부했다. 부친이 이따금 전도 집회에 루벤을 데리고 갈 때마다 공부가 중단되었다. 그러나 루벤에게 이 시절의 경험은 무엇과도 바꾸고 싶지 않은 소중한 것이었다. 아버지 일에 참여하고 있다는 게 그렇게 신날 수 없었다.

여름 기간 중에 유럽 대륙을 관광하는 것도 또 다른 묘미였다. R. A. 토레이는 열성적인 여행가이자 등산가였다. 루벤은 아버지와 함께 스위스 알프스를 오르면서 긴 대화를 통해 책에 없는 많은 것을 배웠다.

대조적으로, 루벤이 열여덟 살 되던 해는 그의 인생에서 가장 비참한 시기였다. 그해 루벤은 유럽에 있는 가족을 떠나 미국

코네티컷 뉴헤이븐에서 지내며 대입 특수학교에 다녔다. 그러는 동안 너무 외로워서 매일 지나는 다리에서 자전거를 몰아 다리 밑 강으로 떨어져 모든 것을 끝내고 싶다는 생각까지 했다. 그가 결행을 안 한 것은 오로지 자살이 하나님을 기쁘시게 하지 않는다는 사실을 알고 있기 때문이었다. 자살하면 포기자가 되고 마는 것이다. 루벤은 올해를 무사히 살아내는 것은 물론, 대입 시험에 합격하여 예정대로 가을에 꼭 대학에 들어가자고 마음을 다졌다.

노라 고모의 심한 반대에도 불구하고 1906년 가을, 열아홉 살 루벤은 펜실베이니아 이스튼 소재 라파옛 대학에 입학했다. 부친 R. A. 토레이는 아들이 자기 모교인 예일 대학에 들어가기를 바랐다. 그러나 루벤은 라파옛 대학이 자신의 필요에 더 맞다고 생각했다. 당시 가족이 미국에 돌아와 있었다. 처음에는 필라델피아에서 살다가 펜실베이니아 몬트로즈로 이사했다. 루벤은 여생 동안 몬트로즈를 고향으로 여겼다.

젊은 루벤은 대학 생활에 푹 빠졌다. 뉴헤이븐 때와 대조적으로 퍽 행복한 시기였다. 그는 연극 활동에 적극적으로 참여했고, 교지 편집부에서 일했으며, 많은 시간을 학교 친구들과 거칠고 시끌벅적하게 보냈다. 남자끼리의 이런 접촉은 여자들 속에서 지낸 그의 지난 세월을 중화해주는 효과가 있었다. 지난날, 부친이 수다한 전도 집회로 집을 비우면 루벤은 모친과 네 누이와 지내야 했다. 브루클린 시절엔 누이들뿐 아니라 두 고모와 사촌 리지와 함께 살았다. 루벤은 그들을 성심으로 대했고, 그들 또한 루벤을 그렇게 대했지만, 막상 대학에 진학하고 보니 다른 남자들과의 접촉이 공부보다 더 중요하다고 느껴졌다.

1907년 여름, 루벤이 매사추세츠 노스필드로 가는 도중에 그의 인생이 바뀌었다.

브루클린 시절의 루벤

4장 첫 만남

당시 뉴욕의 그랜드 센트럴역은 세계인의 대합실이었다. 뉴욕에 오면 늘 경험하는 흥분을 느끼며 루벤은 하트포드 행 북향 기차를 찾아 인파를 헤치며 나아갔다. 라파옛 대학에서 첫 1년을 마친 그는 노스필드에서 가족과의 재회를 기대하고 있었다. 그가 기차에 막 오르려는데 누가 등 뒤로 달려오더니 어깨를 탁 치며 크게 말했다. "루벤! 여기서 뭐 하고 있어?"

루벤은 굳이 돌아볼 필요도 없이 그가 누군지 알았다. 그의 남부 억양을 못 알아들을 리 없었다. "목소리를 들으니 찰리 버틀러가 틀림없으렷다!" 루벤은 몸을 돌려 그를 와락 껴안았다. 찰리는 목소리에 한창 물이 올랐다는 평을 받는 가수이고, 토레이 가의 모임에서도 많이 노래한 터였다. "노스필드에 가서 가족을 만나려는 참이야. 자네는 무슨 일로 뉴욕에 왔나?"

"이거 기막힌 우연인데?" 그는 만면에 미소를 띠고 감탄했다. "나도 가족과 함께 노스필드로 가는 길이야. 이리 와서 가족과 인사하지 그래. 모두 열두 명인데 여자가 일곱이지."

그때 기적이 울리고 짐꾼이 소리쳤다. "모두 승차하세요!" 찰리가 가장 가까운 승강단 위로 뛰어올랐다. 루벤은 짐짓 그곳을 피해 플랫폼을 조금 더 뛰어 내려갔다. 기차가 역에서 막 출발하기 시작할 때 난간을 잡고 처음 장소에서 몇 칸 떨어진 차량에 훌쩍 올라탔다. "나는 아직 남부의 미녀 일곱 명을 한꺼번에 대면할 준비가 안 됐어. 나머지 찰리 가족은 말할 것도 없고." 루벤은 빈 좌석을 찾으며 속으로 중얼거렸다.

기차가 좌우로 천천히 덜커덩대며 달리는 가운데 루벤은 찰리의 권유에 대해 생각해보았다. 그냥 무시하기엔 아쉬운 점이 많았다. '옳지, 그렇게 하자.' 그는 마침내 결정했다. '하트포드에서 환승할 때 기차에서 내리는 찰리 가족 일행이 잘 보이는 자리를 찾자. 어떤 사람들인지 대강 훑어봐야지.'

찰리가 기차에서 뛰어내리는 게 보였다. 그는 객차문 옆에 서서 소녀들이 내리는 걸 차례차례 돕고 있었다. 소녀들은 연령대가 대충 여섯 살부터 열여덟 살까지였고 모두 웃고 흥겨운 듯했다. 이어 남자 아이의 손을 잡은 한 나이 든 여성이 내렸다. 그녀 뒤로 한 중년 남성이 내리는데, 키가 루벤의 아버지만 했고 조금 더 말랐다.

이어 찰리는 자기보다 더 젊은 한 여성이 내리는 걸 도왔다. 그의 아내임에 틀림없었다. 끝으로 흑인 여성 두 명이 내렸는데, 루벤의 생각에 하녀들 같았다. 둘 중 한 여자는 어찌나 뚱뚱한지 과연 그 몸으로 무슨 일을 제대로 할 수 있을지 궁금했다. 더 젊은 하녀가 뚱뚱한 하녀에게 느린 남부 억양으로 말하는 게 들렸다. "빨리 와요, 엄마. 서두르지 않으면 기차를 놓친다고요!"

루벤이 감히 마다할 수 없는 유쾌함과 명랑함이 그들 주위에 감돌고 있었다. 루벤은 또 다시 그들과 다른 객차에 탔다. 이번엔 기차가 움직이기 시작하자마자 열차 칸들을 천천히 가로질러 찰리 가족의 하녀들이 있는 곳까지 갔다. 객차의 문을 열자 음악가 친구가 그의 얼굴을 쳐다봤다.

찰리는 급히 일어나며 소리쳤다. "루벤, 뭐 땜에 이렇게 오래 걸렸어? 난 혹시 자네가 길을 잃어버렸나 했지. 자, 가족을 소개하겠네." 찰리가 물러서며 나이 든 남성과 부인 쪽으로 갔다. "루실, 프랭크, 루벤 토레이를 소개할게요. 루벤, 이 두 분은 누이와 매형이라네. 루실, 그리고 프랭크 맬러리. 여기 있는 대다수 여자들이 이 두 분의 자제들이지!"

루벤이 루실에게 가볍게 고개를 숙이고 그녀의 남편과 악수를 나누었다. "처음 뵙겠습니다, 맬러리 내외분."

"만나서 반갑네, 루벤. 우리 부부는 자네 부친을 매우 존경하고 있다네. 최근에도 자네 부친의 설교를 들으러 애틀랜타에 갔지. 사실 이번에 노스필드에 가는 것도 올 여름 자네 부친과 무디의 가르침에서 어떤 도움을 얻지 않겠는가 하는 기대 때문이라네." 프랭크가 만면에 미소를 띠고 말했다.

찰리가 계속해서 나머지 사람들을 소개했다. "애니 로리, 이쪽은 루벤 토레이라고 해요. 루벤, 이 멋진 숙녀분은 내 매형의 누이라네. 이 분의 아들인 존 B.는 내 누이 부부의 하나뿐인 아들을 지켜주기 위해 따라왔지." 찰리가 존 B. 옆에 앉은 잘생긴 한 소년을 가리켰다. "이 아이가 '아들 프랭크' 야. 우리의 자부심이자 기쁨이지."

"프랭크, 너 나와 비슷하구나." 루벤은 아이의 머리를 손바닥으로 톡톡 치며 말했다. "나도 누이가 넷인 집안에서 컸단다. 고모도 둘 있지. 어머니까지 치면…."

이번엔 소녀들과 차례로 인사를 나누었다. 다들 아까 봤을 때보다 더 예뻤다. 맬러리 부부는 딸이 여섯이고 이번 여행에 친척 아이 한 명도 대동했다. 찰리는 하녀들을 소개하는 것도 잊지 않았다. "우리는 이 두 사람 없이 살 수 없다네." 그는 그녀들 쪽으로 손을 흔들며 말했다. "앤이 훌륭한 요리사라는 건 자네가 보기에도 한눈에 알 수 있겠지? 옆은 그녀의 딸 매리. 매리는 기차를 타보려고 따라왔지." 찰리는 놀리는 투로 말했다.

루벤이 두 흑인 여성에게 정중히 고개를 숙였고 그녀들은 키

득거리며 화답했다. 소개가 다 끝나자 찰리가 말했다. "이보게 루벤, 자넷 옆 내 자리에 자네가 대신 앉게. 자넷이 이 미녀 사절단의 맏이자 대장이니까."

대번에 유쾌한 대화가 시작되었다. "토레이 박사님께 아드님이 있다는 걸 몰랐어요." 자넷은 감탄했다. "삼촌은 당신의 아름다운 누이 블랑셰에 대해 우리에게 자세히 얘기해주었어요. 뭐 이런저런 이유에서요. '아주 예쁜 마가렛'에 대해서도 얘기했고요. 제니 바이와 나이가 같다나요. 그런데 당신의 존재에 대해선 일언반구도 없었어요. 삼촌은 우리한테 이런 사실을 끝내 숨겨온 거군요!'

루벤은 생각했다. '남자 학우들이 지금 나를 본다면 얼마나 부러워할 것인가! 그는 라파옛 대학 인근에 사는 여자들과 이미 많이 사귀어 보았지만, 처음 접하는 이 남부 여성들은 정말 매력적이고 색달랐다.

자넷은 키가 152센티미터 남짓하고, 크고 장난기 어린 푸른 눈이 높이 말아 올린 검은 머리와 묘한 대조를 이루었다. 바로 밑 두 동생들만큼 예쁜 건 아니지만, 활기와 매력이 돋보이는 아가씨였다. 루벤은 그녀의 나이가 자기보다 겨우 다섯 달 아래이고, 그녀가 사는 조지아 메이콘에 있는 웨슬리언 대학에서 피아노를 전공하고 있다는 사실을 곧 알게 되었다.

자넷 맞은편에 바로 밑 동생 헬렌이 앉아 있었다. 헬렌은 피부색이 짙고 밤색 곱슬머리에 부드러운 갈색 눈의 미인이었다. 루벤의 맞은편에 로살리가 있었다. 그녀는 머리색이 노르스레하고 밝고, 자넷처럼 눈이 아주 파랬다. 재치가 있어 사람들을 잘 웃겼다. 나이가 더 어린 소녀들인 재클린, 제니 바이, 루실, 그리고 그들의 조카 롤리는 통로 건너편에 앉아 한마디라도 놓칠세라 대화에 귀를 쫑긋 세웠다.

이번 매사추세츠 여행은 퍽 즐거운 경험이었고 루벤에겐 잊지 못할 여름이 되었다. 기차가 노스필드 역에 도착했고 루벤을 마중나온 사람이 없었다. 맬러리 가족은 루벤더러 같이 버스를 타자고 했다. "우리는 노스필드가 처음이에요. 그래서 길잡이가 필요해요." 그들은 이렇게 말했다.

그해 여름, 루벤이 맬러리 가의 여식 중 누구를 좋아하는지 아무도 잘 알지 못했다. 이 젊은이들은 대개 함께 다녔다. 루벤은 수양회에서 독창을 하거나 일을 거들어야 할 때가 아니면 되도록 프랭크 맬러리가 그해 여름 동안에 빌린 '스위스 샬레'에서 시간을 보내려 했다. 닥터 토레이의 아들이며 법정상속인인 이 젊은이는 비록 내색은 안 했지만, 자기가 이 여자들 중 누구를 좋아하고 있는지 확실히 알고 있었다!

라파옛 대학 시절의 루벤.

자넷 맬러리(루벤을 처음 만났던 1907년경).

노스필드 성경수양회에서 찬양하고 있는 루벤 토레이

5장 일생의 결정

1907년 가을, 루벤은 새로운 열정을 가지고 대학으로 돌아왔다. 그는 배우자 선택이 신중을 기해야 할 문제라는 걸 항상 염두에 두고 있었다. 배우자는 그의 사역을 큰 성공으로, 또는 큰 실패로 이끌 수 있기 때문이었다. 지금까지 적지 않은 여성들과 사귀어 보았지만 그들은 그저 가벼운 친구들일 뿐이었다. 그가 장차 하려는 일에 적합한 여성은 한 사람도 없었다. 그러나 자넷은 달랐다.

자넷은 매우 이지적이고 음악적 재능이 풍부한데다가 재치와 매력도 있었다. 더 중요한 것은, 그녀에게 깊은 겸손과 이타심, 그리고 하나님과 그분을 섬기는 일에 대해 근본적으로 헌신된 마음이 있다는 점이었다. 게다가 그게 전부가 아니었다. 루벤은 전에 만난 어느 여자보다 자넷 앞에 서면 심장이 더 빠르게 뛰었다. "첫눈에 반한다"는 것이 바로 이런 경우였다.

각자 학교에 적을 둔 두 남녀가 천 마일의 거리를 둔 채 관계를 진전시킨다는 것은 불가능해 보였다. 당시는 비행기나 장거리 전화가 있는 시대가 아니었다. 설상가상으로, 루벤은 조지아에 있는 다른 몇몇 청년들도 자넷에게 관심을 갖고 있다는 사실을 알게 되었다. 경쟁이 만만찮을 것 같았지만 그녀가 사는 곳에 선뜻 찾아갈 수도 없었다. 그러나 이런 심각한 장애물들을 극복하고 그녀와 관계를 구축하겠다는 의지는 확고했다.

두 사람은 처음 만난 해부터 정기적으로 서신을 교환했고 로맨스는 잘 진행되었다. 그러나 그 한 해 동안 청년 루벤은 해외 사역에 헌신하고 싶다는 생각에 점점 사로잡히기 시작했다. 그의 속에서 이런 목소리가 들려오는 것 같았다. "루벤, 여기 미국에서 사역할 수 있는 사람은 많다. 그러나 해외에서 나는 네가 필요하단다. 그곳에는 나의 사랑에 대해 사람들에게 얘기해줄 사람이 너무도 적구나."

마침내 어느 날 루벤은 응답했다. "네, 주님. 말씀을 듣겠습니다. 제가 가겠습니다." 순간, 그는 새로운 기쁨과 자유에 휩싸였다. 옳은 결정을 했다는 확신이 들었다. 한편으론 걱정도 생겼다. '외아들이 해외로 가겠다고 하면 부모님이 뭐라고 하실까? 아버지는 말씀은 안 하셔도 내가 당신을 도와 전도 일을 했으면 하고 바라시는 것 같은데.' 더 큰 문제도 있었다. '자넷은 어떤 반응을 보일까?

루벤은 책상 앞에 앉아 아주 고심하며 편지 두 통을 썼다. 한 통은 부모님께, 다른 한 통은 이제 자기에게 특별한 존재가 된 여인에게 보내는 것이었다. 부모님의 답신에 그는 즉시 안심했다. "우리 아들이 집과 가족을 떠나 살기 고생스러울 딴 나라에 가서 하나님을 섬기겠다고 하니 기쁘고 자랑스럽기 한량없구나." 그의 양친은 이렇게 썼다.

루벤은 마음을 졸이며 자넷의 답신을 기다렸다. 그녀가 이 결정에 관심이 전혀 없다면 그녀를 포기할 수밖에 없다고 생각했다. 그렇게 된다면 그건 그가 감수해야 할 가장 큰 희생이 될 것이었다. 편지를 기다리는 매일매일이 큰 고통이었다. 드디어 답신이 왔고 커다란 안도도 함께 왔다. 그 젊은 여성은 루벤의 헌신을 높이 평가했다. 그런데 그의 미래에서 그녀가 맡을 역할에 대해선 전혀 언급이 없었다.

조지아 메이콘에서 자넷은 생각했다. '이 편지를 보니 그와 결혼할 생각이 싹 가셨어. 가난한 목회자의 아내가 되고 싶은지도 아직 확신이 없는데 이교도 나라에서 평생을 보낸다니, 이건 정말 아니다. 그러고 싶은 사람들에겐 멋진 일이겠지. 나도 그런 사람들을 존경하지만 내가 그러고 싶진 않아. 그 남자와의 편지 교환을 서서히 끊어야겠어. 이런 관계가 공식화되기 전에.'

자넷이 기독교 사역에 관심이 없는 것은 아니었다. 그녀는 교회 일에 열심히 임했다. 주일 아침마다 주일학교에서 학생들을 가르쳤다. 주일 오후엔 차를 타고 메이콘의 공영주택 지역에 가서 제분소 인부들의 딸들을 가르쳤다. 그러나 그녀는 노는 것도 좋아했다. 그녀는 피아노를 전공하는 웨슬리언 대학에서 강의가 비는 시간에 그녀의 관심을 두고 경쟁하는 여러 청년들과 함께 야구를 즐겼다. 딸이 여섯인 맬러리 가 주변엔 뭇 청년들이 모이통에 모여 드는 새떼처럼 늘 서성댔다.

프랭크 로저스도 이런 청년들 중 하나였다. 그는 장래가 촉망되는 젊은 사업가였다. 그는 자넷이 학교를 졸업하는 즉시 결혼하고 싶다고 속을 털어놨다. 자넷도 이 남자에게 마음이 끌렸다. 그러나 아무리 애를 써도 루벤을 생각에서 떨쳐버릴 수 없었다. 메이콘에서 그녀가 아는 남자들은 루벤과 비교해볼 때 확실히 격이 떨어지는 것 같았다. 루벤에겐 어떤 교양과 세련됨, 유럽 풍의 매너가 있었고, 이는 그만이 지닌 독특한 매력이었다. 그렇지만 집과 가족을 떠나 대양을 건너 수천 킬로미터 떨어진 어느 곳에서 여생을 보낸다는 것은 너무 터무니없었다. 그래서 자넷은 루벤의 편지들에 대한 답신을 자꾸 미루었다.

한편, 펜실베이니아 이스튼에서 루벤은 자기와 '남부 미인' 사이가 예전 같지 않음을 점차 느끼고 있었다. 그녀로부터 마지막 편지가 온 지 세 주가 지났다. 사랑에 빠진 젊은 대학생에게 그것은 너무나 긴 시간이었다. 그러나 그는 포기할 준비가 안 되었다.

며칠 후, 자넷은 아래의 글이 적힌 쪽지와 함께 줄기가 기다란 장미 한 송이를 받았다. "이것은 당신에게 장미입니다만, 제게는 심장입니다."

확실히 이 메시지는 효과적이었다. 서신 교환이 다시 추진력을 얻기 시작했다. 1910년 6월, 라파옛에서 마지막 시험을 치른 루벤은 조지아 메이콘으로 가는 첫 차에 몸을 실었다. 시험에 통과했는지 여부는 알아보지도 않았다. 자넷부터 만나야 했다. 그가 노스필드에서 자넷과 지낸 것이 3년 전 일이고, 이후 만난 적이 없었다.

메이콘에서 자넷은 펜실베이니아에서 오는 키 크고 잘생긴 구혼자를 기다리고 있었다. 매끈한 발목까지 내려오는 부드러운 흰 가운을 입고 검은 머리를 틀어올린 그녀가 현관 앞에 놓인 그네에 앉아 앞뒤로 가볍게 그네를 흔들고 있었다. 마당 자갈길을 밟는 소리가 났다. 그녀는 고개를 들었다. 서 있는 사람은 루벤이 아니라 늙은 흑인 잡역부 엉클 빌이었다. "아, 엉클 빌이군요. 무슨 일이에요?" 자넷은 놀라 물었다.

이 노인은 신비한 감각을 갖고 있어서 맬러리 가문의 딸들을 에워싼 수많은 청년들 중 누가 어느 딸과 각각 결혼하게 될지 귀신같이 알아맞혔다. 그가 틀린 적은 한 번도 없었고 맬러리 가문의 딸들은 이 노인이 어떻게 그걸 알았을까 신기하게 여겼다. 엉클 빌은 허리를 꼿꼿이 세우고, 처진 눈꺼풀 밑으로 앞을 보는 자세로 고개를 약간 뒤로 젖힌 뒤, 깊고 엄숙한 목소리로 알렸다. "자넷 아씨, 도련님께서 오셨습니다!" 그러고는 몸을 돌리고 불쑥 나타났듯이 홀연히 사라졌다.

몇 분 후, 루벤이 현관 앞으로 성큼성큼 걸어왔다. 자넷은 그의 파란 눈이 이렇게 자상했는지, 그의 용모가 이렇게 섬세했는지, 그의 걸음걸이가 이렇게 단정했는지 전엔 미처 몰랐다. 키가 188센티미터인 그가 자기를 내려다보며 미소 지을 때에는 잠시 숨이 멎는 듯 했다. 그가 자넷의 손을 잡았다. "노스필드에서 봤을 때보다 더 예뻐졌군요!" 그는 큰 소리로 말했다.

"고마워요, 루벤. 메이콘에 잘 오셨어요. 여행은 어떠셨어요?" 자넷은 자기가 탄 그네에 같이 앉자고 손짓하며 말했다. 루벤은 조심스레 그네에 앉아 긴 다리를 꼬았다. 두 눈을 옆자리 그녀의 사랑스런 얼굴에서 잠시도 떼지 않았다. 두 남녀가 가벼운 대화를 나누다 보니 어느덧 날이 기울어 자넷의 대가족과 함께 저녁을 먹었다. 사소한 대화였지만 그 밑에 흐르는 교감은 강하고 분명했다.

루벤은 졸업을 위해 라파옛 대학에 돌아가기까지 일주일 간 자넷과 교제했다. 루벤은 이 기간 동안 가정에서 지내는 그녀의 모습을 살필 기회를 가졌다. 그런 후 자넷이 자신이 평생 꿈꿔 온 여자이고, 그녀가 있어야 비로소 자신이 완전해진다는 확신을 더욱 굳게 가졌다.

자넷은 이 일주일 간 마음고생이 심했다. 프랭크 로저스에 대해 생각해보았다. '프랭크가 여생을 선교지에서 보내겠다고 해도 그와 결혼하고 싶을까?' 대답은 빠르고 명료했다. '아니, 안 할 거야.' 다시 자문해보았다. '루벤이 미국에서 사업가가 되겠노라 한다면?' 이 대답 역시 빠르게 나왔다. '해야지! 물론 해야지!' 순간 모든 의심이 사라졌다. 안도와 기쁨이 몰려왔다. 자기가 사랑하는 사람은 루벤이며, 그와 함께라면 세상 어느 곳도 갈 수 있겠다고 느꼈다.

루벤은 라파옛 대학으로 돌아가기 위해 기차에 오를 때 두 발이 허공에 붕 뜬 듯 했고 가슴은 시심으로 가득했다. 세상이 온통 장미빛이었다. 자넷이 결혼을 약속한 것이었다. 이제 그의 하늘은 구름 한 점 없이 마냥 청명할 것만 같았다. 그러나 3년 후, 구름이 한 점이 나타나 그늘을 드리울 줄 아무도 몰랐다.

6장 중국 파송

1913년 청명한 어느 봄날이었다. 루벤은 자넷의 편지를 기대하며 우편함에 다가갔다. 편지의 겉봉에서 눈에 익은 그녀의 필체를 보자 가슴이 두근거렸다. 그러나 편지를 읽어 내려가던 루벤의 낯빛이 창백해졌다.

"사랑하는 루벤, 이런 소식을 전하고 싶지 않지만, 그래도 당신이 알아야 할 것 같아서 펜을 듭니다. 최근에 제가 전화벨 소리를 못 듣는다는 것을 알게 됐어요. 의사가 검사를 해보니 난청이 분명하다고 했어요. 선교를 하려면 건강이 중요하다는 것을 알고 있어요. 아마 선교회 이사회에서도 부인이 청각 이상인 사람을 임명하고 싶지 않을 거예요. 당신을 너무 사랑하기에 하나님의 소명을 받은 당신의 일에 장애물이 되고 싶지 않아요. 이 약혼을 파기하는 것이 좋겠다고 생각한다면, 저는 그것을 하나님의 뜻으로 알고 기꺼이 받아들이겠어요."

편지에 이것 말고 다른 내용도 있었지만, 루벤은 자기 방으로 가서 나머지 부분을 자세히 읽기 위해 편지를 호주머니에 쑤셔 넣고 교정을 가로질러 달렸다.

신학교 마지막 학년이 거의 끝나가고 있었다. 로버트 딕 윌슨, J. 그리샴 매첸, 찰스 R. 어드먼 같은 권위자들 밑에서 배운 것은 소중한 경험이었다. 루벤은 장로교 해외선교회에 지원했고 중국 농촌선교부에서 일하게 되었다. 5월에 라파옛 대학에서 신학사 학위, 그리고 프린스턴 대학에서 석사 학위를 받게 되어 있었다. 6월에 뉴욕에서 자넷과 만나 선교회에서 실시하는 사전 교육과 파송식에 참석하고, 그달 말에 조지아 메이콘에서 결혼식을 올릴 예정이었다. 모든 게 순조로운 듯 했는데 청천벽력이었다.

'난청 자체는 자넷이 중국에 가는 데 장애가 되진 않는다.' 그는 곰곰이 생각했다. '하지만 선교회 이사회가 그것을 이유로 파송을 거부한다면? 나는 어떻게 해야 하는가? 하나님은 과연 내가 수년 간의 기다림 끝에 자넷을 포기하기를 바라고 계신 걸까? 자넷 없인 살 수 없다. 자넷은 이미 내 삶의 일부가 되었다.'

갑자기 루벤은 누군가가 불을 다 꺼버린 낯선 곳에 홀로 남겨진 기분이 되었다. 그는 침대 옆에 무릎을 꿇고 하나님께 마음을 쏟아냈다. "아버지여, 아버지의 뜻이거든 이 잔을 내게서 옮기시옵소서. 그러나 내 원대로 마옵시고 아버지의 원대로 되기를 원하나이다." 그는 긴 시간 애통하며 기도했다.

서서히 마음에 평화가 왔다. 혼돈이 사라졌다. 그가 어떻게 하기를 하나님이 원하시는지 확신이 섰다. 그분이 이렇게 말씀하시는 것 같았다. "아들아, 내가 너를 자넷에게 이끌었다. 나는 네가 자넷을 포기하기를 원치 않는다." 젊은 신학생 루벤은 아무래도 미국에서 목회를 해야 할 것 같았다. 하나님이 약혼을 파기하기를 원하지 않으신다는 확신이 있었다.

자넷이 예정대로 뉴욕에 왔다. 거기서 선교회 의사에게 진찰을 받았다. 의사의 진단은 '물리적 또는 신경적 압박에 의해 악화될 수 있는 신경농'이었다. 이사회가 루벤 부부 파송 문제를 놓고 장시간 숙고에 들어갔다. 두 사람이 파송될 경우 같이 일하게 될 기존 중국 선교사들에게 의견을 물었다.

마침내 닥터 조지 스콧(후일, 이사회 의장이 되었다)이 발언했다. "여러분, 우리가 중국 선교 사역에 루벤을 천거한 것은 그가 최고 적임자이기 때문입니다. 더 나은 사람이 없습니다." 논의가 종결되었다. 루벤과 그의 약혼녀를 중국 산둥성 지난에 파송하기로 결정했다. 거기에는 병원이 있었다. 자넷이 충분한 치료를 받을 수 있고, 루벤이 선교 일과 사랑하는 사람 간에 양자택일을 하지 않아도 되었다. 두 사람은 기쁜 마음으로 결혼식 날짜를 6월 26일로 잡았다. 자넷의 청력이 점점 악화되고 있었지만 그것은 두 사람의 앞날에 아무런 방해가 되지 못했다.

두 젊은 선교사가 이번 주 뉴욕을 떠나기 전에 중국 행 항해 일정이 잡혀야 했다. 회의 마지막 날, 여러 젊은이들이 둥글게 모여 앉았다. 이사회 서기가 루벤을 시작으로 한 사람씩 돌아가며 어느 선편을 이용하기 원하는지 물었다. 7월, 8월, 10월 셋 중 하나였다. 잔뜩 흥분한 루벤이 얼른 대답했다. "7월이요!"

루벤 왼편에 앉은 사람으로 질문이 옮겨갔고, 루벤 오른편에 있는 자넷이 맨 마지막에 질문을 받게 되었다. 덕분에 자넷은 어떤 대답을 할지 생각할 시간을 가질 수 있었다. 물론 자넷도 중국에서 살 생각이었다. 하지만 7월 출발은 너무 이른 것 같았다. 10월에 배를 타면 가족과 좀 더 오래 지낼 수 있고 심신을 준비할 시간도 벌 수 있으리라.

자넷은 자기 차례가 오자 루벤만큼 빠르고 명료하게 대답했다. "10월이요." 주위에서 폭소가 터지고 루벤이 당혹한 얼굴로 약혼녀를 쳐다봤다. 두 사람은 10월 배편을 예약했다.

당시 루벤의 양친은 캘리포니아 파사데나에서 살고 있었다. 닥터 토레이는 로스앤젤레스 성경학교의 교장이자 '오픈도어'라는 큰 교회의 목사였다. 닥터 토레이는 부인과 함께 메이콘에 가서 아들의 결혼식을 집례했다.

루벤은 일주일 간 노스캐롤라이나에서 신혼여행을 보내고 나서, 6주 간 메이콘에 있는 바인빌 장로교회에서 임시 목사로 일했다. 루벤 부부는 중국으로 떠나기 전 마지막 6주를 루벤의 양친과 지내기 위해 캘리포니아에 갔다.

메이콘에서 가족에게 작별을 고하는 것은 자넷에게 살아오면서 가장 힘든 일 중 하나였다. '중국은 이 넓은 세상의 반대편에 있는 나라다. 거기에 가는 데만 거의 한 달이 걸리고 편지는 6주 후에야 닿는다. 더구나 중국이란 데는 두려운 미지의 곳이다. 이상한 언어로 말하고 괴상한 음식을 먹는, 우리와 피가 다른 사람들이 우글대는 곳이다.' 자넷은 방학 때 몇 번 잠깐 여행한 것 말고 남부를 벗어나 본 적이 없었다. 그녀는 길 하나를 사이에 두고 고모들과 사촌들이 사는 조지아 메이콘의 한 집에서 거의 평생을 살아온 터였다.

작별은 눈물바다였다. 기차가 역에서 출발할 때 두 사람은 기차 맨 뒤칸 전망대에 섰다. 가족의 모습이 시야에서 사라지자 루벤이 말했다. "자넷, 이제 안으로 들어갈까?"

"아뇨, 조금만 더 있어요." 자넷이 애써 목소리를 가다듬고 대답했다. 기차가 변전소 옆을 지나며 속도를 늦추었다. 저쪽 편에서 가족들이 기차를 한 번 더 보기 위해 달음질치는 게 보였다. 그들은 잔디 구릉 위에 흩어져서 손을 흔들며 마지막 인사를 했다.

루벤은 서로 가깝고 낙천적인 맬러리 가족에게 온기와 애정을 느꼈다. 사실 그들의 그런 점에 끌렸다. 루벤의 가족도 서로에 대해 깊은 애정이 있지만, 자넷 가족만큼 그것을 거리낌 없이 표현하지는 않았다. 그래서 루벤도 메이콘을 떠나는 것이 자넷만큼이나 힘들었다.

파사데나에서의 마지막 작별 인사도 메이콘보다 더 쉬운 것은 아니었다. 항해를 떠나는 당일 아침, 닥터 토레이 내외와 루벤의 누이 마가렛이 조반을 마치고 평소처럼 기도를 하기 위해 모였다. 늘 하던 대로 닥터 토레이가 성경 말씀을 읽은 다음 기도를 인도했다. 그리고 평소처럼 가족을 한 명씩 거명하며 기도를 드렸다.

루벤을 위해 기도할 차례가 되었을 때, 이 근엄하고 자제력 많은 남자는 완전히 무너졌다. 다른 이들이 무릎을 꿇은 채 치미는 감정을 억누르고 말 없이 기다리는 동안, 그는 애써 진정하고 루벤을 건너뛰고 나머지 가족을 위한 기도를 이어갔다. 그의 기도가 다시 루벤으로 왔을 때 그는 또 한 번 무너져 내렸다. 그는 외아들을 위한 기도를 가까스로 마쳤다.

루벤과 자넷 두 사람이 머나먼 중국으로 가는 몽골리아호에 승선한 것은 1913년 10월 1일 화창한 날이었다. 부두에 서 있는 사랑하는 가족 세 사람의 모습이 점점 작아지고 캘리포니아 해안이 점차 멀어지는 것을 보며 두 사람의 가슴속에 수만 가지 감정이 끓어올랐다.

2부
미지의 땅, 중국

루벤은 그들의 무표정하던 눈에서
희미한 희망의 빛이 비치는 것을 느낄 수 있었다.
그들은 기쁨의 눈물을 흘리며 중얼거렸다.
"츄 예수 쯔 드주 와"(간구합니다, 주 예수여, 나를 구원하소서).

7장 어학 공부

누군가 선실 문을 크게 두드렸다. 루벤은 깜짝 놀라 침상에서 벌떡 일어나 눈을 비비고 시계를 봤다. 놀랍게도 햇빛이 현창을 통해 스며들고 엔진의 진동이 멈춰 있었다.

10월 26일이었다. 여기 오기 전, 두 신임 선교사는 일본에서 대형 증기선에서 내려 만주 다이롄행 소형 연안선으로 갈아탔었다. 다이롄에서 다른 소형선이 두 사람을 최종 목적지인 치푸로 실어 날랐다. 루벤은 자기가 이미 북중국 산둥성의 미항 치푸에 도착한 것을 알고 크게 놀랐다. 26일 간의 항해가 끝난 것이었다.

"자넷, 8시야. 배가 항구에 도착했어!" 루벤은 주섬주섬 옷을 두르고 슬리퍼를 신으며 잠이 덜 깬 아내에게 소리쳤다. 그러는 동안 노크 소리가 이어졌다.

"네, 나갑니다." 루벤은 말하며 문을 열었다.

"중국에 오신 것을 환영합니다." 키가 크고 마른 젊은이가 루벤의 손을 쥐고 위아래로 마구 흔들며 크게 말했다.

"이게 누구야. 로저 밀스!" 루벤이 외쳤다. "자네 어디서 온 건가?"

"집에서 왔지." 로저는 설명했다. "어머니가 아침을 차려놓고 자네를 기다리고 계신다네."

루벤과 자넷이 서둘러 옷을 차려 입고 침구를 가방에 챙겨 넣었다. 로저는 두 사람이 짐을 항구에 대기 중인 인력거들에 싣는 것을 도왔다. 곧 인력거들은 선교관으로 가는 좁고 더러운 길에 올랐다. 매우 바쁘고도 흥미로운 중국에서 어학 공부를 하는 첫 해가 이렇게 시작되었다.

로저 밀스는 루벤의 가까운 대학 친구 중 한 명인 샘 밀스의 형이다. 홀어머니인 로저의 모친은 치푸에서 선교사로 일하고 있었다. 루벤 부부는 밀스 모자의 환영에 큰 격려를 받았다. 중국에 머문 첫 해 동안 이 가정은 두 사람에게 피난처 구실을 했다. 두 사람은 어학원 기숙사 생활이 따분해지면 로저의 집을 찾아갔다.

루벤이 선교사가 되기 두려웠던 이유 중 하나가 외국어 배우기였다. '과연 내가 중국어를 배울 수 있을까? 중국에선 음성

문자 대신 상형문자를 쓴다고 했다. 이것은 수천 자의 한자를 알아야 비로소 성경이나 신문을 읽을 수 있다는 것을 의미했다.

구어 역시 배우기 불가능해 보였다. 각 음절이 뜻을 구별하기 위해 네 가지 성조를 가지고 있는데, 같은 단어라도 억양이 틀리면 전혀 다른 뜻이 되고 만다. 더구나 루벤은 어학원 개강 후 3주 늦게 합류했다는 불리함까지 있었다.

그러나 루벤 부부는 난관에 기꺼이 도전하는 사람들이었다. 두 사람은 운동, 식사, 취침 시간 등을 표시한 일일공부 계획표를 얼른 작성했다. 학습을 돕는 게임을 개발해 서로 경쟁했다. 곧 두 사람은 자넷이 난청 때문에 중국어 단어들을 올바르게 발음하지 못하고 있음을 알게 되었다. 그러나 자넷은 남편보다 더 많은 한자를 더 빨리 익히는 것으로 자신의 부족을 보충했다.

어학 공부는 1년 정규교육 후에도 완결되지 않았다. 장로교 선교사들은 도합 3년을 공부해야 했다. 매 6개월마다 시험을 실시했다. 루벤과 자넷은 끈기로 '매우 우수'라는 성적을 얻어냈다. 좌절도 있었지만 결국 해냈다.

첫 해가 지나는 동안 치푸의 외국인 사회에 루벤 부부의 이름이 알려졌다. 두 사람은 강연회나 사교 모임에 자주 초청되었고, 그러다 보니 두 사람이 공들여 짠 생활 계획에 지장이 있었다. 루벤의 노래 솜씨와 자넷의 피아노 연주를 여기저기서 필요로 했다. 15명의 젊은 선교사들이 기숙하며 배우고 있는 어학원에서 루벤 부부는 동료 학생들을 자주 방으로 불러 핫초콜릿을 대접하거나 저녁 때 빅터 축음기 앞에서 함께 음악을 감상하며 학원 생활의 단조로움을 달랬다.

첫 해의 반이 지났을 즈음 자넷은 남편이 예전처럼 다정하고 명랑한 모습이 아니라는 것을 눈치챘다. 루벤은 남에게 말 못할 향수병을 심하게 앓고 있었다. 기숙사 음식과 사람들로 북적대는 방이 자꾸 신경에 거슬렸다. 춥게 지내는 것, 항상 나는 등유 냄새, 작은 양철 목욕통에서 비좁게 목욕하는 것이 지긋지긋해졌다. 그러나 아내에게는 부끄러워 차마 이런 얘기를 하지 못했다. 다만, 이런 생활이 싫은 건 아내도 마찬가지겠지 짐작할 따름이었다.

어느 날 자넷이 말했다. "루벤, 저와 잠깐 얘기 좀 해요."

루벤이 놀란 표정을 지었다. "무슨 일이야?"

"그냥 앉기나 해요. 할 얘기가 있어서 그래요." 루벤이 얘기를 들을 자세가 되자 자넷이 말했다. "요즘 당신은 예전처럼 명랑하지 않아요. 친구 클리포드까지 그걸 눈치챘어요."

"눈치채다니 뭘?" 루벤은 방어적으로 물었다.

"당신이 예민하고 짜증을 잘 낸다는 것을요. 요즘 당신은 일을 너무 많이 하고, 밤늦도록 잠도 안 자요. 그리고 우리가 운동 안 한 지도 꽤 됐잖아요."

"그건 나도 어쩔 수 없어." 루벤은 날카롭게 대꾸했다.

"아뇨, 우리는 할 수 있어요." 자넷이 차분히 말을 이었다. "우리, 앞으로 주말 밤에는 약속을 잡지 말기로 해요. 매일 밤 9시에 잠자리에 들고요. 그리고 내일 예배 끝나면 만사 제치고 당신이 예전부터 가보고 싶다고 한 그 곳에 올라가서 오랫동안 산책을 해봐요."

루벤은 아내가 상황을 옳게 분석했음을 느끼고 충고를 따랐다. 그렇게 한 주 남짓 지나자 심신이 편해지고 만사가 더 긍정적으로 보였다.

1914년 6월, 루벤 부부는 영구 임지인 지난으로 갔다. 지난은 황하 동남쪽 산둥성의 주도다. 여기서 2년 더 어학 공부에만 전념하게 되어 있었다. 젊은 루벤은 자기가 맡은 이 지역 사람들에게 주의 복음을 전하는 일을 어서 시작하고 싶었다. 그는 그리스도의 사랑을 전하는 것에 대해 늘 긴급함을 느끼고 있었다. 그리스도가 곧 재림하실 것이기 때문에 시간이 얼마 남지 않았다고 확신했다. 그러나 시간이 많이 흐른 후, 그 긴급한 마음이 자신의 생애 중에 그리스도가 재림하실 것이기 때문에 생긴 것이 아님을 깨닫게 되었다. 시간이 촉박하게 느껴지는 이유는 오히려 공산당이 중국 선교의 문을 곧 닫아버릴 가능성에 있었다.

1915년 3월, 루벤은 두 가지 일을 동시에 하기로 했다. 한 주간 동안 어학 선생이 사는 시골 마을에서 지내게 되었다. 그곳에 가면 온종일 중국어만 써야 했다. 동시에, 마을 사람들을 만나 예수님 이야기를 나눌 기회도 생겼다.

한 사람이 앞에서 끌고 다른 한 사람이 뒤에서 미는 커다란 외바퀴 수레에 짐을 가득 실은 채, 어학 선생인 리우 씨와 키 큰 금발의 남자가 16 내지 24킬로미터를 걸어서 리우 씨의 집이 있는 마을로 갔다. 기독교인들이 나와 두 사람을 영접하고 학사(學舍)의 작은 방을 잡아주었다. 두 사람은 한 침상을 써야 했다. 침상은 토대(土臺) 형태로 한쪽 벽면에 부착되어 있었다.

이 지역 대다수의 사람들은 전에 서양인을 본 적이 없어서 금발에 푸른 눈을 가진 거인 루벤의 모습에 겁을 집어먹는 이도 있었다.

"저 사람들은 아이를 잡아먹는대요." 한 여자가 이렇게 속삭이며 달아났다. 그럼에도 불구하고 많은 사람들이 호기심에 이끌려 학사 마당에 모였다. 루벤과 선생이 교대로 사람들 앞에서 성경을 큰소리로 읽기 시작했다. 이따금 읽기를 멈추고 물었다. "밍 빠이 뿌 밍 빠이?"(이해가 갑니까?)

대개 이런 대답이 돌아왔다. "뿌 밍 빠이"(이해가 안 가요). 그러면 루벤은 제한된 중국어 실력으로 해당 말씀을 풀이했다. 루벤의 어휘력으로 감당할 수 없는 부분이 나오면 어학 선생이 대신 나섰다.

주중에 루벤과 리우 씨는 인접 마을 몇 곳에 들러 거동이 불편한 노령의 교인들을 방문하고 리우 씨의 지인과 친척을 만났다. 매일 저녁 두 사람은 작은 마을 교회당에서 10명 남짓한 지역 교인들과 함께 기도를 했다.

한 주가 다 갔을 때 젊은 선교사 루벤은 여기에 더 머물고 싶었다. 7일 간 순박한 시골 사람들과 함께 생활하고 오직 중국어로만 말한 것은 값진 경험이었다. 하루하루가 즐거웠다. 나중에 그의 중국어는 매우 유창해져 가끔 그가 미국인 같지 않아 보일 정도였다.

중국 치푸에 있는 어학원. 현지인들 속에서 생활하며 익힌 루벤의 중국어 실력은 탁월해 이후 중국인들의 마음을 여는 데 큰 몫을 했다.

신임 선교사 시절의 루벤과 자넷

8장 지난

이후 28년 간 지난은 루벤 부부의 선교 본거지가 되었다. 산둥성의 중앙 평원에 위치한 지난은 베이징에서 기차로 약 12시간 거리에 있다. 일부가 성곽에 둘러싸인 이 옛 도읍은 넓이가 2.8 평방킬로미터다. 근교에는 성촌들이 있고, 거의 60만 명이 성촌에 살았다. 성촌 역시 성곽에 에워싸여 있었다.

지난 중심부에 그림 같은 호수가 하나 있는데, 호반에 버드나무가 자라고 빽빽한 연꽃 사이로 길들이 나 있었다. 섬 하나에 큰 절이 있는데 신도들이 많아 찾아왔다. 여름철에는 거적 지붕을 한 유람선들이 소풍객들을 태우고 활짝 핀 수련 사이를 다녔다. 루벤 가족도 가족 생일 때 이런 유람선을 자주 탔다.

아브라함과 동시대에 지어진 이 도시의 성벽은 위로 차가 두 대나 지날 수 있을 만큼 폭이 넓다. 높은 석성 일부가 무너져 있고, 온전한 성곽으로 올라가는 길이 닦여 있었다. 선선한 저녁에 많은 시민들이 새장을 들고 나와 아이 손을 잡고 이 길로 성곽에 올라 산책을 했다.

지난시 남쪽에는 완만하고 둥근 산들이 있다. 이들 가운데 가장 유명하고 두드러진 산이 천불산이다. 숲이 울창한 능선을 따라 절들이 있고 산정에 그림 같은 탑이 하나 서 있었다. 전설에 의하면, 이 탑은 지난시와 보이지 않는 고리로 연결되어 있어 도시가 황하의 잦은 범람에도 쓸려가지 않도록 보호해주고 있다고 했다.

지난의 겨울은 춥지만, 여름의 혹염에 비하면 그래도 참을 만했다. 구름 한 점 없는 하늘 위에서 뜨거운 햇볕이 사정없이 내리쬐는데, 이 때문에 가뭄이 자주 들었다. 한번 비가 오면 물을 퍼붓듯이 몹시 세차게 쏟아져서 황하가 제방을 넘어 작물이 물에 잠겼다. 그래서 옛적부터 황하를 '중국의 슬픔' 이라 했다. 봄에 고비사막에서 불어 오는 강풍이 불과 몇 분 사이에 수 센티미터 두께의 먼지를 사방에 쏟아부어 대낮을 어둑하고 누런 황혼으로 만들어버렸다.

지난에는 선교사구가 두 곳 있었다. 두 곳 중 큰 곳이 지난시 남쪽 교외에 있는 치루 대학과 의학원을 중심으로 있었다. 40-50명의 중국인, 영국인, 미국인 의사와 교수들이 교정에 거주하고, 적어도 5개 협력 교파들이 이 대학을 후원하고 있었다.

지난 성곽과 동쪽 교외 사이에 중국식/서구식 가옥군이 있었다. 각 가옥에는 마당과 2미터 높이의 담이 있었다. 교회당이 한 채, 초등학교와 중학교가 한 채씩, 소규모 여성병원이 한 채 있었다. 이들 건물은 공터를 중심으로 장방형으로 배치되어 있었고, 이곳이 장로교 선교회의 거점이었다. 여기에 거주하는 선교사들은 그 수가 최대 25명, 보통 10명에서 12명을 넘지 않았다. 루벤과 자넷이 이 그룹의 일원이 되었다.

  첫 여덟 해 동안 루벤 부부는 가을마다 이사를 했다. 선교사 가옥군 중에서 루벤 부부에게 전속된 가옥이 없었기 때문에 미국으로 안식년을 떠나는 가족이 생겨 한 집이 비면 그때마다 그리로 거주지를 옮겼다.

  루벤과 자넷은 불평하는 대신, 이런 시스템에 순응해 이사를 반복했고, 곧 이 방면에 전문가가 되었다. 또, 뉴욕 이사회가 루벤 가족 전용 가옥의 건축 자금을 확보할 때를 대비해 세심하게 주택 계획을 세웠다. 루벤이 가구 카탈로그들을 검토하고 배치 계획을 짰다. 가구는 여유가 생길 때마다 중국인 목수에게 한 짝씩 주문했다. 아직 자기 집이 없고 가구도 별로 없는데다 선교사 초기의 박봉이었지만, 후일까지 루벤 가족을 따라다닐 생활 패턴이 이 시기에 형성되었다. 이 신혼 부부가 도착한 지 일주일 되던 날, 아직 나무상자와 종이상자 무더기 속에 있을 때, 쪽지 하나가 배달되었다.

"루벤 선교사 내외분께.

회의 차 웨이팡에서 오는 세 분이 묵을 곳이 없다고 합니다. 오늘 저녁 5시 기차로 도착합니다. 일주일 간 선교사님 댁에서 세 분을 모셨으면 합니다. 그럼 이만 줄입니다.

아그네스 존슨"

아그네스는 난청인 자넷이 지난에서 별 문제 없이 살 수 있겠다는 소견을 써준 선교회 의사의 부인이다. 이 부부는 루벤 부부 집의 지척에 살고 있었다. 당시에는 전화가 없던 시절이어서 모든 통신은 사람을 시켜 쪽지로 전달했다.

루벤과 자넷은 두 가족 용으로 지어진 주택을 배정 받았다. 그래서 방은 충분히 있었는데, 문제는 가구와 음식이었다. 그러나 두 사람은 어떻게든 해보기로 했다. 자넷이 안면도 없고 말도 잘 안 통하는 한 요리사의 도움을 받아 손님들을 잘 대접했다. 손님들이 돌아간 후 자넷은 남편에게 말했다. "손님들과 참 재미있게 지냈어요. 그런데 우리 앞으로 3개월 간은 초 긴축 상태로 살아야 해요. 손님들이 먹은 걸 보충하려면."

두 사람은 내핍 생활을 할 목적으로 버터나 잼, 디저트 없이 살고 고기도 거의 먹지 않기로 했다. 아침은 기장죽과 차로 때웠다. 점심과 저녁은 중국 시장에서 사온 채소와 과일을 먹었다. 먹기 전에 채소는 깨끗이 씻어 조리하고 과일은 껍질을 벗졌다. 인분을 비료로 사용하여 기생충 감염과 이질이 흔했기 때문이었다. 물과 우유는 꼭 끓여 먹어야 했다. 두 사람은 위생에 유의했지만 지나치게 깔끔을 떠는 일은 피했다.

그 주가 지나기 전에 세 명의 손님이 더 와서 저녁을 대접하고, 그들 중 한 명은 나중에 다시 왔다. 이때부터 이 부부는 '손님 치르기'의 대가로 명성이 높아지기 시작했다. 자넷이 지닌 남부 특유의 매력, 그리고 사람 만나기 좋아하는 루벤의 성품 덕분에 두 사람의 가정은 세계 여행자나 기자, 외교관, 중국인 친구, 외로운 선교사의 안식처가 되었다.

그들은 오후 4시가 되면 손님이 있건 없건 간에 어김없이 차를 끓였다. 대개는 누군가가 나타났다. 불쑥 찾아온 손님을 받을 형편이 아닌 사람들은 아주 당연하다는 듯 손님을 루벤 부부의 집으로 안내했다. 거기엔 항상 방과 환대가 있을 것이기에.

저녁 식탁에서 나누는 환담은 재미있고 유쾌했으며 유익한 정보가 있었다. 자넷은 손님 맞을 준비를 하면서 오늘 대화도 유익한 것이 되게 해달라고 기도했다. 동양에서 사역한 마지막 7년 간, 자넷은 집에서 식사를 대접한 손님의 수를 세어 적어 보았다. 매년 평균 75명이었다.

28년간 루벤의 선교 본거지가 되었던 산둥성 지난의 성곽과 해자

1900년대 초 지난의 대로. 인력거와 외바퀴 수레가 주요 운송 수단으로 쓰였다.

9장 시골 전도

1915년 가을, 자넷이 단 두 명의 교인과 함께 남편 루벤을 따라 먼 변방 다리로 갔다. 다리는 인구가 3천 명인 도시였다. 두 사람은 방을 잡고 거기서 늦가을 동안 6주를 지냈다. 중국 솜옷에 솜신을 신고 마을 사람들이 먹는 일상 음식을 먹었다. 식단은 기장죽과 딱딱한 찐빵, 채소 등이었다.

11월 하순, 자넷이 임신을 했다는 게 분명해졌다. 루벤은 아내를 지난까지 데려다주고 혼자 다리로 돌아왔다. 루벤은 아내가 곁에 없으니 그리운 건 그렇다 치고, 자신이 아내와 동행할 때는 그나마 사생활을 존중받았다는 사실을 깨닫게 되었다. 그가 홀로 또는 다른 남자와 함께 다니면 거의 항상 사람들이 주위를 에워쌌다. 입에 밥 한 술 넘기려 해도 100명도 넘는 사람들이 몰려들어 곁에서 그의 일거수일투족을 유심히 들여다보았다. 이런 환경에서 밥맛이 날 리 없었다.

급기야 어느 날 저녁, 루벤은 밥그릇과 젓가락을 옆으로 치웠다. 그는 자리에서 벌떡 일어나 사람들을 가까스로 대문 밖으로 내몰고 빗장을 걸었다. 그리고 뜨거운 죽이 든 사발을 다시 집어 들었다. 그러나 아뿔싸! 어떻게 용케 들어왔는지 남녀 어른과 아이들이 방 안으로 다시 쳐들어와 멍하니 입을 벌린 채 그를 쳐다보고 있었다. 호젓한 식사의 꿈은 물거품이 되었다. 신경이 곤두선 그는 최대한 빠른 속도로 음식을 삼킬 수밖에 없었다.

그때 갑자기 마당에서 큰 소란이 일어났다. 루벤 일행이 이 마을까지 타고 온 외바퀴 수레를 끄는 젊은이는 인상이 조금 거친 사람이었는데, 그가 지금 불같이 화를 내는 것이었다. 그는 불붙은 곡식 다발을 휘두르고 미친 사람처럼 소리지르며 사람들 속을 헤집고 다녔다. 효과가 나타났다. 구경꾼들이 접근하는 사자를 본 물가의 사슴떼처럼 줄행랑을 쳤다. 그제서야 수레꾼은 가만히 횃불을 끄고 아무 일도 없었다는 듯 다시 저녁밥을 들었다. 한 시간 후, 사람들이 다시 와서 정숙하고 질서 있게 환등기 슬라이드를 보며 루벤의 설교에 귀를 기울였다.

그러나 모든 문제가 이처럼 쉽게 해결된 것은 아니었다. 몇 달 후, 루벤은 또 다른 여행에 나섰다. 장차 교회를 개척하고 싶은 위수에서 멀지 않은 곳이었다. 전에 루벤이 선배 선교사 머레이와 함께 이 지역의 마을 두 곳을 방문한 적이 있는데, 두 마을 사이에 개활지가 하나 있었다. 거기엔 오래되고 낡은 절들이 몇 채밖에 없었다. 노천 시장이나 연극 공연, 설교 등을 하기에 이상적인 장소였다. 그러나 당시 머레이는 그곳에 가는 것을 피했다. 우범 지역이어서 외국인이 다니기에 안전하지 않기 때문이라고 판단했기 때문이었다.

이번에 이 지역에 다시 오게 된 루벤은 두 마을을 재차 방문했다. 날씨가 무더웠고, 낡은 절들이 있는 지역을 에돌아 가려면 수 킬로미터를 더 걸어야 했다. 그대로 한번 절 지역을 통과해볼까 하는 생각이 들었지만 지금 거기엔 장이 열려 분명히 수많은 사람들이 모여 있을 것이기에 마음이 내키지 않았다. 루벤 일행 중 한 사람이 이건 설교를 할 절호의 기회이고 자기가 거기서 목사를 한 사람 만나기로 약속이 되어 있다고 했다.

'그래, 수레꾼 한 명, 중국인 전도사 두 명, 하인 한 명이라면…' 루벤은 생각했다. '나는 안전할 것이다. 이 사람들이 나를 겁쟁이나 하나님의 가호를 믿지 않는 사람으로 여기게 할 순 없다.' 그는 아무 말도 하지 않고 시장으로 향했다.

일행이 시장에 들어서자 늘 그랬듯이 외국인인 루벤에게 즉시 이목이 집중되고 군중이 모여들기 시작했다. 교인 일행은 작은 언덕에 올라 설교할 준비를 했다. 그런데 일행을 에워싼 사람들이 너무 많고 소란스러워서 그들 너머로 목소리를 전달할 방법이 없었다. 일행인 전도사가 포기하고, 만나기로 약속한 목사 친구를 찾으러 자리를 떴다. 어찌 하다 보니 젊은 선교사 루벤은 동료 중국인들과 떨어지게 되었다.

이 지역 사람들은 일본인들이 중국 통화를 사재기 하여 본국으로 실어 나르고 있다는 소문을 듣고 있었다. 그래서 이들은 일본 사람들을 적대시 하고 있었다. 그러나 이 촌사람들은 일본인들이 어떻게 생겼는지조차 모르고 있었다. 그래서 루벤을 일본인으로 착각한 게 분명했다.

루벤이 상황을 미처 깨닫기도 전에 "외국 귀자(鬼子)!", "도적 일본놈!" 하는 외침이 귓전을 때렸다. 햇볕에 달구어진 단단한 흙덩이가 사방에서 날아왔다.

루벤은 가만히 생각하니 뛰는 것보다 최대한 빨리 걸어서 자리를 피하는 게 현명할 듯 싶었다. 그러나 흙덩이가 더 격렬하게 날아들면서 주위가 어둑해질 정도가 되었다. 날아오는 흙덩이 속에는 돌과 벽돌도 들어 있었다. 그는 걸음을 재촉하는 중에도 기적 같은 내면의 고요를 느꼈다.

그는 생각했다. "내가 다치도록 하나님이 내버려두지 않으실 것이다." 머리를 보호해주고 있는 방서 모자가 고마웠다. 곧 군중과 충분한 거리가 벌어졌다. 그들이 시장 밖까지 멀리 나와 추격하진 않으리라. 이제 투척물이 몸에 닿지 않았다.

그러나 위험에서 벗어났다고 생각한 순간, 등 뒤에서 무슨 소리가 났다. 한 남자가 "뛰어!" 하고 외치더니 돌을 집어 루벤에게 세게 던졌다. 루벤이 무슨 일인가 싶어 바라보니 남자와 아이들 몇 명이 군중 속에서 빠져 나와 아직도 자기를 쫓고 있었다. 혹시 싸움이 벌어질지 모르니 몸을 가눌 힘 정도는 비축해 둬야 한다고 마음을 먹고, 뛰는 대신 최대한 침착하게 빨리 걷기를 계속했다. 추격하는 무리 중 두목 급으로 보이는 자가 곧 루벤을 따라잡고 멈추라고 명령했다.

루벤이 거부하자 무리들이 루벤의 손을 채려고 했다. 그러나 루벤은 양팔을 몸 옆에 바짝 당겨 붙였다. 깡패들 중 한 명이 은화를 요구했다. 루벤은 대답했다. "난 은화가 없소."

"그럼 딴 건?" 녀석이 물었다. 루벤이 호주머니에 있던 동화 몇 닢을 건넸다. 그러나 그건 다른 자들도 자기 몫을 챙기라는 신호가 됐을 뿐이었다. 깡패들이 루벤의 한쪽 다리를 잡아 바닥에 쓰러뜨리고 몸을 뒤졌다. 루벤은 단추가 튀어 오르고 실밥이 뜯겨나가는 것을 느끼며 이 자들이 옷마저 강탈해갈 것을 직감했다.

문득 옷 속에 귀중한 물건이 있다는 게 생각났다. 오래 전 작고한 숙부가 선물로 주신 금제 회중시계였다. 이걸 지니고 다닌 것은 값이 안 나가는 다른 시계를 머레이 선교사에게 빌려주었기 때문이었다. 어쨌든 그는 그것을 호주머니에서 빼서 바지가랑이 속에 숨겼다. 그러고 나서 녀석들을 뿌리치고 일어서는데 시계가 바닥에 툭 떨어졌다. 깡패들은 즉시 알아보고 시계로 달려들었으나, 루벤이 더 빨랐다. 루벤은 시계를 단단히 틀어쥐었다.

이어 진짜 쟁투가 벌어졌다. 한 녀석이 호주머니를 다시 뒤지고, 다른 녀석이 쥔 손을 억지로 펴려고 했다. 내면은 여전히 고요했지만 루벤은 자신이 언제까지 이렇게 버틸 수 있을지 자신이 없어졌다. 결국에는 소중한 시계를 뺏길 수밖에 없을 것 같았다.

반갑게도, 이런 혼전 가운데 동료 전도사들의 친숙한 음성이 돌연 비집고 들어왔다. 중국인 친구가 이내 무리를 해산시키고 루벤이 급히 깡패들과 안전거리를 확보하면서 소지품을 점검했다. 옷이 그리 심하게 찢기진 않았다. 멍과 긁힌 자국이 있지만 심각하진 않았다. 이마의 땀과 먼지를 닦으려 할 때 손수건이 없어졌다는 것을 알았다. '음, 그럼 머리를 빗자' 하는데 빗도 없어졌다. 선글라스는 어디론가 사라졌고, 노트에 뭔가를 적으려 하니 연필과 만년필도 뺏긴 걸 알았다. 옷에 달린 많고 많은 호주머니 속에 남아 있는 거라곤 달랑 회중시계와 작은 노트 한 권뿐이었다.

루벤은 덥고 기진한 상태로 다음 마을에 도착했다. 기독교인 여주인이 찻물을 끓이는 동안 루벤은 홀로 기도하는 시간을 가졌다. 경미하나마 그분을 위한 박해를 받은 것, 그리고 몸 성히 빠져나온 것에 대해 하나님께 감사 드렸다.

이날 밤, 루벤이 방에 있는데 누가 대문을 두드렸다. 시장 상인회 회장이 사과를 하러 온 것이었다. 그가 루벤에게 잃은 물건은 어떻게 할 거냐고 물었다. 루벤은 그를 정중하게 모시고, 사흘 안에 물건이 돌아오지 않으면 그냥 없는 셈 치겠다고 했다. 상인회 회장은 연신 머리를 조아리고 돌아갔다. 보복이 없으리란 것에 안도하는 표정이었다.

며칠 후, 잃어버린 물건의 가치에 상응하는 돈이 왔다. 상인회 회장이 그날 사건에 가담한 주동자 몇 명에게 벌금을 매기고 곤장을 치고 투옥시켰다는 얘기도 들었다. 그뿐만이 아니다. 그는 루벤이 원한다면 일행이 경내를 다니는 동안 호위를 붙이겠다고 했다! 루벤은 그에게 정중히 감사를 표하고, 호위대까진 필요 없다고 사양했다.

이튿날, 동이 트고 일어나 약 50킬로미터를 걸어 한 마을에 가서 집회를 두 번 열었다. 이제, 6월에 있을 최종 어학시험에 대비해 지난에 돌아가 벼락 공부를 해야 할 때가 되었다. 6월은 마을들을 다니며 사역을 하기엔 너무 더운 시기였기 때문이다.

10장 중요한 해

1916년은 루벤과 자넷에게 중요한 해였다. 이해 봄, 두 사람은 중국어 최종시험을 우수한 성적으로 통과했다. 루벤은 환호했다. 이제 농촌 선교에 전념할 수 있게 되었다. 선배 선교사 머레이가 곧 은퇴하고 루벤이 대신 교구를 맡게 되어 있었다. 교구는 네 개 군과 셀 수 없이 많은 촌으로 구성되어 있었고, 인구는 약 100만 명이었다. 루벤은 늘 배우려고 애썼다. 평생 동안 자신이 모르는 지식의 영역들에 도전했다. 이 당시 그는 농촌에서 수년 간 교회를 개척해온 선배 선교사들로부터 가능한 한 많은 것을 배우고 싶어 했다.

어느 해 봄, 루벤이 이 지역 농촌 선교가 처음인 한 선교사와 함께 일주일 간 전도를 다녔다. 연로한 닥터 마티어는 여전히 노새 가마를 타고 다녔다. 노새 가마란 앞뒤 두 마리 노새에 얹은 가마를 말한다. 루벤은 이번 여행에서 중국인들은 타지인이 무엇을 탄 채 자기네 마을을 지나가는 것을 모욕으로 여긴다는 사실을 알게 되었다. 객은 의당 가마나 당나귀에서 내려 두 발로 걸어서 마을을 통과해야 했다.

루벤은 또한 일부 마을 사람들에게서 글을 읽으려는 강한 욕구를 간파해냈다. 그들은 전단 한 장도 소중히 여겼다. 글을 못 읽는 사람은 그 소중한 전단을 골무모자 안쪽에 감추어 두거나 머리에 칭칭 감은 긴 말총머리 밑에 꽂아 두었다. 그리고 그것을 읽어줄 사람을 찾아다녔다.

루벤은 머레이와도 함께 다녔다. 어떤 때는 도보로, 어떤 때는 인력거를 타고 다녔다. 백발의 연로한 사람을 모시고 다니며 배우는 게 많았지만, 신참 선교사로서 불만이 한 가지 있다면 그들의 느린 이동 방법이었다.

인내는 루벤의 미덕이 아니었다. 그의 자녀들이 아버지로부터 자주 듣는 말 중 하나가 "그건 시간낭비야!"였다. 루벤의 생각에 현행 이동 방식은 '시간낭비'의 전형이었다. 자기 교구에서 지금도 수백 명의 사람들이 그리스도의 사랑을 한 번도 들어보지 못한 채 죽어가고 있는데, 선교사들은 이 마을 저 마을을 터벅터벅 걸어다니고 있는 것이었다. 더 빠른 이동 방법을 찾아내야 했다. "머레이 씨, 말을 타고 다니는 게 더 낫지 않을까요?"

"옳은 말이오, 루벤. 나도 전에 말이 한 마리 있었소. 그런데

1900년 의화권 사건 때 그만 녀석을 잃고 말았다오. 내가 젊다면 돈을 좀 저축해 새 말을 구입할 텐데."

이때부터 젊은 루벤은 마음을 정하고 말을 구입할 돈을 달라고 기도했다. 1916년 여름, 미국으로 떠나는 가까운 동료 선교사가 적당한 가격에 자기 말을 사라고 했다. 루벤은 매우 기뻤다. 말을 이용하니 주일에 시골 교회에서 설교를 하고 점심 때에 맞춰 지난에 돌아올 수 있었다. 긴 여행에서 엄청나게 절약되는 시간에 스스로 놀랐다.

루벤은 말을 몇 번 교체하고 나서 더 빠른 교통 수단에 눈을 돌려 오토바이를 달라고 기도하기 시작했다. 그가 말을 처음 가진 지 2년이 되는 해, 미국에서 후원금이 와서 윤이 나는 최신식 인도산 붉은색 오토바이를 갖게 되었다.

오토바이를 수령할 항구 도시 텐진까지는 기차로 8시간을 가야 했다. 길에서 시간을 허비하지 않기 위해 편지지와 타자기를 지참했다. 기차 안에서 편지를 타이핑하는데 나중에 손가락이 시려 잘 움직여지지 않았다. 객차에 온기가 없는데다가 때가 2월이었다. 루벤이 타고 온 삼등칸 승객들의 눈이 휘둥그래졌다. 루벤은 주위에 모여든 사람들이 '외국 귀자(鬼子)와 괴이하고 요란한 기계'에 대해 나누는 대화를 흥미롭게 들었다. 그들 중 누구도 이 키 큰 외국인이 자기네 말을 알아들으리라곤 꿈도 꾸지 못했다.

루벤은 텐진에서 며칠간 머물며 오토바이 타는 법과 정비하는 법을 익혔다. 지난에선 이 차량을 고칠 데가 없을 것이기 때문이었다. 이 오토바이엔 사이드카가 있었다. 시골을 다닐 때 자넷이나 중국인 조수를 거기에 태우고 다닐 수 있었다. 어느 날, 홀로 길을 떠나며 사이드카를 집에 두고 갔다. 그가 충푸시 정문에 접근할 때 속도가 너무 빨랐다. 길 중앙에 폐문시 문짝을 고정하는 작은 턱이 있었는데, 그걸 미처 못 보고 오토바이가 정면으로 들이받았다. 오토바이가 허공에 붕 뜨더니 옆으로 쓰러졌다. 엔진이 툴툴거렸다.

길바닥에 내동댕이쳐진 루벤은 자존심이 좀 상했을 뿐 다친 데는 없었다. 옷을 털고 오토바이를 일으켜 세웠다. 주위에 구경꾼들이 입을 다물지 못하고 서 있었다. 지켜보고 있던 한 노인이 손자에게 말했다. "애야 봤지? 내가 용이 있다고 말하지 않았니."

조금 후, 루벤은 생각했다. '날씨의 제약 없이 활동하기엔 차가 더 실용적일 것이다. 더 많은 인원과 물품을 실어 나를 수 있겠지. 장차 미국에 안식년을 떠나면 차를 한 대 가지고 와야겠다.' 미국으로 떠나기 전, 루벤은 차를 이용한다는 가정 하에 중국의 도로와 문들의 크기를 세심하게 측정했다.

첫 안식년에 루벤과 자넷은 두 사람을 사역 기간 내내 재정적으로 후원하고 있는 필라델피아의 제2장로교회에서 강연을 했다. 루벤이 좀더 효율적으로 사역하기 위해선 차가 필요하다고 말하고 있을 때, 한 부유한 노부부가 맨 앞 줄에 앉아 있었다. 부인이 귀가 아주 어두운 남편에게 고개를 돌리고 크게 속삭였다.
"저 분에게 하나 사 드려야겠어요!"
"뭘?" 남편은 큰 소리로 물었다.
"차 말예요, 차." 부인이 '차'를 몇 번 더 반복했다.
"여보, 그러구려." 남편이 대답했다.

그날 밤, 루벤은 가슴에는 감사의 정을, 호주머니에는 T 포드형 자동차의 가격이 적힌 수표를 간직한 채 그곳을 떠났다. 1919년 이후, 루벤은 차를 몰고 다니며 사역을 했고, 중국에 있는 동안 대개 직접 차를 정비했다. 나중엔 엔진을 완전히 뜯고 다시 조립하는 수준이 되었다.

1916년 6월, 산동선교회 연례회의에서 루벤이 투표회원이 되었다. 그가 중국어를 능통하게 구사할 수 있었기 때문이다. 그는 회의록을 작성하는 부서기에 임명되었다. 그는 사람들에게 워낙 깊은 인상을 준 까닭에 산동선교회의 비서직까지 제의 받았다.

그러나 루벤은 이제 본격적으로 시작한 농촌 선교에 온 힘을 쏟기 위해 그 영광을 고사했다. 나중에 그는 수다한 선교회 위원회에서 봉사했고, 1년 동안 회장직까지 맡아 일했다. 루벤은 다른 선교사들의 존경을 받는 리더가 되었다. 선교회에서 그가 요청 받지 않은 직책이 없다시피 했지만, 선교 현장에서 멀어질 우려가 있는 행정직은 늘 고사하려 했다. 그러나 불가피하게 선교 거점 회장이나 심지어 회계를 맡기도 했다.

여름에 다른 선교사들이 해변에서 휴가를 보낼 때, 지난에서 땀 흘리며 일하는 그를 보는 것은 드문 일이 아니었다. 실무에 관한 한 루벤의 능력을 따를 사람이 아무도 없었다. 루벤보다 중국인을 더 잘 이해하는 사람도 없었다.

동부 교외 선교구의 가정과 기관들이 월동 물품을 비축할 때 장사꾼의 농간을 방지하기 위해 루벤이 이글거리는 태양 아래서서 석탄의 양을 재는 모습을 자주 볼 수 있었다. 헐렁한 중국 가운을 입고, 발한으로 인해 안경알에 김이 서리거나 흐르는 땀이 눈에 들어가지 않도록 머리에 수건을 두른 모습이었다.

1916년 여름, 경사가 났다. 7월 29일, 자넷이 첫 아이를 출산한 것이다. 갈색 머리와 푸른 눈을 한 예쁜 여아였다. 아이의 이름을 헬렌이라 지었다. 아이는 곧 아버지 품에 안겼다. 아이를 지켜보고 놀아주는 것이 루벤의 큰 낙이 되었다.

중국 변방의 한 마을에 머물 때 루벤 부부는 그곳 사람들과 똑같은 솜옷과 솜신, 일상의 음식을 함께했다. 식단은 기장죽과 딱딱한 찐빵과 채소 등.

루벤의 처음 사역은 시골을 돌며 복음을 전하는 일이었다. 산동성에서 자립 교회들을 개척한 일은 중국 내에서 미 장로교단 선교 활동의 표본이 되었다. 처음 구입한 차를 타고 동료 전도사 두 명, 하인 한 명과 함께 전도 여행을 떠나기 직전의 모습.

11장 동료 선교사들의 목사

루벤은 날로 그 수가 불어나는 중국인 친구나 동역자들에게 관심을 갖고 대부분의 시간을 들였으나, 동료 선교사들의 목사로서 그들을 섬기는 경우도 자주 있었다.

닥터 캐롤라인 머윈(자넷이 세 아이를 매번 다른 장소에서 낳을 때마다 그녀가 출산을 도왔다)은 독신 여성이었다. 어느 해, 그녀의 노모가 미국에서 이곳을 찾아왔다. 오직 딸 곁에서 숨을 거두기 위해서였다. 루벤은 즉시 그 일을 돕기 위해 나섰다. 노모의 유해를 미국까지 운반하는 일을 용이하게 하기 위해 시신을 화장하기로 했다. 그러나 지난에는 화장터가 없었다. 늘 남을 돕기 원하고 문제의 해법을 아는 루벤은 캐롤라인, 그녀의 절친한 친구 엠마 보엔, 그리고 자기 이렇게 세 사람이 시신을 모시고 9시간 동안 기차를 타고 텐진까지 가는 것을 제안했다.

조약항이고 지난보다 외국인이 많이 사는 톈진은 화장이 가능한 가장 가까운 곳이었다. 중국인들은 화장을 하지 않았다. 일행이 수일 간의 여행을 떠났고, 엠마가 자넷에게 편지를 썼다. "루벤은 정말 다정하고 따뜻하고 이해심 많은 사람입니다. 캐롤라인에게 그가 얼마나 큰 위안이 되는지 모릅니다. 그는 무슨 말을 하고 무슨 행동을 해야 할지 아는 사람입니다."

7년 후, 루벤 부부는 몸이 아픈 캐롤라인을 자기네 여름 별장으로 모셔 정양케 했다. 병세가 악화되자 그녀를 병원으로 옮겼고, 생과 사의 갈림길에 선 그녀의 곁을 루벤이 일주일 간 지켰다. 그녀가 운명할 때 옆에 앉아 밤새 부채질을 해주고, 손을 주물러주었으며, 성경 말씀을 읽어주며 위로했고, 그녀를 위해 기도했다.

한번은 연로한 과부인 마가렛 해밀턴이 아무래도 암이 걸린 것 같았다. 루벤은 그녀와 그녀의 여동생을 데리고 베이징에 가서 큰 록펠러 재단 병원에서 검진을 받도록 했다. 여동생이 중국어를 못 하기 때문에 두 사람만 보낼 수 없었다. 루벤은 이 일로 며칠을 보내야 하기 때문에 편지지와 논문을 챙겨서 갔다.

절친한 친구 루엘린 J. 데이비스가 아내를 여의었을 때, 루벤과 자넷은 모든 일을 뒤로 미루고 칭다오까지 12시간 동안 기차를 타고 가서 상심한 친구와 시간을 보냈다.

루벤은 결혼식 같은 경사에도 불려 다녔다. 동료 선교사 C. E.

스콧의 딸 베티가 선교사 존 스탐과 결혼하기 위해 중국 내륙에서 왔을 때 루벤이 주례를 섰다. 나중에 신부의 어머니 클라라 스콧이 감사의 편지를 보내왔다. "예복을 입은 루벤 씨가 저희 딸의 간소한 결혼식에 품위를 더해주었습니다."

1년 남짓 후, 1934년 12월 어느 추운 밤에 루벤은 스콧 부부가 보낸 급전을 받아들었다. "어서 와주세요. 방금 저희 집에 전보가 왔는데, 존과 베티가 살해당했대요." 베티 부부는 선교 일로 내륙의 안후이성으로 갔고, 거기서 9월에 딸을 얻었다. 그리고 지금 12월, 젊은 부부가 공산당원들에게 참수를 당하고 아기는 어떻게 됐는지 알 길이 없었다.

루벤은 참담함에 빠진 부모를 위로했고, 선교 거점지에서 열린 추도식을 주관했다. 아기가 30시간 방치되었다가 발견되었다는 소식을 맨 먼저 접수한 것도 그였다. 한 중국 기독교인 부부가 아기를 기적적으로 구출하고 유모를 구하여 닷새를 걸어 근처 선교병원에 인계한 것이었다.

그러나 루벤은 지난에 오래 머물 마음이 별로 없었다. 헬렌이 태어나고 1916년 가을, 루벤은 좋아하는 시골 사역에 복귀하고 싶은 생각과 젊은 아내와 아기를 지난에 두고 떠나야 한다는 걱정 사이에서 갈등했다.

"자넷, 헬렌이 좀 자랄 때까지 기다려야겠지? 지난에서 내가 할 일도 아직 많고 말이야."

"아뇨, 전혀 그렇지 않아요, 루벤." 아내는 얼른 대답했다. "모든 게 정리되지 않았던 지난 봄에도 전 잘 지냈어요. 앞으로도 잘 지낼 거고요. 당신이 저 때문에 여기 남는 것을 원하지 않아요. 헬렌은 금세 자라요. 우리 셋이 함께 전도 여행을 다닐 날이 곧 올 거예요."

"당신 정말 괜찮겠소?"

"그럼요!"

"훗날 천국에서 내가 받을 상이 있다면, 그 상은 내가 아니라 당신 것이오." 루벤은 아내를 안고 그녀의 눈을 들여다보며 말했다. "내가 당신을 얼마나 사랑하는지 알지?"

자넷은 따뜻하게 미소 지었다. "네, 짐작했어요. 내가 당신을 사랑하는 만큼, 내가 당신의 아내인 게 자랑스러운 만큼."

1916년 봄 지난, 중국의 정치적 상황은 매우 어수선했다. 루벤이 시골에 가고 없는 어느 날 밤, 자넷이 폭탄 터지는 굉음에 잠에서 깼다. 이튿날 아침, 집의 요리사가 말하길 반군이 성장(省長)을 압박해 성(省)을 베이징 정부로부터 분리 독립시키려 했다고 했다.

"관청의 일부 건물이 불에 탔는데 다친 사람은 없답니다." 요리사가 자넷을 안심시키고 철학적인 말로 결론을 맺었다. "이제 반가운 비가 오면 만민이 편안해질 거예요."

이날 늦게 지난에 사는 몇몇 친구들이 저마다 자넷에게 쪽지를 보내 정세가 안정될 때까지 자기가 있는 곳으로 와서 지낼 것을 권유했다. 혁명이 곧 일어날 것 같은 상황에서 홀로 있는 자넷이 걱정된 것이었다. 그러나 자넷은 요리사의 낙관적 전망을 믿기로 하고 친구들의 호의에 찬 초청을 정중히 거절했다.

"난 혼자가 아녜요." 자넷은 고집했다. "우리 집엔 하인이 두 명 있어요. 또한, 피난민이 지난에 몰려오는 것은 아마 이곳이 더 안전하다고 느끼기 때문일 거예요."

많은 피난민이 닥터 머윈이 운영하는 장로교 여성병원에 수용되고 있었다. 선교사인 남편이 짧은 여행을 떠나고 없는 한 부인은 어찌나 불안했던지 아이들을 데리고 병원에 가서 피난민과 함께 지냈다. 다른 한 부인은 밤새 폭탄 터지는 소리를 아홉 번이나 들었다고 주장했다. 딴 사람들은 아무도 그렇게 많이 듣지 못했는데 말이다. 주중 선교사 기도회에서 닥터 존슨이 자신이 업무차 마을을 떠나야 함을 알렸다. 그러자 몇몇 여자들이 크게 화를 냈다.

"닥터 존슨, 우리를 이렇게 무방비 상태에 두고 어찌 떠나려고 하세요?" 여자들은 불평했다.

자넷은 그런 모습들이 말할 수 없이 못마땅했다. "대체 무슨 일이 일어난다는 거죠? 여기에 남는 게 그리도 위험한 거라면 미국 영사가 소개(疏開)를 명하지 않겠어요? 어쨌든 저는 이번 소요가 수일 안에 아무 일 없이 끝날 것이라는 닥터 존슨의 생각에 동의합니다." 자넷은 계속 집에 남아 곧 태어날 아기를 위해 예쁜 옷을 지었다.

헬렌이 태어나고 몇 달 후인 그해 겨울, 루벤 가족은 닥터 존슨의 이층집에서 지냈다. 당시 닥터 존슨 부부는 안식년을 떠나고 없었다. 1월, 여행에서 돌아온 루벤은 집안 보일러 아궁이 몇 군데에 불에 탄 구멍이 난 것을 발견했다. 중국인들은 보일러 없이 찬 방에서 지내기 때문에 이것을 당장에 수리할 길이 없었다. 그래서 그는 임시방편으로 벽돌과 진흙을 사용해 이를 고쳤다. 그런데 이층집을 데우는 비용이 만만치 않았다. 그래서 두 사람은 보일러는 그냥 놔두고 방을 두 개만 쓰면서 석탄을 때는 배불뚝이 난로를 사용하기로 했다.

동료 선교사 존과 베티 스탐의 결혼식에 주례로 참석한 루벤. 후에 이들 부부는 중국 내륙으로 들어가 선교 활동을 하다가 9개월짜리 아기만 남겨둔 채 공산당원들에 의해 참수당하고 만다.

11장 동료 선교사들의 목사

12장 위수로 첫 전도 여행

1916년 봄 어느 날 오후, 연로한 머레이 선교사와 루벤은 평소처럼 농촌 선교에 대해 한담을 나누고 있었다. "루벤," 머레이는 말했다. "당신도 알다시피 난 곧 은퇴하오. 내가 미국으로 돌아가면 백만 영혼이 사는 내 교구가 전부 당신 책임이 되오. 당신이 괜찮다면 이곳에서의 사역을 마치기 전에 우리 둘이서 내가 일했던 곳들을 쭉 둘러보고 싶소만."

"제가 바라던 바입니다." 루벤이 열정에 찬 목소리로 대답했다. "언제 떠나실 생각입니까?"

"다음 주 월요일이 어떻겠소. 당신을 데리고 우리 위수에서 제일 힘든 마을들 중 한 곳에 가볼까 하오."

"그 마을이라면 혹시 머레이 씨가 구타를 당하고 한쪽 눈의 시력을 잃은 곳이 아닙니까?" 루벤이 물었다.

노인은 탄식했다. "그래요, 그 마을이오. 내가 실패한 마을에 당신이 복음을 전했으면 좋겠소." 머레이의 얼굴에 비탄과 통한의 빛이 스쳤다.

"당신은 실패하지 않았어요, 머레이 씨. 당신은 씨를 뿌리신 겁니다. 확신컨대, 하나님이 예정하신 때가 이르면 그 씨가 싹을 틔울 겁니다. 어서 그곳에 가고 싶습니다. 다음 주 월요일, 좋습니다. 여유 있게 짐을 꾸릴 수 있겠군요. 자넷이 임신 중이라서 올 가을까지 저와 다닐 수 없는데, 이렇게 머레이 씨와 같이 가게 되어 정말 기쁩니다."

토요일, 두 사람의 짐을 외바퀴 수레에 실어 먼저 보냈다. 루벤과 머레이가 기차를 타고 외곽 선교 거점 중 한 곳인 충푸로 갔다. 거기서 수레꾼들과 합류하여 위수까지 남은 40킬로미터를 걷거나 수레를 타고 갔다.

가는 중에 머레이가 방문할 마을에 대해 더 자세히 설명했다. "위수는 인구가 약 5천 명이고 현청 소재지입니다. 불당과 사찰이 70개소 넘게 있어서 해마다 여러 불교 행사와 장터가 열리죠. 거기서 내가 아는 기독교인은 단 한 명이오. 이번에 만날 수 있기를 바라고 있소. 물론 그 사람도 격려가 필요할 테죠. 정 씨는 원래 농부인데 농사를 망쳤소. 내가 정 씨에 대해 마지막 들은 소식은 그가 위수로 흘러 들어가 밤에는 버려진 절에서 자고 낮에는 허드렛일을 하면서 연명하고 있다는 것이오. 정 씨를 만나는 게 그리 쉬운 일은 아닐 것이오."

두 선교사가 위수에 들어섰다. 좁고 붐비고 더러운 거리를 걸으며 사람들에게 미소 띤 얼굴로 고개 숙여 인사하고 전도책자를 건넸다. 두 사람은 현지인과 똑같이 긴 검정 가운을 입고 있었지만, 흰 피부와 금발, 푸른 눈으로 보아 외국인임이 분명하여 사람들은 그들을 멀리 했다. 두 사람의 친근한 접근은 사람들의 찌푸린 얼굴, 은밀히 경계하는 눈빛으로 돌아올 뿐이었다.

날이 저물어 두 사람은 여관에 들어가 방을 청했다. 웃음기 없는 주인장이 시큰둥하게 두 사람을 응대하고 어둡고 더러운 작은 방으로 안내했다. 여느 방처럼 탁자와 의자가 있고 벽면 한 쪽에 침대로 쓰는 토대(土臺)가 있었다. 탁자 위 연기 자욱한 등유 램프에서 촛불보다 심한 냄새가 풍겼다. 두 외국인이 표정 없는 주인장에게 정중하게 고개 숙여 고마움을 표하고 뜨뜻하게 데워진 침상 위에 가지고 온 침구를 폈다. 빈대가 너무 많지 않기를 바랐다.

못마땅한 표정의 여관 주인이 천천히 방을 나갔고, 루벤이 아껴둔 저가당 초콜릿 바를 꺼내 포장을 벗겼다. 미국에 있는 여동생이 준 것인데, 지금 같은 때를 위해 아껴둔 터였다. "아까 우리가 먹은 국수는 맛이 그저 그렇더군요." 루벤이 말했다. "초콜릿 드시겠어요?"

"고맙소, 루벤. 맛있어 보이네요." 두 사람이 자리에 들기 전에 성경 읽기와 기도 시간을 가지려는데, 누가 방문을 두드렸다. 두 사람은 흠칫 놀랐다. 머레이는 크게 말했다. "라이!" (들어오시오)

쇠고리가 달린 종이 격자문이 끼익 열리더니 매우 지쳐 보이는 한 사내가 들어왔다. 머리에 칭칭 감은 긴 말총머리, 노동자가 흔히 입는 헐렁한 누비 무릎바지와 짧은 외투 차림이었다. "모무시!" (머레이 목사님) 사내가 백발의 노장 선교사에게 깊이 절하며 외쳤다.

루벤이 놀라 사내를 쳐다보는 동안 머레이가 사내를 따뜻하게 맞았다. 루벤은 누추한 방의 어둑한 빛 속에서도 사내의 얼굴에서 뭔가 특별한 것을 감지할 수 있었다. 고요한 평화와 내면의 기쁨이 후줄근한 외양과 대비되었다.

"정슈지," 노인이 기쁘게 말했다. "나도 자네를 찾고 있었어! 이 분은 '다무시' 라고 하네. 장차 이 지역에서 목회를 할 분이야." 머레이는 이번엔 젊은 선교사 쪽을 바라보며 계속 중국어로 말했다. "이곳에 오면서 내가 위수에서 만날 수 있으면 좋겠다고 한 그 사람이 바로 이 분이에요."

루벤과 정은 서로 정중하게 절을 했다. 머레이가 중국인 친구에게 물었다. "그런데 어떻게 우리를 어떻게 찾은 거요?"

정은 소리내어 웃었다. "그건 어렵지 않았어요! 지금 마을 사람들이 다 방금 여기에 온 두 외국 귀자에 대해 얘기하고 있거든요. 저는 두 사람 중 한 명이 당신이기를 바랐어요. 일을 마치자마자 당신을 만나려고 뛰어왔지요. 마을에 기독교인이 한 명 더 생겼어요. 창홍롄이라고. 신발 수선공이죠. 내일 그를 만나보시겠어요?"

"당연히 만나야지." 머레이가 대답했다. 세 사람이 함께 기도를 드리고 정은 물러갔다. 이튿날 아침 일찍 정이 다시 왔다. 두 선교사가 정에게 권하여 여관 식당에서 같이 기장죽과 차를 들었다. 세 사람이 걸어서 마을을 지나 한 좁은 골목에 이르렀다. 신발 수선공이 아내와 다섯 아이들과 함께 사는 곳이었다. 수선공이 세 사람을 따뜻이 맞이하며 집의 작은 마당으로 안내했다. 아이들이 엄마하고 나란히 서 있다가 예의 바르게 절을 했다. 호기심에 눈들이 휘둥그래져 있었다.

"칭 라이, 칭 라이"(자자, 어서 안으로 듭시다). 창홍롄이 권유했다. "취 판 러 마?"(식사는 하셨습니까?)

"씨에, 씨에. 취 러"(감사합니다. 먹었습니다). 방문객들이 대답했다.

창 부인이 손님들이 마실 물을 데우기 위해 잰 걸음으로 부엌으로 쓰는 작은 건물로 가고, 남편이 손님들을 집에서 가장 큰 방으로 안내했다. 이 방은 온 가족이 쓰는 거실 겸 침실 겸 식당이었다. 아이들이 삼가는 기색 없이 빤히 쳐다보며 졸졸 따라왔다. 오직 막내만 겁먹은 표정으로 엄마 옆에 꼭 붙어 있었다.

창이 두 선교사에게 문 맞은 편 작은 탁자 양쪽 가에 하나씩 놓인 등받이 의자에 앉을 것을 권유했다. 중국 가정에선 식탁의 이 두 자리가 가장 상석이었다. 성경을 읽고 네 사람이 기도하는 동안 나머지 사람들은 가족 침상에 앉거나 서 있었다.

한 시간 후, 두 선교사는 다른 마을로 향하고 있었다.

"기독교인들과 만나니 이렇게 즐거울 수 없군요. 마을의 다른 주민과 접촉했을 때와는 영 딴판인데요?" 루벤은 같이 걷고 있는 길동무에게 말했다. "처음 위수에 들어갔을 땐 악마가 소유한 땅을 지나는 듯한 기분이었어요. 사람들한테 인사를 건네도 무시무시한 속도로 도로 튕겨 나오는 느낌이었죠. 사람들이 금방이라도 폭도로 변해 우리를 마을 밖으로 쫓아낼 것만 같았어요."

고참 선교사는 슬픔이 가득한 눈으로 대답했다. "네, 그들은 능히 그러고도 남아요. 위수에선 기독교 사역자가 회당을 빌리기는커녕 방을 빌리는 것도 불가능해요. 거기에서 기독교 사역을 시작하는 게 왜 그리 어려웠는지 이제 이해가 갈 것이오."

루벤은 자기 한쪽 눈까지 앗아간 마을에 대한 머레이의 열망에 경이로움을 느꼈다. 예루살렘을 보고 우시던 그리스도가 생각났다. 위수를 떠난 지 며칠 후, 신발 수선공과 가족이 '외국 귀자들' 이 집에서 기독교 의식 행하는 것을 용인했다는 죄목으로 셋집에서 쫓겨났다는 소식이 들려왔다.

루벤은 큰 충격을 받고 마음속에 새 기도제목이 생겼다. "하늘에 계신 아버지, 창훙롄과 그의 가족을 긍휼히 여기소서. 그들이 살 곳을 찾게 해주소서. 그들의 믿음을 격려해주소서. 주여, 당신의 사랑과 권능으로 위수에 복음이 전파되게 해주소서."

이번 여행은 세 주간 계속되었다. 아내가 보고 싶은 루벤은 그것보다 더 길게 느껴졌다. 여행 중 경험하는 사생활의 부재가 평소보다 더 괴롭게 다가왔다. 주위에 늘 붙어 있는 군중, 그들의 그칠 줄 모르는 수군거림이 자꾸 신경에 거슬렸다. 먼지, 항상 풍기는 마늘 냄새와 씻지 않은 몸들에서 나는 악취, 어디서나 보이는 가난의 참상, 단조로운 식단, 혼자 성경을 읽거나 기도하는 것마저 쉽지 않은 환경 등이 루벤을 기진케 했다. 밤낮으로 열리는 모임에 쫓겨 자신을 돌아볼 시간이 없었다. 쉰 목소리로 음정도 틀리게 부르는 찬송가 소리가 젊은 음악 애호가의 예민한 귀에 칠판을 손톱으로 긁는 소리처럼 거슬렸다.

집으로 돌아갈 때가 되자 루벤은 다시 힘이 났다. 3월 28일, 머레이와 루벤은 오전 6시에 일어나 지난까지 먼 길을 터벅터벅 걷기 시작했다. 루벤은 이제 저녁 즈음에 흑발에 푸른 눈인 아내를 본다는 생각에 가슴이 뛰었다. '한 1년 간 헤어져 있었던 것 같군.' 그는 생각했다.

그러나 불안감이 들면서 흥분이 식었다. 강한 바람이 불기 시작했기 때문이다. 강풍이 황하의 범람으로 인해 형성된 모래톱을 휘말아 올렸다. 바람은 오전 9시까지 지속적으로 세졌다. 수레꾼들이 짐수레를 더는 끌 수 없게 되었다. 대기는 먼지로 누렇고 한 치 앞도 보이지 않았다. 길을 찾으려고 애써 눈을 뜨면 먼지와 모래가 사정없이 눈을 찔렀다.

기차역까지 5킬로미터 남은 지점에서 머레이는 한 작고 누추한 여관으로 들어갔다. 그는 여기서 밤을 보내자고 했다. 그러나 아내가 몹시 보고 싶은 루벤은 악천후 따위에 주저앉을 수 없다고 생각했다.

"머레이 씨, 저는 하루라도 빨리 집에 가고 싶습니다. 모래폭풍에 길을 잃지 않을 만큼은 기차역까지 가는 길을 잘 알고 있지 않습니까?"

"그렇지 않아요, 루벤. 이런 날씨 속에서 강행하는 건 바보짓입니다. 수레꾼들한테 그런 걸 요구할 수도 없고요."

"그럼 저 혼자 가도 되겠습니까?" 젊은 선교사는 물었다.

"좋을 대로 하세요. 그러나 그러지 않기를 바랍니다."

"걱정해주셔서 감사합니다. 그래도 시도는 해봐야겠습니다."

머레이는 성급한 젊은 선교사를 보며 어쩔 수 없다는 듯 미소를 지었다. 루벤이 눈 부분만 남기고 얼굴을 수건으로 감쌌다. 손을 흔들어 작별을 고하며 여관 문을 열었다. 허리를 숙이고는 바람에 맞서 역까지 강행했다.

그날 밤, 그가 지난의 집 대문을 들어서자 자넷은 울어야 할지 웃어야 할지 알지 못했다. "루벤!" 자넷은 외쳤다. "이게 당신인가요, 아니면 걸어 다니는 흙투성이 동상인가요?"

남편은 껄껄 웃었다. "나 맞아요! 집에 와서 이렇게 기쁜 건 처음이야! 당신 예쁜 얼굴 좀 보고 안아도 보게 여기서 먼지를 털어도 괜찮겠소?"

한편, 시골에서 머레이는 힘든 시간을 보내고 있었다. 우선, 수레꾼 중 한 명이 몸이 아팠다. 그리고 그날 한밤중에 마차꾼들이 방으로 밀고 들어와 침상을 같이 쓸 것을 요구했다. 이튿날, 기상이 더 악화되었다. 그러나 여관에서 하루 더 묵을 형편이 못 되어 그냥 모래폭풍을 뚫고 나갈 수밖에 없었다. 그는 초죽음이 되어 지난에 도착했다.

13장 문이 열리다

위수 첫 방문 후 2년이 지난 1918년 봄, 루벤의 기도에 대한 응답이 오기 시작했다. 변방 지역의 불안한 생활 조건 때문에 사람들이 도시로 꾸준하게 흘러들어왔다. 전년에 있었던 황하의 범람으로 수많은 사람들의 삶이 피폐하게 된 결과 수십 명이 강도떼가 되기도 했다.

이런 환경에서 비교적 부유한 농부들의 유일한 안전 대책은 위수처럼 성벽이 있는 도시 안으로 들어가 사는 것이었다. 도시 중심부로 몰려든 사람들 가운데는 다수의 기독교인들도 있었다. 그들이 도시에 정착함에 따라 그리스도 신앙에 대한 전통적 적대의식도 점차 녹기 시작했다. 루벤과 중국인 동역자들은 하나님의 인도하심을 간구하는 기도회를 마친 후 간담회를 시작했다.

"위수에서 두 주간 일련의 집회를 갖는 게 어떻습니까?" 루벤이 중국인 동료들에게 물었다. "이 시기에 그게 가능할까요?"

"네, 가능합니다." 첸 목사가 대답했다. "시기가 적당하다고 생각합니다. 하지만 집회를 열 건물이 필요할 텐데요."

"돈만 많이 주면 임차할 수 있는 여관이 중심 지역에 하나 있는 걸로 알고 있습니다." 다른 목사가 덧붙였다.

"그 집을 얻어 보기로 합시다." 루벤이 열의에 차서 선언했고 집회 준비가 바로 시작되었다.

여관 건물을 얻고 회의 일정이 공표되고 지난 출신의 노련한 여성 전도인 엠마 보엔을 비롯한 전 지역 40명의 기독교인들이 준비를 돕기 위해 위수에 도착했다.

당일 회합을 위한 30분 간의 기도회에 이은 한 시간의 묵상 시간으로 매일 하루가 시작되었다. 아침 식사가 끝나면 기독교인 남녀를 8개 그룹으로 편성했다. 그들이 대형 복음 전도 포스터, 포스터보다 약간 작은 그림들, 유인물 그리고 복음서로 무장하고 교외로 흩어져 들어갔다. 이들 평신도 사역자들은 사람들을 모을 수 있는 곳이면 어디서나 복음을 설파했다.

"하나님은 영원히 살아계십니다. 그분은 우리를 사랑하여 우리를 위해 독생자를 포기하셨습니다. 우리를 영원한 벌에서 구원하실 목적으로 독생자를 이 땅에 내려 보내어 참혹한 죽임을 당하게 하셨습니다. 우리는 우리의 죄 때문에 마땅히 죽어야 할 몸이었습니다. 그러나 그분의 아드님이 우리를 대신해 징벌을 받으셨습니다. 이제 우리는 하나님을 믿기만 하면 용서를 받을 수 있습니다."

아들은 중국 사회에서 매우 중요한 존재였기 때문에 이 메시지는 사람들의 마음을 흔들어놓았다.

팀들이 주위의 여러 마을을 조직적으로 훑고 다녔다. 팀들이 바쁘게 활동하는 동안 여관 마당에서는 매일 한 차례씩 집회가 열렸다. 추가로 몰려오는 군중을 수용하기 위해 돗자리로 만든 대형 간이 오두막을 설치했다. 처음에는 이상하게 생긴 '말하는 기계'가 사람들을 끌어들였다. 사람들은 그들을 사랑하고 돌보시는 하나님 얘기를 들었다. 매일 아침 두 번의 긴 설교가 있은 뒤 집회는 일시 산회했다. 복음서를 팔고 사역자들은 질문이 있는 사람들을 만나 개인적으로 대화를 나누었다.

"예수님이 계신 곳은 어딥니까?" "그분이 사랑으로 가득한 분이라면 왜 사람들이 그분을 죽였나요?" "우리 신들에게 제사를 드리면서도 그분에게 제사를 드려도 되나요?" 질문이 끝없이 쏟아졌다.

점심 시간이 끝나면 어린이들을 위한 특별 집회가 열렸다. 아이들도 예수님 이야기를 들었다. "하루는 사람들이 어린이들을 예수님 앞으로 데려왔어요. 그런데 예수님의 제자들이 '선생님을 괴롭히지 말거라. 바쁘시다'라고 타이르며 어린아이들을 쫓

아내려고 했어요. 제자들이 하는 소리를 들은 예수님은 '아이들을 쫓아내지 말거라. 내가 그들을 사랑한다'라고 말씀하셨어요."

이야기를 들려줄 때 아이들을 무릎 위에 앉히고 계신 예수님과 병자를 고치시는 예수님이 나오는 큰 그림을 보여주었다. 어린이 집회가 끝나면 예수님과 그분의 가르침에 관한 긴 강의가 있었다.

"우리의 위대한 스승 공자가 '네가 바라지 않는 것을 다른 사람에게 행하지 말라'고 말씀하셨고, 예수님은 '남에게 대접을 받고자 하는 대로 너희도 남을 대접하라'고 말씀하셨습니다. 또한 '서로 사랑하라'고 말씀하셨지요. 대적이 자기를 죽이려고 할 때 예수님은 '저 사람들을 용서해주십시오. 저 사람들은 자기들이 하는 일을 모릅니다'라고 말씀하셨습니다. 공자는 죽었으며 부처도 죽었지만 예수 그리스도는 죽은 자 가운데서 살아나 지금도 우리와 함께 계십니다!'

사람들이 집으로 돌아갈 때가 되고 마을에 나갔던 팀들이 돌아와 시내에 남아 있던 팀들과 합류하여 그날의 활동을 점검할 때가 되었지만 청중은 돌아갈 생각을 하지 않았다. 그래서 교대로 한 팀이 청중에게 이야기를 해주는 동안 다른 팀은 안으로 들어가 나눔과 기도의 시간을 가졌다. 마을에 나갔던 팀들이 돌아와 대 성공을 거두었다고 보고했다. "우리가 가는 곳마다 군중들이 모였습니다." 한 사람이 기쁨에 차서 보고를 했다. "사람들이 심지어 의자를 밖으로 들고 나와 앉으라고 권하고 차를 대접했다니까요!"

엠마 보엔도 의견을 피력했다. "내가 농촌 선교를 해온 지 아주 오래 되었지만 성령님이 사람들의 마음속에서 일하시는 방법은 참으로 독특합니다. 정말 놀라운 일이에요!"

두 주 동안 집회가 열리고 있는 여관에서 그리 멀지 않은 곳에 위치한 몇 개의 사찰에서 불교 축제가 열렸다. 축제가 열리는 사흘 동안 여관 마당은 이른 아침부터 늦은 시간까지 사람들로 가득 찼다. 애초에 우상을 예배하려고 전족으로 자라지 못한 작은 발로 수 킬로미터를 걸어 온 슬픈 얼굴의 여인들이 자기들을 사랑한다는 어느 신에 관한 말씀을 듣기 위해 찾아왔다. 도시락을 싸오고 뜨거운 물을 한 주전자 사서 하루 종일 머무는 사람들도 있었다. 설교를 열심히 듣는 그들의 모습에서 먼 앞날의 희망을 강렬하게 읽을 수 있었다.

"한 분뿐인 진짜 하나님은 사람의 손으로 만들어지지 않았고 오히려 그분이 우리를 만드셨습니다. 우리는 우리의 죄 때문에 그분을 달래기 위해 향을 피우거나 애쓸 필요가 없습니다. 그분이 우리에게 바라고 계신 것은 우리가 그분의 아들을 믿고 그분을 사랑하는 것입니다. 예수님은 우리를 대신해 징벌을 받으심으로 하나님이 우리를 용서하게 하셨습니다. 우리들은 죽으면 영원히 살 수 있도록 예수님이 준비해놓으신 집이 있는 낙원으로 들어갈 것입니다."

죄책과 노한 신들의 응보에 대한 공포에 억눌려 있는 사람들에게 복음이 거듭 선포되었다. 많은 사람들의 공허하고 절망적인 얼굴을 보며 루벤은 그들의 무표정하던 눈에서 희미한 희망의 빛이 비치기 시작하는 것을 느낄 수 있었다.

그들은 기쁨의 눈물을 흘리며 중얼거렸다. "추 예수 쯔 드주와"(당신께 간구합니다, 주 예수여, 나를 구원하소서).

엠마 보엔과 그녀의 중국어 성경반 여자들은 다른 여관에 본부를 설치하고 사역 중간 중간에 마을의 여자들을 만나서 이야기를 나누었다. 어느 날 두 여자가 화려한 색깔의 가늘고 긴 종이조각에 인쇄한 집안 우상들을 가지고 이 여관에 찾아왔다. 이 여인들은 신위들을 더 이상 모시지 않기로 하고 불살라버리기로 결심한 것이었다.

어느 날 밤, 루벤이 환등기로 그리스도의 생애에 관한 그림을 보여주기로 했다. 구경꾼들이 터지도록 몰려들었다. 경찰관이 군중 틈을 헤치고 겨우 나타나 숨을 헐떡였다. "도저히 안 되겠습니다. 좀 더 넓은 곳으로 장소를 옮겨야겠습니다. 들어오려고 밖에서 기다리는 사람만 해도 들어온 사람의 두 배는 될 겁니다."

"마땅히 좋은 장소라도 있나요?" 루벤은 물었다.

"네, 내일 최선을 다해 알아보겠습니다."

그날 집회는 취소되었다. 다음날 저녁 성황사(城隍寺)의 출입문들이 열렸다. 수백 명의 남자와 부녀자들이 넓은 경내로 몰려들어와 단상 앞에 모였다. 도합 2-3천 명의 사람들이 예수님의 활동을 묘사한 그림을 보러 달빛 아래 모인 것이었다.

촘촘하게 들어선 관객들 양쪽으로 사찰 담의 흐릿한 윤곽이 비쳤다. 관중들 머리 위로 새로 나온 나뭇잎들이 천천히 흔들렸다. 설탕과자를 파는 행상들이 손에 쟁반을 들고 관중 양편에서 여기저기 조용히 앉아 예수님이 병자를 고치시는 장면을 묘사한 대형 그림들에 눈길을 주고 있었다.

달이 뜨자 우아하게 휘어진 사찰 지붕이 밝은 그림들 주위를 둘러싼 사진틀처럼 실루엣을 그렸고 그 양편에 북과 종이 달린 탑이 서 있어 결코 잊지 못할 아름다운 광경이 연출되었다.

행사가 다 끝난 후, 정기적으로 예배를 드릴 작은 예배당이 개설되었다. 예배당 개설을 축하하는 연회에 시의 고위관리들을 초청했다. 차, 과자, 땅콩, 소금에 절인 멜론 씨 등을 대접했다. 기독교 지도자들이 차례로 나와 기독교가 백성, 사업, 유교, 여기 모인 이들과 같은 관리들과 가지는 관계에 대해 설명했다.
"저희와 시민에게 베풀어주신 친절에 감사 드립니다."

초대된 관리들이 고개 숙여 인사하고 떠날 때 그들의 대변인이 나와 말했다. "저희에게 말씀해주신 건들에 대해선 좀 생각을 해봐야겠습니다. 저희가 도와드릴 일이 무엇인지 말씀해주시기 바랍니다."

예전부터 음침한 악의만 흐르던 이곳을 복음 전도의 전략 도시로 삼아 사역을 시작할 수 있게 된 것에 대해 루벤은 기쁨을 가눌 수 없었다. "다만 기도하며 끈기 있게 하나님의 때를 기다리면 종내에는 모든 일이 순조롭게 진행됩니다." 루벤이 동역자들에게 자기 생각을 말했다.

집회가 끝난 다음 날, 루벤이 사람 하나를 데리고 사역지 전체를 오토바이로 돌아보았다. 몇 년 전에 자기가 폭도의 공격을 받았던 곳도 가봤다. 그곳에는 전에 없던 복음에 대한 개방성과 친절이 넘쳐 흘렀다.

루벤은 사기가 충천해져서 지난으로 돌아왔다. 아내에게 두 주간 동안 일어났던 모든 일들을 신이 나서 설명하느라 첫날 밤은 밤이 늦도록 아내와 마주 앉아 있었다. "여보, 사람들이 작년에 어려움을 당하다 보니 천지의 창조주에게 나올 마음이 더욱 간절해진 것 같더군. 로마서 8장 28절 말씀의 또 다른 예가 되는 사건이지. '우리와 알거니와 하나님을 사랑하는 자 곧 그의 뜻대로 부르심을 받은 자들에게는 모든 것이 합력하여 선을 이루느니라.' 지난 두 주간 하나님이 행하신 모든 일에 대해 찬양을 드리는 마음뿐이오."

"당신과 엠마를 따라 그곳에 가볼 걸 그랬어요. 휴가를 마치고 돌아오면 당신과 함께 위수에 한번 가보고 싶어요." 자넷은 남편에게 약속을 했다.

루벤은 덧붙여 말했다. "이제 나는 하나님이 내 사역 목표 가운데 하나인 위수의 열림에 나를 사용하셨다는 만족감을 가지고 미국으로 갈 수 있을 것 같소."

루벤이 두 주에 걸친 전도 집회를 시작하기 직전, 루벤의 양친은 자넷이 왜 루벤과 동행할 수 없는가에 대해 설명한 편지를 받아 보았다.

14장 첫 안식년

대양 건너편 파사데나에서 1918년 2월 말이 다된 어느 화창한 아침, R. A. 토레이의 부인 클라라가 우편함으로 갔다. 편지의 겉봉에서 사랑하는 아들의 필적을 본 부인의 얼굴이 환해졌다. 부인은 반가운 편지를 읽으려고 거실을 향해 빠른 걸음으로 걸어갔다. 봉투 안에는 언제나 그렇듯 동봉물이 들어 있었다.

부인은 갓난아기에게 주는 한 편의 시가 적힌 종이 한 장을 꺼냈다. 시 위쪽에 갓난아기를 그린 연필 스케치가 있고 '온티분'이란 서명이 있었다. 종이 뒷면에는 잉크로 굵게 이렇게 쓰여 있었다.

루벤 아처 토레이 3세
1918년 1월 19일 생

체중 3.8킬로그램

할머니의 입에서 탄성이 터졌다. "이게 웬일이람!" 그녀는 똑똑하게 들여다보려고 안경을 고쳐 썼다. 아직도 믿기지 않는 듯 (자넷은 임신 사실을 알려주지 않았었다) 그 종이를 내려놓고 아들의 편지를 자세히 읽기 시작했다.

"동봉해드린 건 아침 식사 때 여러 사람에게 회람시켰던 쪽지입니다. 놀랍고 행복하지 않으세요?"

"맞아, 그렇고 말고!" 부인은 아무도 없는 빈집에다 대고 큰소리로 외쳤다. 편지는 이렇게 계속되었다.

"지금 저희는 국제전보를 부치고 싶어 죽겠지만 재정 형편상…"

클라라가 흥분한 나머지 편지를 내려놓고 남편에게 전화를 걸려고 서두르다가 갑자기 멈추고 혼잣말을 했다. "아니야. 점심을 들러 집에 올 때까지 참아야지. 나만큼 놀라게 해주고 싶어."

놀라움과 감격에 찬 할머니가 낮 12시가 되기를 기다리는 동안은 끝없이 긴 시간같이 느껴졌다. 아침나절 아무 일도 손에 잡히지 않았다. 드디어 대문이 딸랑딸랑 소리를 내며 열리고 풍채가 당당하고 턱수염을 기른 닥터 토레이가 "나 왔소. 여보!" 하며 들어섰다.

클라라가 반색을 하며 볼에 입을 맞추고 아무렇지 않은 목소리로 말했다. "오늘 아침 루벤한테서 편지가 왔어요. 여보, 지금 읽을래요 점심 들고 읽을래요? 점심 준비는 다 되어 있어요."

"상 차리는 동안 잠깐 들여다보지 뭐." 닥터 토레이는 아내가 건네는 편지를 받아들며 말했다. 그는 아내가 부엌 쪽으로 갈 생각을 안 하고 있다는 걸 눈치채지 못했다. 클라라는 남편이 동봉물을 보지 못하고 편지만 들여다보고 있는 모습을 지켜보았다.

남편은 어리둥절한 표정을 지었다. "무슨 쪽지? 애가 무슨 말을 하고 있는 거지?"

"봉투 안에 있어요, 여보." 클라라가 편지가 든 봉투를 빼앗아 동봉물을 꺼내 남편에게 주었다. "루벤 아처 3세?" 남편이 의아한 표정으로 물었다. "자넷이 이 애를 또 낳았단 말인가? 남자아이? 이름은…." 이 큰 사내는 더 이상 말을 잇지 못했다. 아내를 덥석 끌어안는 그의 목소리가 떨리며 뺨에서 눈물이 흘러내렸다. "왜 진작 얘기를 안 해줬어?"

"나도 몰랐는 걸요!" 아내는 행복에 겨워 대답했다.

한편, 중국에서는 자넷과 루벤이 새로 태어난 아들 때문만이 아니라 미국 귀국 일자가 다가옴에 따라 아이 둘을 가족에게 자랑할 것을 생각하며 흥분에 들떠 있었다. 자신들을 아껴주는 사람들이 보태준 돈과 검약한 생활을 통해 따로 저축해 두었던 푼돈을 모아 미국행 배표를 구입했다.

당시 중국에서의 최장 사역 기한은 8년이었고 미국에서 보내는 1년 휴가 경비를 본부에서 지급했다. 부부가 비용을 자가 부담할 경우, 5년 사역 후 6개월의 안식년을 가질 수 있었다. 루벤 부부는 1913년 임지를 향해 출발할 당시부터 1918년에 잠시 귀국할 수 있게 되기를 바란 터였다.

서늘한 6월의 어느 날, 루벤 가족이 탄 배가 천천히 샌프란시스코 부두에 미끄러져 들어왔다. 루벤의 양친과 젊은 루벤 부부 중 어느 쪽이 더 흥분에 들떠 있었는지 분간이 어려울 정도였다. 한 차례 반가운 포옹 법석이 지나가자 클라라가 아이 둘을 맡고 루벤과 자넷이 세관 검사대를 통과했다.

두 살이 채 못 된 헬렌이 정글 속 원숭이처럼 재잘댔다. 그런데 중국말을 썼기 때문에 할아버지와 할머니는 한 마디도 알아들을 수 없었다. 아이들이 외국어로 재잘대는 모습이 하도 귀여운 나머지 할머니가 루벤 부부에게 아이들한테 영어를 가르치지 말라고 부탁했다. 그러나 48시간도 지나지 않아 신기함은 사라지고 꼬마 손녀와 의사소통이 되지 않자 할머니는 크게 낙심하여 이렇게 말했다. "아이에게 영어 좀 가르치거라!"

헬렌은 몇 주일도 되지 않아 중국말을 죄다 잊어버렸기 때문에 여섯 달 후에 중국어를 다시 배워야 했다. 어린아이들에겐 새 언어를 배우는 게 그리 어려운 문제가 아니었다. 헬렌은 금방 중국말을 잘 할 수 있게 되었다.

루벤 가족이 모두 펜실베이니아 동북부의 한없이 뻗어나간 산맥 속에 묻혀 있는 작고 예스런 마을, 그리고 루벤이 지구상에서 가장 좋아하는 곳인 몬트로즈에 있는 토레이 가의 고택에 가서 여름을 보냈다. 닥터 토레이가 1909년에 이곳에서 부흥회를 연 적이 있었다. 루벤과 자넷은 이곳에서 여러 집회에 참석하며 영적으로 많은 회복을 했다.

잎사귀들이 울긋불긋 아름답게 물드는 10월, 루벤 부부는 끝으로 조지아주 메이콘에 갔다. 거기서 아기들을 자넷의 친정 식구에게 보여줬다. 1월에 중국으로 돌아갈 때까지 자넷의 친정에서 머물기로 했다. 메이콘에서의 연회는 샌프란시스코에서의 연회보다 한층 더 활기가 넘쳤다. 사람들이 여기저기서 와자하게 떠들고, 하인들까지 자넷과 아이들을 포옹하며 환해진 검은 얼굴에 행복한 눈물을 흘렸다.

"자넷 아씨!" 연로한 앤 아줌마가 외쳤다. "아씨를 많이 보고 싶었다우. 이 애기 좀 보게. 참 영리하게도 생겼구먼. 헬렌 아씨! 공주야, 영락 없는 공주!"

젊은 부부는 맬러리 가의 품으로 돌아가 가족의 정을 만끽했고 처음 보는 조카들과도 만났다. 그러나 이런 기쁨 속에 슬픈 일도 있었다. 자넷은 친모가 숨졌을 때 낙향해버린 할머니 지그

닐리앗이 보고 싶었다. 친모가 사망할 당시에 자넷은 아홉 살이었고 할머니와의 사이가 각별했다. 자넷이 중국으로 떠날 당시에 할머니는 이미 세상에 관심을 끊은 상태였고 얼마 후 돌아가셨다.

부부가 중국에 간 첫 5년 간, 자넷이 제일 좋아한 사촌이 죽었고, 이어 여동생 헬렌의 남편이 죽었다. 이들이 모두 없는 지금, 자넷은 너무 외로웠다. 루벤 가족이 이곳 메이콘에 온 지 얼마 안 되어, 자넷의 입양한 여동생 제니 바이가 위독하다는 소식이 왔다. 제니 바이는 자넷을 무척 따랐고, 자넷이 프랭크 로저스와 결혼하지 않기로 결심하자 그와 결혼했다. 자넷은 애틀랜타로 가서 여동생 부부를 만나기로 했다.

가족이 모여 투병 중인 제니 바이를 위해 대책을 세우고 있는데 전화벨이 울렸다. 프랭크 로저스가 다시 전화를 건 것이었다. "아내가 방금 눈을 감았습니다." 그는 비통한 목소리로 그 사실을 알렸다. 모두가 충격을 받은 가운데 자넷은 바닥에 주저앉고 말았다.

몇 달도 안 되는 짧은 기간 동안 메이콘에 있었지만 루벤은 여러 교회에서 설교를 했다. 어느 날 아버지로부터 편지가 왔다. 로스앤젤레스 성경학교에서 인력관리 책임자가 1월 1일부로 사임을 했는데 12개월 또는 이듬해 9월까지 루벤이 이 자리를 채워줄 의사가 있는가를 물어보는 내용이었다. 급료는 1년에 1,500달러였다. 편지는 다음과 같은 내용으로 계속되었다.

"한번 깊이 생각을 하고 기도해보거라. 하나님이 네게 소명으로 허락하신 중국 사역에서 네가 영원히 손을 떼게 될지도 모른다는 생각이 들었다면 나도 물론 너에게 이런 방향을 권하지 않았을 거다. 이 사역이 중국 사역에 더 잘 적응하는 데 도움이 될 거라는 생각이 든다. 성경학교, 교회, 주일학교 사역에 대한 가장 적극적 방법론을 배우게 될 것이다."

루벤은 이 건에 대해 많은 기도와 생각을 했다. 마음이 끌리는 제의였다. 유명 인사인 아버지와 함께 사역을 하면서 아홉 달 동안이지만 부모와 가까이 살 수 있다는 점에서 호감이 가는 제의였다. 무엇보다도 중국 사역을 위한 훌륭한 훈련장이 될 수도 있겠다는 생각이 들었다.

그래서 루벤은 뉴욕의 선교 본부에 편지를 써서 9개월 간의 휴직을 허락해줄 것을 요청했다. 루벤은 아버지에게 편지를 써서 본부에 보내는 이 서한을 동봉해 부쳤다.

"선교 본부에서 반대를 할 거라고는 보지 않습니다."

이렇게 해서 부자는 로스앤젤레스에서 동역하게 될 몇 달 간에 기대를 걸게 되었다. 그러나 기쁨에 찬 기대도 오래가지 못했다. 일주일 남짓 지나서 뉴욕의 닥터 브라운에게서 편지가 왔다. 예정된 대로 1월 중에 중국으로 돌아가라는 강력한 요구였다. 휴가 자체를 막아버리는 조치는 아니라 할지라도 본부의 승인이 나오지 않은 것이 분명해 보였다. 젊은 선교사는 놀라움에 사로잡혔고 편지를 읽어 내려가는 동안 실망의 눈물이 흘러내렸다.

"자넷," 루벤이 입을 뗐다. "아무래도 본부의 명령에 따라야 할 것 같소. 내가 가졌던 다른 꿈을 접어야 할 것 같아. 내가 어떻게 해서 바이올라 신학교에 마음을 두게 되었는지 모르겠소."

1919년 초, 루벤 가족은 시카고와 로스앤젤레스를 경유해 중국 귀환의 긴 여행길에 올랐다. 미국에 머무는 동안 아이들이 몸이 많이 튼튼해졌는데, 이는 영양가 많은 음식, 깨끗한 환경, 사랑을 부어주는 친지들 덕분이었다. 자넷과 루벤도 기분이 많이 전환되었다. 루벤도 오래잖아 아버지와 함께 사역을 못하게 되었다는 낙심에서 빠르게 헤어났다. 사랑하는 중국의 마을 사람들과 다시 한 번 일을 해나갈 기대에 부풀었다.

15장 기근 구제

루벤이 제2기 사역을 시작하기 위하여 선교 현장으로 복귀한 직후, 중국 내의 상황 변화로 사역의 본질이 대폭 변경되었다. 1918년, 황하가 범람해 주변 농토를 침수시켰다. 최종 작황이 호조를 보이고 있다고 농부들이 판단을 하고 있을 무렵인 1919년, 메뚜기 떼가 구름같이 전답 위에 내려앉아 작물을 몽땅 먹어 치웠다. 이듬해 1920년에는 심한 가뭄이 들고 여름 내내 계속된 혹서가 작물에 치명적 타격을 입혔다. 루벤이 가을 사역을 위해 농촌에 내려가 보니 농부들은 절망에 빠져 있었다.

그래서 일상적으로 행하던 말씀 사역 대신 마을 사람들의 실제적 필요를 알아보는 일을 시작했다. 대부분 지역에서 우물이 말라붙어 일부 사람들은 물을 구하기 위해 몇 킬로미터씩 걸어가야 했다. 다른 우물들도 제대로 먹지 못해 죽은 아기들의 시신으로 오염이 심했다. 어느 부농은 80에이커의 농지를 보유했지만 수확한 곡물이라곤 겨우 발육이 정지된 옥수수 줄기 한 대뿐이었다.

어떤 곳에서는 한 여인이 조심스럽게 자기의 빈집 대문을 걸어 닫았다. 무얼 보호하려고 그러느냐 물었더니 그녀는 손가락으로 구석에 놓여 있는 밀짚 몇 웅큼을 가리키며 말했다. "저 밀짚을 잃어버리면 안 돼요."

힘이 센 남자들이 음식을 구하거나 일거리를 찾으러 다른 지역으로 떠나버리면서 농촌은 점점 황폐화 되기 시작했다. 방기된 부녀자들과 노인들이 서로 방안에 옹기종기 모여 앉아 생명을 부지하고 있었다. 다른 곳으로 도망을 친 남자들조차 그곳에서 별 수 없게 되자 거지로 전락했다.

사방에서 들리는 소리마다 루벤을 슬프게 하는 것들뿐이었다. 어느 마을에 살던 남편과 아내가 좀 더 나은 생활 조건을 찾아 집을 떠나 북쪽 만주로 올라갔다. 이 마을 저 마을 길을 따라 걷는 동안 식량과 돈이 동나고 급기야 열 살 먹은 딸을 20달러에 팔아 치웠다. 조금 더 가다가 상심되고 기진맥진한 아내가 남편에게 말했다. "여기 길가에서 잠시 쉴래요. 먼저 가요. 곧 뒤따라갈 테니까."

남편이 내키지 않는 걸음을 떼어 터벅터벅 걸어갔다. 그러나 10분, 20분이 지나도 아내가 따라붙지 않자 짐을 길가에 내려놓고 아내를 챙기려고 오던 길을 되돌아갔다. 아내와 헤어졌던 곳에 이르자 남편의 눈은 공포와 경악으로 휘둥그래졌다. 고독하게 서 있는 나무 아래에 생명이 없는 아내의 몸뚱이가 늘어져 있고 근처 땅 위에선 배곯은 아기가 힘없이 울고 있었다. 아기를 먹일 방도가 전혀 없음을 잘 아는 이 아빠는 아기의 숨을 졸랐다.

소망을 잃은 채 흐릿한 눈빛으로 변한 남자는 가족의 시신을 뒤로 하고 바위투성이 산길을 마구 달려 자기네 전 재산이 담긴 바구니 두 개가 매달려 있는 장대가 놓인 곳으로 돌아왔다. 장대와 바구니들은 이미 사라지고 없었다. 놓고 간 지 30분도 채 되지 않았다. 장대와 바구니가 사라진 곳을 멍하니 바라보던 농부는 부근에 서 있는 한 그루 나무에 시선을 고정했다. 몇 분 후, 생명이 사라진 그의 몸뚱이가 튼튼한 나뭇가지에 무겁게 매달려 있었다.

이와 비슷한 이야기들이 도처에서 들려왔다. 자살, 유아 살해, 어린 딸의 매매, 가출, 걸식 등. 걸식을 하기에 자존심이 허락하지 않는 가족들은 죽음을 선택했다.

부자로 살던 어느 가정은 가축을 하나씩 모두 잡아먹고, 토지를 팔고, 그 다음 가재도구를 팔고, 마지막으로 구리 동전 몇 개를 받고 침구까지 팔아 치웠다. 이 동전은 '마지막 한 끼 식사'로 기장과 독약을 사는 데 사용했다. 아버지가 독약을 넣고 쑨

기장죽을 가족에게 먹이고 전 가족의 고통을 끝냈다.

상업도 서서히 마비되었다. 전당포들이 잡힌 물건들로 꽉 차 버려서 결국 문을 닫아야 했다. 사람들이 가구를 내다 팔려고 구매자를 구해도 터무니없는 헐값이었다. 길가의 잡초는 물론 옥수수자루를 빻아서 먹다 못해 나뭇잎까지 거두어 먹었다. 겨울이 다가오면서 나뭇잎과 식물이 모두 사라졌다.

목수인 한 남자는 톱밥을 갈아 소량의 거칠게 빻은 곡식 가루와 섞어 그것으로 빵을 만들어 식구에게 먹이며 연명했다. 이런 비정상적인 식사와 영양 부족으로 질병이 만연했다. 예년과 다를 바 없이 굶주림의 고통은 계속 심해졌다. 강도 떼들이 떠돌아다니며 사람들을 잡아다 고문하고 감춰둔 돈을 빼앗아 갔으며 사람들을 납치하고 몸값을 요구했다. 절망에 빠진 한 가족은 자신들의 몸과 개를 한데 묶고 저수지에 뛰어들었다.

이런 이야기들이 홍수처럼 쏟아져 들어오자 루벤은 행동에 들어갔다. 우선 이러한 상황을 설명한 편지들을 미국으로 보냈다. 그리고 기금을 분배할 방법을 고안해냈다.

담당 교구 내의 마을들을 나누고 자기와 전도인들이 각각 담당하도록 했다. 마을마다 다니며 가가호호 무엇이 필요한지 조사했다. 장부에 가구별 자녀 수와 해당 정보를 기록했다. 호주에게 카드를 한 장씩 주고 교회에 와서 카드를 제출하면 구호품을 주도록 했다. 또, 마을 수장들이 지정된 날짜에 자기네 마을 사람들을 데리고 읍내로 나와 구호품을 타 가도록 했다.

루벤은 사실 확인에 매우 신중해야 했다. 하루는 그가 어느 누추한 집 입구에 쳐놓은 더러운 담요를 걷어 올리고 침침한 방 안에 들어섰다. 거기에 실 거주자로 보이는 한 가족이 살고 있었다. 그러나 집 외양처럼 이 가족이 정말로 가난한 사람들이라는 데에 어쩐지 확신이 들지 않았다. 돌 화덕 위에 얹어 놓은 쇠 냄비를 들어 올려보기 전까지 모든 게 진짜 같았다. 그러나 냄비는 화덕에 그을린 흔적이 없었다. 루벤은 이 가족이 괜찮은 집에서 살다가 바로 어제 이곳에 들어와 극빈자로 위장했다는 사실을 알아냈다.

조사를 마친 루벤은 매일 교회 창문 뒤에 앉아 카드를 제출하는 사람들에게 교회 돈을 조금씩 나누어주었다. 새벽 동트기 전부터 사람들이 줄을 섰는데 구호금 전달은 오전 8시부터 밤 10시까지 이루어졌다. 마을 사람들에게 물질만 공급한 게 아니었다. 예배당 바깥에 천막을 한 동 치고 사람들이 머물러 비바람을 피할 수 있게 했다. 사람들이 줄을 서서 자기 차례를 기다리는 동안 중국인 전도자들이 성경 이야기를 들려주고 유인물을 나누어주었다.

비참한 실정을 들은 여러 단체에서 구호품이 답지했다. 로마 가톨릭 신부들이 아이들을 위한 구호품을 보내왔다. 적십자사 여러 군데에서도 돈이 들어왔다. 지난에 거주하는 일본인들이 4천 달러 이상을 기부했다.

루벤은 구호가 여섯 가지 방면에서 이루어져야 한다고 생각했다. 여섯 가지 방면이란 건 곧 일자리 제공, 식료품 분배, 의복 제공, 종자 분배, 자금 확보, 연료 공급이었다. 루벤은 1,600만 달러로 교구 내 굶는 자들을 먹일 수 있고, 나머지 다섯 가지 방면의 구제 활동에 200만 달러가 필요함을 추산해냈다. 중국인이 선교사보다 곡물을 더 싸게 구입할 수 있음도 알아냈다. 그래서 곡물을 직접 사서 중국인들에게 분배하는 대신 곡물을 살 돈을 주는 방식을 택했다.

가끔 기독교인들을 속이려는 시도가 있었으나, 거짓말이 발각되는 즉시 책임을 져야 할 사람들이 속한 마을에 제공하는 구제비를 삭감했다. 그러자 마을 사람들이 범법자를 자체적으로 처벌하고 누가 거짓 자료를 제출하지 못하게 서로 주의했다. 이런 소문이 딴 마을로 퍼지자 속임수의 발생 건수가 최소한으로 억제되었다.

하루는 루벤이 가톨릭, 개신교 양쪽에 어려운 사정을 알리고 두 곳 모두에서 구호금을 타가는 사람들이 있다는 사실을 발견했다. 그는 신속한 조치를 내렸다. 루벤은 근처 위수 가톨릭 본부로 성큼성큼 걸어가 가톨릭 선교단 건물의 흑색 옻칠을 한 정문에 걸린 줄을 잡아당겼다. 건물 앞뜰에 있는 종이 쟁그랑 울렸다. 중국인 문지기가 소리를 질렀다. "누구시오?"

"장로교 목사 루벤입니다." 루벤이 대답했다. 여러 문 중 작은 문이 안으로 열리고 한 중국인이 진짜 루벤 목사인가 확인하려고 불그레한 얼굴을 내밀었다.

"라이"(들어오세요). 문지기가 간명하게 말하며 들어오라고 손짓했다.

"신부님을 뵙고 싶습니다만." 루벤은 용건을 설명했다.

몇 분이 흐른 뒤 루벤이 안뜰로 안내되었고 풍채가 당당한 한 신부가 거실에서 나와 루벤을 기다리고 있었다. "어서 오세요, 어서 오세요." 신부가 부드러운 미소를 지으며 중국어로 인사하고 루벤을 사무실로 안내했다.

신부는 독일 프란시스코 수도회 소속이었다. 두 사람은 독일어와 중국어를 섞어가며 대화를 나누었다. 속임수를 제거하는 방법에 대해서 합의가 이루어졌고, 루벤과 후퍼 신부 간에 지속적인 우정이 생겨났다. 이를 지켜본 중국인들은 양쪽에서 돈을 받는 것이 더 이상 통하지 않으리란 사실을 알게 되었다.

16장 남부식 친절

루벤은 은행에서 돈을 인출하기 위해 3, 4주에 한 번 꼴로 지난에 잠깐 다녀오는 것을 빼면 혼자서 수개월 동안 지치지 않고 기근 구제에 매달렸다. 헬렌이 폐렴에 걸려 자칫 목숨을 잃을 뻔한 싸움을 치르고 나서 회복 중이었기 때문에 자넷이 이번 여행에는 루벤과 동행하지 못했다. 그렇더라도 자넷은 지난에 남아서 기부금에 대한 감사 편지 쓰기와 장부 기록을 도왔다.

1921년 어느 날, 심부름꾼이 1만 달러를 은행에서 인출해 달라는 부탁이 담긴 루벤의 쪽지를 가지고 자넷에게 왔다. 쪽지에는 이렇게 쓰여 있었다. "다음 주 수요일에나 집에 갈 수 있는데 하룻밤밖에 묵을 수 없소. 돈을 가지고 아침에 눈을 뜨자마자 출발해야 할 것 같소."

자넷은 남편이 하는 일에 이견을 다는 일이 거의 없었지만 이번만은 퇴짜를 놨다. 다른 쪽지를 하나 써서 심부름꾼에게 들려 보냈다. "은행에서 1만 달러를 인출할 책임을 맡지 못하겠어요. 여기 와서 그 일을 하는 데 필요한 만큼 묵으면서 손수 처리하세요." 자넷은 어떤 외국인 남자가 은행에서 돈을 인출해 집에 와서 보니 1천 달러가 빈 것을 발견한 경우를 들어서 알고 있었다. 은행이 여자 하나 속이기는 쉬운 일이라는 생각이 들었던 것이다.

루벤은 예정대로 지난에 돌아왔다. 그런데 이것이 그의 외로운 농촌 사역의 전환점이 되었다. 집에 도착하자마자 그는 아내와 부딪혔다. "루벤, 당신이 시골에만 가 있기 때문에 우리는 가정생활을 다 빼앗겼어요. 헬렌이 건강을 회복한 것 같으니 이제부턴 모두 당신과 함께 살래요."

"나도 그렇게 생각하고 있었소. 말을 못했을 뿐이지." 남편이 대답했다.

이렇게 해서 결정이 났고 자넷이 헬렌과 아처를 데리고 시골로 갈 준비를 했다. 한편, 동부 교외지구 사역 선교사들이 해밀턴 부인을 데려다가 여성 사역을 돕고, 앨리슨 씨를 붙여 루벤의 기근 구제 사역을 돕게 하기로 결정을 내렸다. 이틀 후 루벤 가족, 해밀턴 부인, 앨리슨 씨가 1만 달러를 지니고 시골로 출발했다. 루벤이 집에 올 때 위수에서 충푸까지 차를 몰고 와서 충푸에 차를 주차시키고 집까지 기차를 타고 왔기 때문에 여섯 명의 미국인들도 같은 노선을 따라 시골까지 가야 했다.

1921년 3월 초순, 지난의 동부 교외지구를 출발해 기차역까지 이동하는 일행은 가히 대상 행렬을 방불케 했다. 다섯 대의 인력거(네 대는 사람들, 한 대는 짐)를 불러 읍내의 서부를 지나 기차역까지 45분 간 행군을 했다. 충푸까지 등받이가 곧추 서고 쿠션이 없는 3등 좌석에 앉아서 하는 기차 여행은 지저분하고 외풍이 심하여 불편하기 짝이 없는 여행이었다. 그나마 다행히도 짧은 거리의 여행이었다.

충푸역에서 내려 짐을 차에 실었다. 짐을 쌓고 남은 좁은 공간에 어른 네 사람과 아이들 둘이 마구 구겨 앉았다. 그러나 이를 어쩌나! 차가 꼼짝도 하지 않았다. 루벤이 크랭크를 이용해 엔진을 돌렸지만 시동이 걸리지 않았다. 그는 상체를 구부리고 보닛을 열었다. 역시 짐작한 대로 배터리가 나가 있었다.

루벤은 허리를 펴고 먼 곳을 바라보며 상황을 판단했다. 위수는 40킬로미터나 떨어져 있다. 어둠이 깔리기 전에 성문에 도착하지 못하면 문이 닫히고 말 것이다. 강도가 들끓는 성곽 밖에서 밤을 지낸다는 것은 말이 되지 않는 소리다. 승객들이 기다리는 동안 배터리를 충전한다는 것도 전연 불가능한 일이다. 그렇게 한다면 일이 더욱 복잡해질 것이 뻔하다.

포드 차 안에 비좁게 들어앉은 채 속수무책으로 문제에 대한 설명을 기다리는 미국인들을 보며 루벤은 단호한 어조로 말했다. "배터리가 나갔습니다. 그렇다고 당장 고칠 수도 없습니다. 달구지를 하나 빌려서 남은 길을 가는 수밖에 없습니다."

승객들은 실망이 컸지만 차마 내색을 못하고 입을 다문 채 서로 엉킨 몸을 풀고 복잡한 차 위에서 짐들을 내려놨다. 실망에 찬 루벤이 성큼성큼 걸어가 한 마부를 붙들고 삯을 흥정했다.

한 시간 남짓 후, 황소 두 마리가 끄는 볼품없는 달구지가 짐을 싣고 위수로 가는 좁고 지저분한 길을 덜커덩거리며 내려가고 있었다. 아이들은 포장을 친 물건들 사이에 웅크리고 앉았고, 두 여자는 은화 1만 달러가 들어 있는 금고 위에 앉았다.

남자들은 마차 위에 오르기와 마차 옆에서 터벅터벅 걷기를 반복했다. 마부가 긴 채찍으로 지친 황소의 등을 자꾸 내리쳤다. 그러나 40킬로미터나 되는 울퉁불퉁한 길을 천천히 걷는 불쌍한 황소의 보속은 달라지지 않았다. 날이 어둡기 전에 도착한다는 루벤의 희망이 무산되었다. 지치고 먼지를 뒤집어쓴 나그네들이 읍내로 들어가는 큼직한 정문에 도착했을 때는 이미 밤 10시가 됐고 문은 굳게 닫혀 있었다.

중국인 마부가 문에다 입을 대고 큰 소리로 외쳤다. "미국 목사님이 가족과 함께 여기 계십니다. 문을 여시오!"

숨죽인 대답이 돌아왔다. "밤에는 문이 잠깁니다. 열쇠는 관청에 맡겨 놓았고요. 우리는 열 수 없소이다."

루벤이 대답 소리를 듣고 달구지에서 내려 문 틈에다 입을 대고 분명한 발음으로 소리를 질렀다. "난 다무시(토레이 목사)요. 가족과 딴 사람 두 명을 데려왔소이다. 문 밖에서 밤을 지낼 수 없으니 좀 들어가게 해주시오."

안에서 갑자기 황급한 발소리와 목소리들이 들렸다. 한 남자가 외치는 소리가 분명하게 들렸다. "목사님이다! 거짓말할 분이 아니야! 대문을 열어라!' 루벤이 한 걸음 뒤로 물러서기도 전에 큼직한 문이 삐꺽 소리를 내며 열리고 나그네들이 고개를 숙여 절을 하며 감사의 뜻을 표했다. 달구지가 문지기들의 어두운 그림자들을 지나 좁고 어두운 위수의 거리로 흔들거리며 들어섰다.

일행이 선교관에 도착하자 춥고 어설픈 중국식 방에 거처가 배정되었다. 루벤의 사환이 무엇을 좀 먹겠느냐고 물었다.

"코코아와 우유가 있어요?" 자넷이 물었다.

"예." 사환이 대답했다.

"그럼 뜨거운 코코아를 좀 갖다줘요."

마실 것이 들어왔을 때는 자정이 되었다. 앨리슨 씨가 여행으로 무척이나 지쳤던지 이미 침대에 들어가 잠이 들어 있었다.

시골 소년이 뜨거운 코코아를 가져왔다가 이 모습을 보고 당황한 표정으로 자넷에게 왔다.

"앨리슨 목사님이 잠드셨습니다." 소년이 보고했다.

"깨워서 코코아를 드시게 해요." 서슴없는 대답이 나왔다.

앨리슨 씨는 이 경험을 결코 잊지 못했다. "전에도 남부식 친절에 대해 들은 바 있습니다만…" 그는 껄껄 웃었다. "추운 밤 곤히 자고 있는 손님을 깨우면서까지 맛있고 따뜻한 음료를 먹여줄지는 몰랐습니다."

17장 위수에서의 생활

루벤은 산둥성 전역을 담당할 기근구제위원회의 사무총장으로 초빙 받았다. 지난 주재 미국 영사가 회장직을 맡았다. 시 서부 지역에 위치한 영사관에 루벤을 위해 따로 마련한 사무실이 있었는데 시내에 있을 동안에는 주로 그 사무실에서 업무를 봤다. 2년 동안은 굶주린 사람들을 먹이는 일에 전념하면서도 사람들의 물질적 필요와 영적 필요 사이에서 갈등을 겪었다. 누가 대신 그 일을 맡아줄 사람만 있었다면 기꺼이 사무총장직을 내주고 말았을 것이다.

그러나 루벤의 주도력과 효율적 업무 능력이 점점 인정을 받게 되고 실제 업무에서 진가를 발휘하기 시작했다. 더 이상의 홍수를 방지하기 위해 황하 제방을 재수축하고 강화할 때도 인력 수급책의 적격자로 루벤이 지목되었다. 루벤은 그 일을 위해서 신뢰할 만한 기독교인들을 추천할 수 있었고, 겸하여 가난에 찌든 친구들에게 일자리를 마련해줄 수 있어서 흐뭇했다.

모든 상황이 정상을 찾게 되자 루벤은 자기가 전도 활동에만 전념할 수 없다는 걸 알게 되었다. 전에 없이 긴박한 농업상의 필요들을 깨닫게 된 것이다. 그는 농학 전문가는 아니었지만 얼마간의 조사를 실시한 후 그 지역에서 농산물 수확을 증진하는 간단한 방법들이 있다는 사실을 알아냈다. 토양과 기후가 목화 재배에 적절하다는 것도 분명해졌다. 그는 위수 행정 책임자와의 친분을 십분 활용하여 시험 경작용으로 작지만 귀중한 토지 구획을 얻게 되었다. 그는 농부들에게 밀과 기장 농작물에 목화를 첨가해 보도록 권장했다. 자신의 농업 지식이 부족함을 알기에 난징에 있는 기독교 농업대학의 지역사회농업학과 전문가들을 초빙했다.

일단의 학생들이 강좌, 연극, 차트, 시범 등의 기법을 활용하는 강습회를 열고 인근 여러 마을의 어른들을 초청했다. 현장의 농부들은 와서 보고 들은 것에 깊은 인상을 받았다. 강습회에 참석한 모든 남자들에게 목화씨를 담은 봉투가 무료로 배급되었다. 이런 방법을 통해 농촌 가정과 마을들을 기근으로부터 구해내고 전체 지역의 생활 수준을 증진시키게 되었다.

그 당시에 의복은 물론 신발까지 면사로 만들었기 때문에 시장의 수요는 충분했다. 추운 겨울 동안에 온기를 보존하기 위하여 입는 누비옷은 이불솜을 넣어 만든 것이었다. 루벤 선교사의 관심은 농업 개발에만 국한되지 않았다. 그는 간단한 의약품을 가지고 다니면서 가벼운 병인 게 확실한 사람들을 직접 치료했다. 그는 자신이 동원할 수 있는 재주들을 활용하는 데 있어 조금도 주저하지 않았다.

루벤은 지난 주재 의료 선교사 두 명을 설득해서 자신의 사역 현장을 방문하도록 했다. 이 두 의사가 클리닉을 열고 어린이 돌보는 방법을 가르쳤다. 루벤은 전문가들로 하여금 육체적 필요들을 해결하게 하는 한편, 자신은 여러 마을을 순회하면서 복음을 전파하고 기독교인을 위한 리더십 훈련반을 기획했다.

이런 모든 활동들이 시행되면서 위수 전체가 복음에 점차 문을 더 넓게 열게 되었으며, 루벤은 성경학교를 건축하고 가족이 시간제 주택으로 사용할 수 있는 대지를 얻을 수 있게 되었다. 이때 마침 선교 본부에서 지난에 루벤이 살 집을 건축하기에 충분한 예산을 할당했기 때문에 루벤 가족은 더 이상 지난에서 매년 이곳저곳으로 옮겨 다니며 살지 않아도 되었다.

1923년 1월, 드디어 주택이 준공되고, 루벤과 자넷 사이에 둘째 딸이 태어나 이 집의 새 식구가 되었다. 루벤의 미혼 누나를 따라 에디스 클레어라는 이름을 지어주었다.

봄이 오고 자넷과 아기도 여행을 할 만큼 준비가 되자 온 가족이 위수를 방문하기로 했다. 여행길의 일부는 다시 한 번 기차 여행이 되었다. 자넷이 아기를 조심스럽게 포대기로 싸서 바구니 안에 넣고 뚜껑을 덮었다. 플랫폼에서 기차가 도착하기를 기다리는 동안 늘 자욱하게 피어나는 먼지를 막을 심산으로 바구니 뚜껑을 덮어둔 채 놔두었다.

중국인 신사 한 명이 친근한 호기심을 보이며 다가왔다. "고양입니까 개입니까?" 신사가 웃음 띤 얼굴로 물었다. "아기요." 자넷이 대답을 하며 재빨리 바구니를 열어 평화롭게 잠든 갓난딸을 보여주었다. 남자는 깜짝 놀라 두 손을 들더니 무슨 괴물을 보기나 했다는 듯 뒷걸음질을 쳤다.

이때쯤 헬렌과 아처는 학교에 입학해도 될 만큼 성장해 있었다. 자넷은 매릴랜드 볼티모어 소재 캘버트 스쿨이 제공한 최고의 교재로 아침마다 자녀들을 가르쳤다. 오후가 되면 글을 깨우치러 교회로 찾아오는 마을 여자들을 만났다. 교과서는 성경책이었다. 루벤 부부는 여자들을 가정집처럼 꾸민 교회 뒤뜰의 검소한 방들로 안내했다. 자넷이 항상 차와 과자를 대접했다.

분위기를 밝게 하려는 의도로 자넷은 빅터 축음기를 틀어놓거나 게임을 가르쳤다. 그러나 무엇보다도 이 여인들이 즐긴 것은 흙벽돌로 된 평범한 거처라 할지라도 미국인 가정에 들어와 있다는 것이었다. 피부가 하얀 푸른 눈의 아기를 구경하는 것도 한층 흥미를 북돋우는 요소였다.

루벤 가족은 위수와 지난에서 지내는 시간을 안배하고 극한의 추위와 더위가 시작되기 전 가을과 봄의 몇 달을 시골로 가서 보냈다. 선교사인 동시에 자녀를 가진 어머니, 그리고 농촌 전도 활동에 남편과 동행하는 아내는 지난에 자넷밖에 없었다.

루벤은 농촌 전도 활동에 가능한 한 가족을 데리고 다녔다. 위수로 출발할 채비를 갖춘 루벤의 둘째 딸 에디스 클레어.

위수의 흙벽돌 집. 루벤 가족은 위수와 지난에서 지내는 시간을 안배하고 더위가 시작되기 전 가을과 봄 몇 달 동안 시골로 전도 여행을 다녔다.

위수의 성벽에 나들이 나온 자넷과 자녀들(왼쪽부터 헬렌, 클레어, 아처)

18장 패장 달래기

1925년 1월 어느 날 아침, 가족들이 아직 위수에 머물고 있는데 지난 선교 거점의 사업부장 분이 보낸 편지가 도착했다. 다음과 같은 내용이었다.

"퇴각 중인 리우 장군의 부대가 가는 곳마다 약탈을 자행하며 귀하의 지역을 통과할지도 모른다는 소식을 방금 들었습니다. 모처에서는 가톨릭 신부들이 그들의 손에 교수형을 당한 적도 있다고 합니다. 지난으로 돌아갈 시간이 없을 것 같고 그들이 위수를 통과하지는 않을 것으로 보이므로 안전이 보장될 것입니다. 그러나 그들과 맞닥뜨릴 경우 머리를 내밀지 말고 숨으시기 바랍니다."

1911년, 중국 제국정부가 붕괴되고 쑨원이 공화국 수립을 시도했다. 그러나 중국은 아직 민주주의를 수용할 준비가 되어 있지 않았다. 장제스가 군대를 이끌고 전국을 통일하기 전까지 독군(督軍)으로 알려진 지방 군벌 군사를 징집하고 세금을 걷어들이며 패권을 다투었다. 이 결과 중국은 1928년까지 지속적 봉기와 독군들 간의 내전 상태에 있었다.

기독교인 장군 펑위샹이 리우 장군을 1924년 성탄절 전날에 패퇴시킨 결과 리우의 부대가 퇴각 중에 있었다. 분 씨에게서 온 서한이 주일 예배 직후 루벤에게 전해졌다. 루벤은 아무 말 없이 숙소로 가서 식사를 했다. 식사를 끝마치기가 무섭게 누가 정문을 큰 소리가 나게 두드렸다. 몇 분이 흘러가고 겁에 질린 하인이 거실 겸 식당으로 쓰는 방에 나타나 루벤더러 앞뜰에 있는 응접실로 급히 가보라고 강권을 했다.

루벤이 응접실로 가보니 얼굴이 창백하게 질린 일단의 시 유력 인사들이 와 있었다. 안절부절못하는 손놀림으로 미루어 볼 때 극도로 동요되어 있는 것 같았다. 그 가운데 한 사람이 불쑥 말문을 열었다. "소식이 들어왔군요. 퇴각 중인 대규모 이탈 병력이 대령 한 사람의 지휘로 곧 시내로 들어올 것 같습니다. 그들을 맞아들여 하룻밤 환대를 해야 할 것 같습니다." 그들의 설명을 들어보니 시장이 이미 회의를 소집하여 업무 분담을 시켰으며 여기 온 사람들은 영접위원회 위원으로 임명된 사람들인데 사령관을 만나서 모셔야 할 임무가 부여되었다는 것이었다.

"저희들이 여기 온 건 귀하에게 우리 위원회의 의장직을 수락해 달라고 부탁드리기 위해서입니다. 우리와 함께 가서 사령관을 달래주십시오." 겁에 질린 유력 인사 가운데 다른 한 명이 설명했다.

루벤 선교사는 직전에 받은 공문을 떠올리며 억지로 미소를 지었다. 이 예상치 못한 상황에서 매끄럽게 빠져나갈 수 있을까? 이 사람들이 보이는 이러한 신뢰는 여러 해에 걸친 노력에서 나온 것으로서 이 백성들을 섬기고 또 자신을 그들이나 그들의 필요와 동일시하면서 획득한 것이었다. 비겁한 모습을 보이면 절대 안 되는 상황이었다. 영접위원회의 일원이 되어 겁에 질린 대표단을 따라 관청으로 가는 수밖에 없었다.

약탈자 무리에게 위수시 경계 내에서 숙식을 제공하도록 계획했다. 이렇게 하는 것은 그들이 변방에 흩어져서 다른 지역에서와 마찬가지 약탈을 벌이는 것을 미연에 방지하겠다는 의도에서였다. 사발통문이 마을마다 급히 전해졌고 빵, 곡식, 사료가 시내 중심지로 모였다.

유지들이 부대가 시에 가까이 오고 있다는 소식을 기다리고 있는 동안에도 통과하는 마을마다 그들이 저지른 약탈과 잔혹한 행위들에 관한 이야기가 무성했다. 방안은 덜덜 떨리는 신경을 진정시키려고 마을 유력 인사들이 피우는 아편과 담배의 푸른 연기로 가득 찼다. 마약이 타면서 내는 역겨운 단내에도 아랑곳하지 않고 루벤은 하나님을 증거하기 시작했다. 하나님의 사랑, 하나님을 신뢰하는 자에게 베푸시는 그분의 돌보심, 기도의 능력을 설명했다. 어떤 이들은 파이프를 다시 채워 넣으면서도 기독교에 대해 깊은 인상을 받았다며 이번 비상사태만 지나가면 곧 교회 출석을 하겠다는 약속을 하기도 했다. 루벤은 속으로 웃을 수밖에 없었다. 중국, 미국을 막론하고 참호 속에 있는 모든 인간은 똑같은 속성을 내보이니 말이다.

그때 갑자기 한 사람이 후다닥 뛰어들어 왔다. 군인들이 성문 근처까지 왔다고 했다! 성문은 이미 열려 있었다.

지휘관을 기쁘게 하는 동양식 복종의 예의에 따라 사령관이 시내에 들어오기 전 길 위에서 그를 영접하기 위해 영접위원들이 급히 밖으로 나갔다. 1.5킬로미터 정도 밖에서 선두 부대를 만났다. 그것은 오합지졸의 대오였다. 색이 바래고, 군데군데 천 조각을 대고 기운 걸레같이 너덜너덜한 제복을 입은 헝클어진 머리의 남자들이 먼지를 뒤집어쓴 채 성나고 피곤한 얼굴로 무겁고 우울한 발걸음을 옮기고 있었다.

비참할 정도로 떨어진 신발을 신고 질질 끄는 발이 일으키는 질식할 것 같은 구름 먼지가 오후의 대기를 시야 끝까지 뿌옇게 덮었다. 운반 가능한 한 최대 크기로 꾸린 약탈 물건 보따리들을 등에 잔뜩 지고도 모자라 총 끝에까지 매단 모습이었다. 인간의 떼 중에는 약탈한 물건들을 넘치도록 얹은 동물들과 흔들리는 달구지도 섞여 있었다. 장교들과 기진맥진한 병사들이 흔들리는 짐더미 꼭대기에 벌렁 나자빠져 있었다.

영접위원회 사람들이 이 기를 쓰는 인간들과 용을 쓰는 짐승들의 바다를 지나 걸었다. 어느 태평한 젊은 장교는 자기 짐을 다른 누군가에게 맡기고 루벤 옆을 지나가며 땀으로 뒤범벅이 된 얼굴에 눈을 반짝이고 이를 드러내며 싱긋 웃었다. 그 장교는 중국인 고유의 절제된 유머와 억제할 수 없는 말장난을 발휘해서 과적한 짐 밑에서 비틀거리며 걷는 당나귀들을 가리키며 미국인을 향해 소리를 질렀다. "저들은 자기들을 '부드웨이'(보병 사단)라 부르지만 실은 '루드웨이'(일간이 사단)에 불과해."

누런 먼지 구름 속에서 말을 탄 고급장교 몇 명이 나타나는 것을 본 영접위원들이 루벤 선교사에게 부탁했다. "말은 선교사님이 하십시오." 그러더니 길 옆에 줄을 서서 고개를 깊이 숙여 절을 했다. 이의를 제기할 시간도 없었다. 루벤은 급히 자신이 제일 잘 하는 중국 관용구를 생각해내어 적절한 문장을 만들어 내려고 했다.

마침 그때 먼지를 뒤집어 쓴 대령이 절을 하고 있는 사람들 중에 외국인이 있는 걸 발견하고 말에서 내려 고삐를 당번병을 향해 던지고 나서 손을 뻗으며 큰 소리로 말했다. "하오-두-요우-두?" 예상 밖의 영어 인사가 루벤이 꿰맞추려고 하는 정식 중국말을 완전히 흔들어 놨다. 대령의 영어 실력이 인사말 정도만 하는 수준으로 짧다는 것이 곧 확인되었다.

영접위원회가 '손님들'을 모시고 시내로 돌아왔다. 군인들이 건물 벽까지 꽉 차서 서로 부딪히고 떠밀리며 거리를 걸어 다녔다. 한편, 루벤의 집 담장 안에서는 자넷이 군 부대를 잠깐이라도 보고 싶어 안달을 했다. 그녀는 대개 두려움보다 호기심이 앞서는 성품이었다. 그녀가 앞뜰에 있는 교회 건물로 들어갔다. 거기에 밖의 거리를 내다볼 수 있는 격자 창문들이 달려 있기 때문이었다. 창문 가운데마다 작은 유리를 끼운 틀이 달려 있고 그 주위는 모두 종이를 붙인 창이었다. 유리 창틀 앞에 자리를 틀고 앉아서 밖을 내다보다가 사람 머리가 아주 가까이 지나가면 머리를 살짝 숙여 시선을 피했다.

사람들의 흐름은 그칠 것 같지 않았다. 종이를 뜯어내고 손을 뻗기라도 했다면 지나가는 군인들을 만질 수도 있었을 것이다. 밀집한 군인들을 분리해서 가정, 사업장, 공공건물, 사찰에 숙박시켰다. 루벤 집과 엠마 보엔 집만 군인들을 배정 받지 않았다. 대령이 숙박하고 있는 동안에 교회 대지 외부와 선교사 주거지를 빙 둘러서 보초가 세워졌다. 가족이 잘 보호 받게 하기 위하여 루벤의 요리사가 초병들을 진수성찬으로 대접했다. 정문으로는 아무도 출입을 못하게 했다.

불안에 휩싸인 시가지에 어둠이 깃들기 시작할 무렵, 루벤의 집 정원에서 쿵하고 떨어지는 소리가 계속 들려와 루벤 부부는 당황했다. 군인들이 집으로 침입하고 있는 건 아닐까 겁이 난 루벤은 무슨 일인지 알아보려고 나갔다. 겁에 질린 여자들과 소녀들이 안전한 곳을 찾아 담을 넘어 들어와서 담장 밑에 쭈그리고 앉아 있었고, 사람들이 침구, 옷가지, 기타 값나가는 물건들을 숨겨놓으려고 그것들을 싼 큰 보따리들을 루벤의 집 담장 너머로 던져 넣고 있었던 것이다.

두려움에 사로잡힌 주민들은 불청객들을 달래려고 최선을 다했다. 이틀 밤낮으로 5천 명의 주민이 있는 읍내를 2만 8천 명의 군인들이 통과하며 먹고잤다. 군부대의 퇴각로에 연한 다른 마을들의 경우와는 반대로 위수에서는 질서와 기강이 지켜졌다. 수요일 오전 4시 행군 명령이 떨어졌다.

루벤 내외가 아침 식탁에 앉아 아이들이 무서움을 타지 않도록 하기 위해 일부러 한담을 나누려고 노력하고 있었다. 그때 갑자기 고막을 찢을 것 같은 날카로운 리볼버 총성이 평온을 깨뜨렸다. 루벤은 문제가 생겼다는 것을 직감했다. 대령은 이미 가고 없었고 후위 수비병 하나가 약탈을 시작한 것이었다. 그러나 더 이상의 총성은 들리지 않았다. 곧 그 마지막 칠칠하지 못한 병사는 낙오병이었다는 소문이 돌았다. 성문이 닫혔다.

루벤은 무슨 일이 일어났는지 알아보려고 부리나케 거리로 뛰어나갔다. 그것은 대령이 보낸 전령이 저항하는 초급 장교를 향해 발사한 총성이었다. 초급 장교는 가게마다 다니며 1달러짜리 은화를 요구했다고 한다. 전령이 그를 체포해보니 그는 탈취

한 은화를 두툼한 옷 속에 마구 집어넣어 은화의 무게를 이기지 못할 정도였다. 초급 장교가 리볼버에 손을 가져갔으나 권총을 뽑아드는 행동이 너무 늦어 전령에게 기선을 제압 당했다는 말도 들었다. 한 '동무'가 시내로 들어가 관을 사오겠다고 하자 대령이 이렇게 대답했다고 한다. "망나니 한 놈 따위에… 신경 꺼. 그냥 땅에 묻어."

루벤은 집집마다, 가게마다 다니면서 그들의 상태를 살폈다. 명백한 불법 행위는 없었던 것 같았다. 군인들이 누비 이불, 가정용품, 담배 등 하찮은 물건들을 '빌려' 가서 '돌려주기를 잊어버린' 경우가 몇 건 발생했을 뿐이었다. 그게 전부였다. 루벤이 가는 곳마다 감사에 찬 감탄만 회자되고 있었다. "기독교인의 하나님이 우리를 구해주셨다."

그날 이후 위수 사람들의 집 대문과 마음의 문이 그리스도의 복음에 활짝 열리게 되었다. 1942년 전쟁으로 인해 루벤 부부가 미국으로 복귀할 무렵 이 지역에 3천 명의 기독교인들이 있었다. 이 지역은 다름 아닌 20년 전에 이 지역 최초의 기독교인들이 모두 쫓겨났던 곳이었다.

19장 어머니의 기도

퇴각 부대를 둘러싼 소동이 가라앉은 지 수 주일 후, 루벤은 가족을 지난으로 다시 데려왔다. 지난에 당분간 머무른 후 그는 위수로 돌아왔다. 하루는 막 점심을 마치려는데 집사 한 명이 헐레벌떡 식당으로 뛰어들었다. "경찰서장이 선교사님을 뵙겠답니다!" 집사가 큰 소리로 보고를 했다.

루벤이 의자에서 일어서기도 전에 중국 경찰관이 급히 방안으로 들어섰다. 경찰관 뒤로 열두 살쯤 되어 보이는 소년 하나가 따라 들어왔다. 볼썽사나운 중국 옷을 걸친 소년이었다. 흑색 학생모가 금색 머리카락을 일부만 가리고 있었다. 반질반질한 모자 챙 밑으로 겁먹은 푸른 눈이 보였다. 자기처럼 금발에 푸른 눈을 가진 외국인을 보자 아이는 얼른 루벤 곁으로 달려왔다. 루벤이 놀라서 중국어로 아이 이름을 물었다.

"니 짜오 선머 밍쯔?" (이름이 뭐니?)

"와냐 굽스키." 대답이 돌아왔다.

"니 쉬 나리더 런?" (어디서 왔니?) 루벤이 물었다. 아이는 머리를 가로저었다. 중국말은 조금 하지만 잘 알아듣지 못하는 게 분명했다. 루벤이 영어, 독일어, 불어를 써봤지만 아이는 한 마디도 알아듣지 못했다. 루벤은 이 아이가 러시아인이라는 결론을 내렸다. 경찰관을 향해 중국어로 물었다. "이 아이를 어디서 발견했습니까?"

그는 대답했다. "제 부하들이 대규모 지방 박람회장을 순찰하고 있는데 박람회장 마당 구석에 사람들이 모여서 무언가를 구경하고 있었답니다. 그래서 가보았더니 사람들이 애를 괴롭히며 놀리고 있었답니다. 보아하니 외국인인 것 같아 구해서 본부로 데리고 왔다고 했습니다. 이 아이의 신원을 좀 알아봐주시기 바랍니다."

"제게 데려와주셔서 고맙습니다." 루벤이 대답했다. "저는 수일 내로 지난으로 돌아갑니다. 그곳에는 러시아인들이 많이 삽니다. 그 사람들에게 아이 얘기를 하면 가족을 찾을 수 있을 겁니다." 경관이 기뻐하며 아이를 루벤에게 맡기고 갔다. 와냐를 즐겁게 하려고 루벤은 성경 그림이 많이 나오는 입체경을 아이에게 보여주었다.

남자 아이가 갑자기 흥분된 모습으로 벌떡 일어서더니 입체경을 루벤 손에 쥐어주며 소리를 질렀다. "크리토스! 크리토스!" 아이가 본 그림은 십자가 위 그리스도였던 것이다. 루벤은 와냐가 필경 기독교 가정 출신일 거라고 짐작했다. 또 루벤이 베푸는 작은 친절에도 매번 "감사합니다"를 잊지 않고 표현하는 것으로 보아 분명 세심한 교육을 받은 것 같았다.

아이는 나중에 거실에 있던 작은 접이식 오르간을 발견하고 몸짓과 엉터리 중국어로 자기 엄마도 오르간을 쳤다고 미국인 친구에게 설명을 해주었다. 이 말을 듣고 루벤은 이 아이가 가난에 찌든 피난민 가족이 아닐 것이라는 추측을 했다. 당시 중국에는 볼셰비키 혁명을 피해 도망 온 백인 러시아인 수천 명이 살고 있었다.

이날 밤 침대에 들기 전 루벤이 와냐를 위해 목욕물을 데워 큰 목욕통에 부어주었다. 소년이 목욕을 한 지 오래됐을 것이 분명했기 때문이다. 아이가 목욕통 안에서 얼마나 즐겁게 놀던지 물에서 안 나오면 볼기짝에 맴매를 하겠다고 어르고 나서야 겨우 녀석을 목욕통에서 끄집어낼 수 있었다.

이튿날, 경찰서장이 농부 한 사람을 루벤 집으로 데리고 왔다. 박람회가 열렸던 곳의 부근 마을 출신이었다. 농부는 소년이 '자기 것'이라는 주장을 굽히지 않았다. "제가 하얼빈에서 일을 한 적이 있거든요." 그가 설명을 시작했다. "저는 자식이 없습니다. 그런데 러시아 애들이 그렇게 똑똑할 수 없더라고요.

그래서 이 아이를 애 부모한테서 샀습니다." 만주의 한 도시인 하얼빈은 위수에서 족히 1,600킬로미터는 떨어져 있고 백인 러시아인들이 많이 정착해 살고 있었다.

이 농부의 말을 믿을 사람은 아무도 없었다. 루벤은 러시아 어린이들 납치에 관한 소문도 익히 알고 있었다. 러시아인 가족이 아무리 살기가 어렵다 해도 자식을 팔리라고는 믿을 수 없는 일이었다. 더구나 와냐의 설명을 들어보면, 자기가 어느 날 수업을 마치고 집으로 돌아가고 있었는데 누군가가 자기 머리에다 주머니를 씌웠다고 하지 않았던가. 어느 납치범이 와냐를 농부에게 팔았는지도 모를 일이었다. 필시 와냐가 어린아이답게 농부의 집을 나와 궁금증을 풀려고 박람회장에 들렀을 것이리라.

경찰서장이 소년에게 몸짓으로 물었다. "이 농부 아저씨를 따라가겠느냐 그렇지 않으면 이 '미국 목자'와 같이 있겠느냐?"

와냐의 대답은 분명했다. 소년은 루벤에게 바짝 매달리며 농부 '아버지'와는 아무 관계가 없다는 뜻을 확실하게 표현했다.

루벤은 며칠 후 위수를 떠나 집으로 향했다. 기차간에서 한 영국 선교사 교수가 와냐를 보고 다른 사람들과 마찬가지로 즉시 와냐에게 반해버렸다.

"아드님이 참 잘 생겼습니다." 교수가 루벤에게 말을 걸었다.

루벤은 미소를 지으며 대답했다. "제 아들이 아닙니다." 루벤은 아이에 관한 얘기를 해주었다.

"이 아이를 어떻게 하시렵니까?" 사나이가 호기심에 차서 질문을 했다.

루벤이 대답했다. "네, 아이를 지난으로 데려가려고 합니다. 서부 교외에 많은 러시아 사람들이 살고 있습니다. 그 사람들이 이 아이의 부모를 찾아줄지도 모르니까요."

"아이 부모를 만나시기 어려울 텐데요. 만주는 지난에서 멀리 떨어진 곳입니다. 제가 이 아이를 데리고 가서 미션스쿨에 입학시키면 안 될까요?"

루벤이 대답했다. "아닙니다. 그렇게 하기 전에 적어도 이 아이에 관해 알아보려는 노력을 좀 더 해보고 싶습니다."

루벤은 그날 밤 늦게서야 집에 도착했다. 아처와 클레어는 이미 잠자리에 들어 있었으나 헬렌만은 자넷의 허락을 받아 아버지를 자지 않고 기다리고 있었다. 루벤은 오랫동안 외지에 있다가 귀가할 때면 아이들에게 줄 작은 선물을 가지고 오곤 했다. 지난번 여행에서 돌아올 때도 아기 토끼들을 애완동물로 가져다 주었다. 작은 소년이 아빠 손을 잡고 들어오는 것을 본 헬렌이 눈이 휘둥그래졌다. 아빠가 작은 딸을 팔에 쓸어안고 환하게 웃었다. "이번에 놀라운 선물은 너하고 놀아줄 친구란다!" 헬렌은 새 친구를 다시 한 번 내려다봤다.

"안녕." 헬렌이 주저주저 인사를 했다. 소년이 따뜻한 미소를 보냈다. "얘 이름은 와냐란다." 루벤이 딸을 품에서 내려놓으며 설명을 했다. "얘는 영어나 중국말을 몰라. 아마 러시아인인 것 같아."

자넷이 옆에 서서 와냐를 향해 미소를 지어보이며 루벤과 헬렌을 쳐다보고 있었다. 남편이 이미 편지에서 이 소년에 대해 얘기를 해줘서 소년이 오리라는 것을 알고 있었으나 아이들에게는 아직 얘기를 못 해준 터였다. "저 좀 안아주실래요?" 자넷이 장난기 섞인 제의를 했다. 루벤이 돌아서서 아내를 꽉 안아주었다. 조금 후 이 작은 소년은 3층 손님방 침대로 안내되었다.

다음날 아침 자넷과 루벤은 와냐를 아처에게 소개하기 위해 서둘러 옷을 입었다. 루벤이 셔츠 단추를 채우며 앞 창문으로 밖을 내다보았다. "자넷, 여기 좀 봐요." 루벤이 큰 소리로 자넷을 불렀다.

자넷이 급히 스타킹을 신고 창문가로 갔다. 키가 큰 금발의 소년을 가운데 두고 키가 좀 더 작은 검은 머리의 아이들 두 명이 각각 양쪽에 서서 서로 팔짱을 낀 채 집 앞에 난 길을 걸어가고 있는 것이 보였다. "아처를 소개해줄 필요도 없겠어요. 오래 전부터 알고 지낸 사이 같아요." 자넷이 말했다.

와냐는 튼튼하고 매력적인 외모를 가진 소년이었다. 와냐는 물구나무서기를 한 채 다리를 공중에 쭉 뻗어서 루벤의 아이들을 기쁘게 했다.

"아빠, 와냐를 입양하면 안 돼요?" 아이들이 졸라댔다.

"와냐 가족을 찾아봐야지." 아빠가 설명을 했다. "와냐 부모님 쪽에서 생각할 때 우리가 그렇게 하면 섭섭한 생각이 드시겠지?"

이런 대화를 나눈 것이 화요일이었다. 목요일에는 루벤이 탕산으로 가서 며칠 동안 회의에 참석해야 했다. 역으로 가는 도중에 루벤은 알고 지내는 어느 러시아 가족에게 와냐를 데려다 주었다. 그들은 루벤이 없는 동안에 와냐를 데리고 있으면서 와냐에 대하여 힘껏 알아보기로 했다.

탕산에서 일을 다 보고 난 루벤은 러시아인 가족이 와냐에 대해서 무엇을 알아봤는지 궁금해서 얼른 첫 기차를 타고 귀가했다. 지난에 도착하기 전 환승역에서 기차를 갈아타야 했다. 기차가 환승역 지점에 가까워질 때쯤 기차가 늦게 달려서 갈아타야 할 블루 급행열차를 놓칠지 모르겠다는 생각이 들었다. 시계를 들여다보고 나서 자신이 탄 기차가 빨리 달려 잃은 시간을 벌충하든지 블루 급행열차가 연발이 되게 해달라고 기도했다. 급행열차를 놓치기라도 한다면 귀가가 몇 시간은 늦어지게 된다는 것을 그는 잘 알고 있었다. 와냐 문제를 해결하는 일 외에도 그가 꼭 관여해야 할 다른 주요 사안들이 지난에서 그를 기다리고 있었다.

그러나 실망스럽게도 루벤이 탄 기차가 막 역에 들어가려고 할 때 블루 급행열차가 역을 빠져나갔다. 다음 기차는 수 시간 내에는 들어오지 않을 것이고 지난까지 가는 동안 역마다 정차할 것이 뻔했다. 루벤은 화가 치밀어서 왜 하나님은 나의 긴급한 기도를 들어주시지 않을까 하는 원망까지 생겼다.

느려빠진 기차가 드디어 역 구내에 덜커덩하며 들어온 순간 루벤의 가슴은 더욱 내려앉았다. 사람들이 하도 많이 타고 있어서 제대로 걸어 나갈 수도 없었기 때문이다. 몸을 비틀고 쥐어짜며 천천히 가장 가까운 객차 통로를 지나가다가 중국군에 복무 중인 일단의 러시아 용병들이 눈에 들어왔다. 외국인이 자리를 못 잡고 있는 것을 본 그들은 자리를 좁혀 앉으면서 의자 끝에 한 사람이 더 앉을 공간을 만들었다. 루벤은 연방 감사를 표하면서 앉았다.

루벤과 군인들은 금방 영어 외마디와 중국어 부스러기를 섞어가며 대화에 들어갔다. 루벤이 보기에 이 사람들은 휴가차 고향인 만주로 가는 러시아 용병들이었다. 그동안 번 돈을 모아 여행 중에 먹을 음식도 마련해온 모양이었다. 러시아 사람들은 이제 영어와 중국어 어휘가 바닥이 나자 가족 사진을 꺼내 이 미국인에게 보여주기 시작했다. 루벤은 갑자기 지난을 떠나오기 직전에 러시아 친구가 와냐에게 들은 와냐 아버지의 이름을 말해준 것이 생각났다. 루벤은 그때 그 이름을 적은 쪽지를 아직까지 주머니에 넣고 있었다.

루벤은 쪽지를 얼른 꺼내 군인들에게 보여주었다. "아세요?" 루벤이 물었다.

쪽지가 빙빙 돌아다녔고 어떤 군인들은 앞좌석 등받이 너머로 몸을 길게 빼고 쪽지를 들여다보았다. 그 중 하나가 갑자기 큰 소리로 말했다. "굽스키? 내가 알아요! 내 친구야!"

"그에게 아이가 있습니까?" 루벤이 물었다.

"사내아이요" 그가 대답했다. "키가 커요." 그가 한 손을 객차 바닥에서 위로 올리며 덧붙였다.

"그 아이는 지금 어디 있습니까?" 루벤은 캐물었다.

군인이 어깨를 으쓱하더니 양손을 내뻗고 불확실하다는 몸짓을 보이더니 의문 섞인 어투로 대답을 했다. "하얼빈?"

"아니요. 하얼빈이 아니라 지난이겠죠." 루벤은 가능한 한 상황을 간단하게 설명했다. 설명을 듣던 용병이 흥분하기 시작했다. 기차가 어느 정거장에서 정차하자 사람들로 꽉 들어찬 객차를 애써 빠져나가 플랫폼으로 가더니 얼마 후 러시아 말을 할 줄 아는 중국 남자를 한 명 데리고 왔다. 루벤은 이 통역을 통해서 와냐 얘기를 했다. "지난에 내려서 그 소년을 보실래요?" 루벤은 그에게 제의를 했다.

러시아인은 머뭇거렸다. "저는 3년 동안이나 집에 가지 못했습니다. 그 아이를 봐도 알아보지 못할 겁니다. 또 내가 기차에서 내리면 친구들과 떨어져야 하고 음식이…"

19장 어머니의 기도 167

중국인 통역이 말을 막더니 말했다. "아들을 잃어버린 친구를 위해 그만한 일도 못하시겠다는 겁니까?" 통역이 충격을 받았다는 듯 질문을 던졌다. 용병은 부끄러운 듯 고개를 떨어뜨리며 마지못해 더듬거렸다. "내리겠습니다."

루벤이 와냐가 묵고 있는 러시아 친구 집에 용병과 함께 도착하자 와냐가 팔을 벌리고 달려 나와 반갑게 맞았다. 새로 알게 된 러시아 친구들이 선물로 사준 새 옷을 보여주며 자랑하고 나서 루벤의 코트 자락을 끌며 말했다. "와서 봐요. 와서 봐요."

루벤이 아이를 따라 뜰로 나가니 아이는 상자 속에 들어 있는 잔털이 난 병아리 두 마리를 보여주었다. 갖고 있던 동전 몇 개를 주고 산 모양이었다. 루벤이 병아리에 대해 감탄을 해주고 난 뒤 두 사람은 집안으로 들어왔다.

군인이 잠시 생각에 잠겼다가 입을 열었다. "저 아이가 제 친구의 아들이라도 저 아이와 함께 하얼빈까지 갈 돈이 없어요. 전 통행권을 쓰고 있거든요. 저 애 표를 사려면 아마 100달러는 들 겁니다."

루벤이 무슨 말을 꺼내기도 전에 같이 있던 러시아 사람들이 돈을 걷기 시작했다. 한 사람이 10달러, 다른 사람은 20달러를 내놓았다. 루벤도 얼마를 보탰다. 곧 아이 표 값과 두 사람이 음식을 사먹고도 남을 돈이 모였다.

낯선 군인을 따라가야 한다는 걸 알게 된 와냐는 안색이 변하면서 루벤에게 또 다시 매달렸다. 루벤은 아이를 잡은 손을 슬며시 풀며 이 군인은 어머니와 아버지를 찾아주러 가는 사람이라는 사실을 러시아인들의 도움을 받아가며 아이에게 열심히 설명을 해주었다.

어느 정도 납득을 한 것 같아 루벤이 막 집을 나오려는데 아이가 마당으로 뛰어나갔다. 조금 있다가 아이는 노란 병아리 두 마리가 들어 있는 상자를 슬픈 표정으로 들고와서 루벤 쪽으로 밀어놓았다. "헬렌과 아처에게 주세요." 아이는 말했다.

루벤은 크게 감동했다. 그는 자기 딸과 아들에게 주는 그 선물을 받아들고 와냐에게 석별의 포옹을 한 후 이 군인이 쾌활한 소년을 집까지 무사히 데려다 줄 수 있게 해달라는 기도를 드리며 그 집을 나왔다.

며칠 후 루벤은 YMCA 하얼빈 사무소에 편지를 써서 굽스키 가족을 찾아서 소년이 무사히 도착했는지 여부를 알려달라고 부탁했다. 답신이 곧 왔는데 아이가 가족을 만났다는 기쁜 소식이었다. 아이의 어머니가 와냐를 2년 전에 잃어버리고 슬퍼했던 일과 아들이 돌아오기를 기다리며 기도했다는 사연도 들어 있었다.

이날 밤 루벤은 저녁 식탁에 둘러앉은 식구들에게 말했다. "블루 급행열차를 놓치지 않게 해달라는 내 기도에 응답하지 않으신 하나님께 얼마나 감사한지 모르겠다. '하나님을 사랑하는 자들에게는 모든 것이 합력하여 선을 이루느니라'는 성경 말씀이 이루어진 또 하나의 좋은 예이지 않니? 와냐 어머니의 더 긴급하고 신실한 기도에 응답하려고 하나님은 내 사사로운 기도에 '노'라고 하셨던 거야."

납치 당했다가 루벤의 도움으로 무사히 가족의 품으로 돌아간 러시아 소년 와냐 굽스키.

20장 음침한 골짜기

1925년 9월 28일 어두운 그림자가 루벤의 가정을 지나갔다. 이 일이 있기 전 자넷과 자녀들은 늘 하던 대로 아름다운 항구 도시 칭다오에서 그해 여름을 보냈다. 가족이 지난의 극심한 더위를 피할 수 있도록 토레이 박사는 루벤에게 그곳에 오두막을 짓도록 한 터였다.

루벤은 여름 동안에도 여러 마을을 돌며 사역을 마친 후 장인의 이름을 따서 프랭크 맬러리로 작명한 차남의 해산을 보기 위해 7월에 가족이 있는 곳으로 돌아와 있었다. 다른 자녀 셋은 모두 집에서 해산을 했지만, 맬러리는 독일인 병원에서 완벽한 건강을 가진 아기로 판정을 받고 태어났다. 산모 자넷과 아기는 거기서 최선의 보살핌을 받았다.

가족이 해변 오두막으로 돌아온 후에도 산모와 아기 둘 다 건강한 걸 확인한 후 루벤은 내륙의 사역지로 돌아갔다.

자넷에게는 양육을 도와줄 유모 한 명과 요리사 한 명도 딸려 있었다. 아무튼 자넷은 다른 자녀를 기를 때보다 프랭크와 즐거운 시간을 더 많이 가졌다. 첫 아이를 출산할 때에 있게 마련인 신경과민, 선교사 정규 업무, 헬렌과 아처 양육으로부터 자유로울 수 있는 여건이었다. 자넷은 시간 전부를 새로 태어난 아기에게 쏟아 부었고, 아기와 같이 있을 때 그녀는 별세계에 있는 사람같이 보였다. 아기는 엄마의 사랑과 해변의 미풍을 받으며 무럭무럭 자랐다. 건강한 빛이 돌았고 제때에 잘 먹고 잘 자고 자주 보채지도 않았다.

9월 27일, 루벤과 가족은 짧은 휴가를 보낸 후 지난으로 돌아가려고 기차를 탔다. 이때쯤 되자 프랭크가 미소를 짓거나 까르르 웃기도 하면서 자기에게 홀딱 반한 가족들과 의사를 소통하기 시작했다. 10월에는 중국인들이 아기의 생애에서 매우 중요하게 여기는 100일을 맞이하게 돼 있었다. 중국인 기독교인들이 위수에서 성대한 백일잔치를 열 준비를 하고 있었다. 12시간이 걸리는 지난까지의 기차 여행 중에도 프랭크는 평상시와 똑같은 돌봄을 받았다.

프랭크는 기차간에서 등나무 줄기 침대에 누웠으면서도 자기 집 유아용 침대에 누워 있는 것처럼 만족스럽게 자다 깨다 했다. 루벤 가족이 집에 도착한 월요일 저녁, 동료 선교사들이 찾아와 발끝으로 살금살금 걸어서 아기가 자고 있는 방을 드나들었다.

이튿날, 루벤과 자넷이 분주히 집안 정리를 하고 있는데 친구인 넬 분이 찾아왔다. "오후에 우리 집에 와서 차 한 잔 하며 잠깐 쉬는 게 어때요?" 넬이 제안했다.

"그렇게 하죠 뭐." 루벤이 대답했다. "자넷, 당신은 어때? 프랭크를 놔두고 외출할 수 있겠어?"

"전 대개 5시에 아기를 봐주고 산책을 나가요." 자넷이 말했다. "우리 두 사람이 그 시간에 방문해도 되겠어요?"

"두 분이 좋으시다면 난 괜찮아요." 넬이 이렇게 말하고 현관으로 걸어갔다. "그럼 5시 반에 봐요."

자넷은 평소 일정대로 아기를 봐주고 잠을 재웠다. 자넷이 집을 나서면서 유모에게 아기를 잘 보살피라고 당부했다. "분 씨 댁에 한 시간 정도 있다가 올 거예요."

루벤 부부가 밖에 머무른 시간이 1시간 45분이었다. 하인들이 아이들을 돌보다가 루벤 부부가 귀가할 즈음에는 아이들에게 저녁을 차려주고 있었다. 자넷은 두 살 반짜리 클레어를 재울 시간이었지만 프랭크 방에 먼저 들렀다.

이불을 발로 걷어찬 채였지만 평화롭게 잠든 것처럼 보였다. 이불을 덮어주려고 손을 뻗다가 손에 닿은 아기 발이 차디찬 걸 알고 깜짝 놀랐다. 아기의 손을 만져봐도 역시 차디찼다. 어두

컴컴한 방안에서 자넷은 아기가 이상스러울 정도로 몸을 움직이지 않는다는 생각이 퍼뜩 들었다. 아기를 재빨리 안아들었으나 아기의 몸이 품속에서 맥없이 늘어졌다.

자넷이 지르는 비명이 조용한 집안을 찢었다. "루벤!" 이것이 그녀가 취할 수 있었던 모든 조치였다. 아래층에서 손님을 만나고 있던 루벤은 아내의 비명을 듣고 직감적으로 무언가 크게 잘못 돌아가고 있다는 걸 알아챘다. 계단을 두 계단씩 껑충 뛰어올라갔다. 아내가 축 늘어진 아기를 안고 아기방 문 앞에 서 있는 것을 보자 루벤은 가슴이 철렁 내려앉았다. 루벤이 소리를 지르면서 계단을 뛰어내려갔다. "의사를 데려와!"

중국인 친구가 의사를 부르러 가고 루벤이 아기에게 인공호흡을 했다. 자넷은 자꾸 같은 말을 되풀이했다. "아기 몸이 아직 따뜻해요." 수 분이 못 되어 의사 두 사람이 와서 가망이 없다는 걸 알고 있으면서도 아기의 작은 몸에 응급조치를 했다.

의사들이 응급조치를 하는 동안 자기가 할 수 있는 일이 없다고 판단한 자넷은 방을 나갔다. 거실을 건너가다가 클레어를 봤다. 자넷은 어린 딸을 안아들고 흔들의자에 앉았다. 의자를 앞뒤로 부드럽게 흔들었다. 아무 일 없는 것처럼 늘 부르는 자장가를 흥얼거렸다. 방에서 아이들의 기도 소리가 들렸다. 클레어를 침대에 누이고 더 큰 두 아이를 재우러 갔다.

아홉 살 헬렌과 일곱 살 아처는 남동생인 아기에게 일어난 일을 알고 기도를 하러 침실로 가 있었다. 엄마가 슬픔을 참으며 프랭크가 매우 아프다는 것, 그래서 의사들이 최선을 다하고 있다는 것을 조용히 설명해주었다. "헬렌, 아처야. 이제 자거라. 모든 일이 다 잘 될 거야. 프랭크도 하나님이 잘 돌봐주실 거고. 단꿈 꾸거라. 즐거운 꿈도 꾸고. 하오(착한) 헬렌, 하오 아처." 엄마의 조용한 토닥거림과 늘 하는 취침 의식에 위로를 받아 아이들도 마음을 가라앉혔다.

홀을 지나가던 루벤도 어느 누구도 아기를 다시 살려낼 수 없다는 현실을 있는 그대로 받아들이기로 작정하고 아내가 부르는 노랫소리에 귀를 기울였다. 아내는 지금 슬픔을 내려놓고 대신에 다른 자녀를 돌보려 하고 있음을 깨달았다. 또, 형언할 수 없는 그 무엇이 이날 저녁 자신의 내부 깊은 곳에서 두 번째로 일어났다는 것도 깨달았다. 스스로 아내를 잘 알고 있다고 생각해 왔으나, 지금, 전에는 전혀 보지 못한 아내의 또 다른 성품을 보게 된 것이다. 사랑, 긍지 그리고 슬픔이 하나가 되어 가슴속에 여울졌다.

일주일 후, 루벤은 그날 밤에 대해 이렇게 기록했다.

"오, 그 어둠의 밤! 사탄이 '의심'이라는 지옥의 군대를 이끌고 우리의 마음속을 드나들며 행진하는 것 같았다. 그러나 결국 믿음이 승리했다. 하나님은 결코 우리를 떠나지 않으셨다. 우리의 소망은 그리스도 위에 계속 머물렀다. 그분은 우리 마음과 생각 속에 말씀 구절과 찬송가의 단편을 연속적으로 들려줌으로써 우리에게 응답하셨다. 그분은 우리의 추론까지도 축복해 주셔서 '의심'의 마귀들을 모두 패주시키셨다. 우리는 부주의와 태만 때문이라고 스스로 자책할 필요가 없다는 것을 깨달았다. 우리에게 후회는 없다.

또 다시 그 과정을 겪고 프랭크를 살릴 수 없음을 알게 된다면, 우리는 딴 방법 대신, 그때처럼 아이를 고이 보내는 쪽을 선택할 것이다. 우리는 아이가 고통 받지 않도록 해주신 하나님께 거듭 감사 드렸다. 하나님은 분명 우리에게 한량 없는 은혜를 베푸셨다. 이런 멋진 아이를 우리에게 주시고, 두 달 반 동안 아이가 우리에게 한없는 기쁨이 되게 하시고, 이처럼 아름다운 방법으로 아이를 하늘로 인도하셨다.

프랭크가 우리에게 남긴 공허는 말로 표현할 수 없지만, 그렇다고 우리는 그 아이를 돌려받기 원하지 않는다. 왜냐하면 그 아이를 위해 그게 얼마나 영광스런 일인지 알기 때문이다. 프랭크는 지금 천국에서 행복하고 안전하게 지내고 있다. 우리는 하나님이 이 모든 일을 통해 가르치고 계시는 교훈을 간과하지 않으려 한다. 당시 우리는 그 교훈이 절실히 필요했다."

고마운 친구 캐스린 래어와 엘라 쉴즈가 작은 관 안팎에 흰 비단천을 댔다. 아기 머리를 받칠 작은 베개도 만들었다. 엘라도 같은 식으로 두 달 된 아기를 잃은 적이 있었다. 공교롭게도, 아기 이름을 외할아버지 성함에서 따와서 지은 것도 같았다. 캐스린의 첫 아기도 수두를 앓다가 애처로운 죽음을 맞이했다. 한 땀 한 땀은 추억으로 눈물이 앞을 가리는 가운데 두 사람이 놓은 것이었다.

루벤 부부의 친한 친구들이 수요일 장례식에 참석하러 거실에 모였다. 헬렌은 아빠 무릎 위에 앉았다. 영결 예배가 끝나고 작은 관이 차로 운구되었다. 차 안에서 캐스린 래어, 넬 분, 자넷이 뒷자리에 앉고 셋의 무릎 위로 관을 얹었다. 루벤이 남쪽 교외로 차를 몰았다. 거기서 선교사 두 명이 작은 백색 상자를 도보로 외국인 묘지까지 운구했다.

프랭크의 묘 너머에 새로 만든 봉분이 한 기 있었다. "누구의 묘죠?" 루벤은 물었다.

"2, 3일 전 캐샷 부인이 어린 딸과 함께 인력거를 타고 가다가 두 사람 모두 인력거 밖으로 튕겨져 나와 아이의 머리가 깨졌대요." 누군가 대답했다. "엄마는 아직도 충격에서 헤어나지 못하고 병원에 누워 있답니다."

"저런 끔찍한 사고를 당하지 않게 하시고 사랑하는 우리 아기에 대한 감미로운 기억만 모아서 갖게 하신 하나님이 얼마나 고마운지요." 루벤이 조용한 목소리로 말했다.

그 후 한 달이 채 못 되어 루벤 가족은 지난을 떠나 위수로 갔다. 그곳 교인들이 새로운 친밀감을 느끼며 루벤 가족 주위에 모여들었다. 미국인들도 고난을 받을 수 있다는 사실을 알게 된 것이다. 죽음과 비극에 익숙해져 있던 중국인들은 루벤과 자넷이 경험한 상실감을 쉽게 이해할 수 있었다. 아들의 죽음 앞에서 하나님의 뜻을 조용하게 받아들이는 선교사 부부의 모습이 중국 교인들을 영적으로 고무시킨 것이었다. 자신의 아들이 천국으로 갔고 어느 날 천국에서 다시 만날 것을 확신하는 루벤의 믿음이 사후의 삶에 확신이 없던 사람들의 믿음을 굳게 세워주었다.

프랭크의 죽음을 통해 무언가를 배운 사람은 중국인들만이 아니었다. 몇 달이 흐른 후, 루벤과 자넷은 서로의 생각을 나눌 수 있게 되었다.

"자넷, 온전한 아기의 육신을 입은 아기 예수는 어떻게 생기셨을까 가끔 상상을 해봤지. 그런데 지금은 알 수 있을 것 같소." 어느 날 루벤이 아내에게 입을 열었다. "하나님이 당신의 아들을 희생하셨을 때의 심정을 지금은 더 잘 이해할 수 있을 것 같아."

"저는 죽음이나 천국에 대해 생각해보기조차 싫었어요." 자넷이 대답했다. "왜냐하면 저는 인생을 매우 사랑하고 순전한 기쁨을 많이 누리고 있었기 때문이지요. 제 생애에서 주님과 이번처럼 가깝게 있다고 느낀 적이 없었어요. 또 그분의 사랑에 둘러싸여 있다는 것을 이번처럼 실감한 적도 없어요. 저는 지금 '그리스도의 부활의 권능과 그 고난에 참여' 한다는 뜻을 조금 더 잘 이해하게 된 것 같아요. 프랭크와 보낸 그 두 달 반은 제 인생에서 가장 행복한 기간이었어요. 그리스도의 아름다움이 내 영혼에 들어왔기를 바라고 있어요. 그 결과 제가 더 좋은 아내와 엄마가 되기를 바라고요."

자넷의 목소리가 쉬며 점점 잦아들었다. 루벤은 아내의 손을 꼬옥 쥐어주었다. 그는 아내의 마음을 이해했다.

성탄절이 다 된 어느 날, 프랭크의 부음을 들은 고향 집에서 보낸 편지가 도착했다. 어린 프랭크를 보낸 슬픔은 아직도 극심했다. 편지를 읽고 난 루벤이 아내에게 눈을 돌리며 말했다. "자넷, 당신 기분이 어떤지는 잘 모르겠지만 말야, 극심한 슬픔은 사라진 것 같소. 새로운 위로와 잠잠함이 요 몇 주간 내 마음속에 있거든."

"참 이상하지요. 저도 그런 걸 느끼고 있었어요. 말을 안 했을 뿐이죠." 자넷이 대답했다. "가만히 생각해보면, 고향 가족들이 프랭크의 부음을 들었을 즈음부터 이런 느낌이 온 것 같아요."

"당신 말이 맞소. 나도 그 즈음부터 이런 기분이 든 것 같소. 고향 가족들의 기도가 바다를 건너 여기까지 온 게 틀림없어요."

이리하여 두 사람은 하나님에 대해 새로워진 사랑과 감사의 마음을 간직한 채, 엠마 보엔과 함께 남아 있는 세 아이들을 위해 이곳 중국에 있는 두 사람의 작은 처소에서 행복한 성탄절 파티를 준비했다.

21장 미국 복귀

1925년 가을 어느 날 저녁, 루벤이 아내에게 물었다. "자넷, 유럽에 가보고 싶지 않소?"

"가보고 싶어요. 하지만 유럽까지 가볼 형편이 되겠어요?"

"스콧 내외는 마지막 안식년 때 유럽을 거쳐 미국으로 갔대요. 우리도 2월에 미국에 갈 때 그렇게 하면 되겠다고 생각하고 있소."

"스콧 내외가 항구들을 경유해서 간 건 알아요. 하지만 우리에겐 그분들과 같이 마음대로 쓸 수 있는 경비가 없잖아요."

"지난 주 스콧을 만났을 때 그 여행에 관해서 자세하게 물어봤지." 루벤이 운을 뗐다. "인도양을 경유해서 미국으로 가는 경비가 일등석으로 태평양을 건너가는 것과 같은 걸 알고 놀랐소. 우리가 이용하는 투어리스트 클래스 요금하고 별 차이가 안 나던데. 경비가 조금 더 들어가는 건 헬렌과 아처의 교육 효과를 감안하면 충분한 가치가 있다고 생각해요. 스콧을 만나 얘기를 나눈 후로 그 문제에 대해 계속 구상을 하고 있었소. 스콧도 그 여행이 아이들한테 말도 못하게 유익한 여행이었다고 하더군."

"그렇군요. 그런 식으로 고향에 갈 수 있다면 그렇게 해요. 클레어도 이제 화장실 사용법을 배웠으니까 그때까지 세 살이 채 되지 않지만 여행을 해도 괜찮을 거 같아요."

루벤이 경비를 세심하게 산출해보고 여행에 필요한 예약을 하기 시작했다. 루벤은 청년 시절에 갔던 유럽 여행이 자기의 지평을 넓혀준 것을 상기하며 각각 여덟 살과 아홉 살인 아처와 헬렌에게도 같은 기회가 되기를 바랐다. 식구들이 모두 여행에 대한 기대감에 부풀면서 프랭크의 죽음을 잠시 잊는 데도 도움이 되었다.

루벤과 자넷은 2월 출항 일정을 고려해서 지난으로 혹한을 피하러 가지 않고 1월 말까지 위수에 그냥 머물러 있기로 했다. 그들이 미국으로 떠나게 되었다는 소식이 알려지자 송별 행사들이 일정에 잡히기 시작했다.

연회 초청과 방문객들이 하도 많아서 애초에 지난으로 돌아갔어야 하는 건데 하는 생각이 들 정도였다. 방해를 받아 여행 짐도 제대로 꾸릴 수 없을 지경이었다. 기근 구제 기간 동안에 덕을 본 사람들이 선물을 가지고 찾아왔다. 감사를 표하고 싶은 시민단체들이 감사 문구를 선명하게 써넣은 공단 현수막을 제작했다. 그러나 선물이라고 해봤자 모두 대단한 것들은 아니었다. 여자 걸인 한 명이 누더기 옷을 걸치고 선교회 문 앞으로 다리를 절면서 찾아왔다. 구접스런 찻종 모양을 한 손에 은화 1달러를 쥐고 있었다. "목사님 내외분이 여행할 때 이걸로 차 한 잔 사 드시면 해서요." 그녀는 찾아온 이유를 설명했다.

연회가 한번 시작되면 수 시간 지속되었다. 코스 요리가 연이어 나오고 감사의 말씀을 할 사람들과 선물 증정 순서를 맡은 사람들이 앞으로 나왔다. 감동적인 경험이었다. 하지만 루벤은 지난에서 배에 오르게 될 때까지 소소한 준비가 다 제때에 완료될 수 있을는지 걱정이 앞섰다. 집을 비울 동안 그 집에 들어와 살 딴 가족을 위해 집을 정리하려고 지난에 돌아왔지만 여기서도 사정은 마찬가지였다. 중국인들이고 선교사들이고 간에 모두들 연회와 환송회를 열어 사랑과 감사를 전하고 싶어했다. 루벤 가족의 출발을 더욱 복잡하게 만든 것은 불안정한 정치적 상황으로 인해 지난과 칭다오 간의 철도 운행이 단절될지도 모른다는 사실이었다.

루벤은 시간에 맞춰 준비를 완료하고 두 도시 사이에 기차가 안전하게 운행을 계속할 수 있게 해달라는 기도를 드렸다. 그는 기도한 대로 응답을 받았다. 루벤 가족이 출발할 시간이 되자 많은 중국인 성도들이 역까지 나와 작별 인사를 했다. 마침내 마지막 환송객이 손 흔드는 모습이 보이지 않게 되고 기차가 속력을 내기 시작하자 루벤과 자넷은 딱딱한 나무 의자에 기대 앉아 안도의 한숨을 내쉬었다.

"좋은 사람들이야." 루벤이 현실을 믿을 수 없다는 듯 머리를 가로저었다. "참 사랑스러운 사람들이지. 우리에게 베푼 친절이 고맙기도 하고. 하지만 복잡한 절차가 다 지나가서 반갑군. 짐 다 챙겨왔죠?"

"네, 여보, 다 여기 있어요. 아이들도 다 있고요!" 자넷이 장난기 어린 말로 남편을 안심시켰다.

짐 꾸리기와 기차와 선편 일정 짜기에 아무 역할이 없었던 헬렌과 아처는 그저 모든 게 신이 나기만 했다! "겨울에는 칭다오에 가본 적이 없잖아요. 우리 집 앞뜰에 눈이 왔나 궁금해요." 아처가 코를 유리창에 대고 누른 채 큰 소리로 말했다.

"우리 집을 볼 시간이 없지요. 안 그래요, 아빠? 겨울이라서 모두 판자로 막아놨을걸? 난 인도에 가면 큰 배하고 코끼리를 구경할래요." 아처가 너무 어려서 무얼 모른다는 투로 헬렌이 끼어들었다.

클레어는 아빠 무릎에 앉아서 개 인형을 움켜쥐고 어찌된 영문인지 알고 싶다는 표정으로 식구들의 얼굴을 번갈아 쳐다보았다. 루벤 가족이 탄 배가 항해를 계속해 중국해를 건너가고 있을 때 루벤은 자신이 탈진한 상태여서 쉼을 위해서라도 장기

간의 대양 여행이 절실하다는 걸 새삼스럽게 깨달았다. 수년에 걸친 기근 구조 활동과 아기의 급작스런 죽음이 선교사 부부 모두에게 큰 타격을 주었는데 특히 루벤이 입은 타격이 컸다.

두 사람은 자신들의 사역과 슬픔을 접어두고 이번 여행을 아이들을 위해서라도 될 수 있는 대로 행복한 여행으로 만들고 싶었다. 너무 오랫동안 일로 분주했던 루벤은 이번에야말로 가족과 호젓한 시간을 갖고 싶었다. 루벤이 미국에 가본 지 어언 7년이나 되었다. 고향에 있는 가족을 만나 막내를 자랑스럽게 보여 줄 걸 생각하니 신이 저절로 났다. 헬렌은 조부모 얼굴을 겨우 기억했지만 아처는 전혀 기억이 없었다.

"미국에 가면 할아버지 할머니와 함께 살 거야?" 아처가 동요하는 기색으로 물었다. 중국인 유모를 두고 온 것이 큰 충격이었지만 아처는 자기의 슬픔을 누구에게도 비치지 않았다. 다 큰 아이처럼 행세하고 싶은 모양이었다. 다 큰 소년은 유모가 곁에 없다고 울지 않는 법이라고 생각했다.

"아처야, 1년 중 일정 기간만 할아버지 할머니와 함께 살 거야." 아빠가 설명을 해주었다. "아마 외할아버지 외할머니와도 그럴 테고."

여행은 어느 모로 보던지 바라던 대로 재미가 많았다. 중간에 기항했던 항구들도 각기 나름대로 멋있었다. 헬렌은 홍콩에서 프랭크와 꼭 닮은 아기인형을 발견했다. 아빠가 사준 건데 엄마는 그 인형을 차마 제대로 쳐다볼 수 없었다. 아처는 인도에서 상아가 달린 흑단 코끼리들을 샀다. 수에즈 운하를 통과할 때 루벤은 아이들에게 홍해를 건너는 이스라엘 백성들 얘기를 해 주었다. '지브롤터의 바위' 위에 서 있는 요새를 구경할 때는 감탄이 저절로 나왔다. 로테르담에서 가족이 모두 하선해서 헤이그를 잠시 돌아다니며 활짝 핀 튤립을 한껏 즐기기도 했다.

그러나 루벤에게는 역시 영국이 최고였다. 그는 소년 시절에 기억했던 런던의 역사적 명소들을 가족에게 보여주었다. 어디를 가든지 루벤은 사람들 눈에 띄었다. 우선, 키가 컸고 세 살박이 클레어 뒤를 한가하게 따라다닐 수만 없어서 딸을 어깨에 메고 다녔기 때문이다. 런던 여행의 절정은 스펄전 목사의 메트로폴리탄 태버내클에서 예배를 드린 것이었다. 루벤 가족은 거기서 루벤의 어린 시절을 기억하는 유명한 목사님을 만났다.

한 주간의 바쁜 관광 일정을 마친 후 루벤 가족은 가장 큰 선박 가운데 하나인 올림픽 호에 승선하여 뉴욕을 향해 출발했다. 대서양을 횡단하는 사람들 중에 동물들과 단원들이 동행하는 서커스단이 있었는데 이들이 루벤의 세 자녀를 매일 즐겁게 해 주었다. 닷새 간의 항해 끝에 뉴욕 항구에 닿았을 즈음 루벤 가족은 거의 무일푼 신세가 되었지만 즐거웠던 경험 때문에 의기가 한껏 살아있었을 뿐 아니라 여러 친지들을 만날 기대에 한껏 부풀어 있었다.

루벤 가족은 닥터 토레이 내외가 캘리포니아 애쉬빌에 은퇴 후 구입해놓은 집에서 느긋한 여름을 보냈다. 가을이 되어 가족은 플로리다의 웨스트 팜비치로 가서 자넷의 친정에서 지냈다. 고향으로의 즐거운 항해, 느긋한 애쉬빌에서의 여름, 그리고 플로리다의 소금기 있는 공기와 햇살이 무색하게 루벤의 건강은 회복되지 않았다. 신경이 여전히 쇠약한 상태였다.

　겨울이 다가오자 루벤은 중국으로 복귀할 만큼 건강이 회복되지 않았음을 느꼈다. 그는 뉴욕 본부에 편지를 써서 건강상의 이유로 휴가를 여섯 달 연장해줄 수 있는지 알아봤다. 본부가 연장을 기꺼이 승인했다. 루벤은 향후의 행동 계획을 내놨다.

　"여보, 내겐 힘들지만 유익한 육체노동이 필요한 것 같아요. 오렌지 농원에 일자리를 구해볼까 하는데." 어느 날 밤, 루벤이 아내의 의견을 구했다.

　"당신 건강에 정말 좋다고 생각해요? 중노동일 텐데요." 자넷은 물었다.

　"응. 정말 마음 편하게 기분전환을 할 수 있을 것 같아." 루벤이 즐겁다는 듯 대답했다.

　"내일 인디언 리버 지역으로 가서 일자리를 한번 찾아볼까?"

　"정 그렇다면 저도 같이 갈래요." 자넷이 맞장구를 쳤다. 이튿날 부부는 할머니 할아버지에게 아이들을 맡기고 로클리지로 차를 몰았다. 도중에 작은 음식점에 들러 다음 단계의 행동을 의논했다. 자넷의 얼굴이 갑자기 밝아졌다. "아! 루벤," 자넷이 외쳤다. "방금 좋은 생각이 떠올랐어요! 플로리다에 오렌지 농원을 소유한 아버지가 있는 대학생을 한 명 알고 있어요. 그 학생의 아버지 이름은 람보예요. 닥터 람보가 이 지역에 살고 있을 것 같아요."

시간을 지체하는 성격이 아닌 루벤은 열성적인 반응을 보였다. "그 사람에 관한 걸 당장 알아봅시다!" 자넷의 난청 때문에 루벤은 항상 목청을 약간 높여 매우 명확하게 발음을 했다.

옆 테이블에 있던 한 남자가 두 사람의 대화를 듣고 그들이 앉은 자리로 왔다. "실례합니다. 닥터 람보를 찾으신다고 들었는데 맞나요?" 남자가 물었다. "제가 그분이 사는 곳을 알고 있습니다. 안내를 해드리면 좋겠습니다만."

놀란 부부는 식사를 얼른 끝내고 차에 올라타 안내하는 남자를 따라 '인트라 코스탈 워터웨이' 맞은편에 있는 닥터 람보의 집까지 갔다. 치과의사인 그는 자넷을 잘 기억하고 있었다. 그리고 소개를 받은 그녀의 남편과도 반가운 악수를 나누었다.

회상 어린 환담을 나눈 후 루벤이 입을 열었다. "람보 씨, 오렌지 농원에 저를 취직시켜주실 수 있겠습니까?"

루벤보다 연장인 이 신사의 눈썹이 놀라움으로 치켜 올라갔다. "루벤 씨, 설마 진담은 아니겠지요? 당신과 같은 학력과 경력이 있는 분에게는 오렌지를 줍는다든가 나무 전지를 하는 것

보다 더 적합한 일거리가 있을 겁니다!'

"저는 현재 이런 종류의 변화가 필요합니다. 육체노동이 저에게 유익하다고 생각합니다. 보수는 주지 않으셔도 됩니다. 과수원에서 박사님이 하시는 일에 보조 역할만 하게 해주십시오."

마지못해 닥터 람보는 루벤을 고용했다. 루벤은 아내를 웨스트 팜 비치의 가족에게 데려다 준 다음 곧 람보 농원 차고에 거처를 마련했다. 선교 활동에 쏟아 붓던 열심으로 새로 얻은 일거리에 몰두했다. 여러 잡다한 일, 심지어 닥터 람보의 친구 집 콘크리트 보도를 깔아주는 일까지 했다.

닥터 람보는 사람들을 오렌지 농원에 데려오기를 즐겼는데 오렌지 농원을 보여주는 게 목적이 아니라 프린스턴 석사 학위를 보유한 품격 높은 고용인을 구경할 기회를 주는 것이 목적이었다. 루벤이 사다리 높이 올라가 오렌지를 따느라 구슬땀을 흘리고 있건, 새로운 보도 공사를 하느라 콘크리트를 깨며 먼지를 뒤집어쓰고 있건 이런 사정은 상관도 없었다. 루벤은 무조건 하던 일을 중단하고 닥터 람보가 갑작스레 데려온 손님을 응대해야 했다.

여름이 되자 루벤은 사역을 하러 중국으로 돌아갈 수 있을 만큼 건강을 회복했다. 그러나 하나님은 그에게 또 다른 계획을 갖고 계셨다.

22장 휴가 연장

루벤과 자넷이 중국에서 사역하고 있던 격동의 수년간 그곳에선 정치적으로 많은 일들이 진행되고 있었다. 쑨원과 장제스는 중국 통일을 위해 러시아와 중국 공산당의 지원을 받아왔다. 공산당 세력은 1914년 이래 증강 일로에 있었다. 1927년 장제스가 공산당과 단절하고 적군(赤軍) 지도자들을 육군에서 몰아냈다. 모택동 지휘 하에 있는 공산군은 이른바 '장정(長征, 1934-36년까지 중국 공산당군이 행한 전략적 대이동)'을 하며 중국 내륙으로 쫓겨나 그곳에서 힘을 기르며 세력을 잡을 기회를 엿보고 있었다. 장제스는 1928년 국민당 정부의 총통이 되었다.

루벤이 건강을 회복하고 중국 사역지로 돌아가려는 계획을 세우고 있을 즈음인 1927년 여름, 중국은 내전으로 찢겼다. 현지 선교회 직원으로부터 연락이 왔다. "복귀하지 마십시오. 대단히 위험합니다."

루벤은 실망했다. 9월에 중국으로 가는 배를 타고 싶었기 때문이다. 9월이 되면 애착을 가진 위수 사역을 떠나온 지 1년 반이 된다. 그러나 루벤은 동역자들의 결정을 수용할 수밖에 없다고 느꼈다. 그래서 이제 다음 단계로 어떤 행보를 할 것인가 생각하기 시작했다.

닥터 토레이 내외는 여느 때처럼 그해 여름을 펜실베이니아의 몬트로즈에서 보낼 계획을 갖고 있었다. 루벤과 자넷도 그 산간 자치도시로 가서 부모님을 만나 당면한 미래에 대한 하나님의 인도하심을 기다리며 기도도 할 겸 바이블 컨퍼런스의 일을 돕기로 했다.

루벤이 9월에 예정대로 중국으로 복귀할 수 없게 되었다는 소문이 나자 새 일자리가 들어오기 시작했다. 제의를 받은 자리 가운데는 필리핀 실리만 대학의 총장직과 자넷의 사촌 레이지 그닐리앗 장군이 교장으로 있는 인디애나의 컬버 육군사관학교의 군목직도 있었다. 가장 끌리는 제의는 루벤의 부친이 설립을 도운 바 있는 무디성경학교에서 온 것으로서 선교학 교수로 와달라는 요청이었다.

루벤은 9월 16일로 40세가 될 것이었다. 그의 생애에서 하나의 전환점이 될 수 있는 시점이기도 했다. 선교사의 길을 포기하고 또 다른 소명을 찾아야 한다면 지금이 바로 적기였다. 루벤은 자신의 의사를 결정하기 전에 부모님과 많은 이야기를 나누었고, 자넷과도 충분히 상의했으며, 또 많은 시간을 기도했다. 루벤은 중국 사역에 대한 애착과 장로교 해외본부에 대한 깊은 충성심을 갖고 있었다.

그의 처음 선택은 장로교단에 남는 것이었다. 하지만 중국 선교의 문은 닫혔고 본부도 대안을 내놓지 못하고 있었다. 평소에 많은 연을 맺어왔던 무디성경학교의 자리에 많은 매력을 느꼈다. 그러나 무디로 간다면 그것은 곧 본부를 사임해야 한다는 뜻인데 이는 그가 원치 않는 일이었다. 루벤은 드디어 다른 대안이 없다는 결론을 내리고 의사를 결정했다. 교수직을 수락하는 것이었다. 마음이 이상하게 무거웠으나 루벤은 무디성경학교로 보낼 교수직 수락 전보를 기안했다.

루벤과 자넷은 그림 같은 군청 건물 바로 너머에 있는 작은 우체국을 향해 벽돌이 깔린 가파른 언덕길을 천천히 내려갔다. 우체국 문을 열고 담당자 앞으로 다가갔다. 전신기계가 타닥거리는 소리를 내며 작동 중이었는데 초록색 챙 모자를 쓴 직원이 그를 올려다보았다. "루벤 씨, 마침 당신 앞으로 오고 있는 전보를 글로 옮기는 중입니다." 그는 가볍게 말했다. 조금 후 놀란 루벤은 무디성경학교에 보낼 신중하게 기안된 전보를 한 손에 움켜쥔 채 자기에게 온 전보를 큰 소리로 읽었다.

"세인트루이스 본부에서 질병으로 (멈춤)
사무총장 자리에 경험 많은 선교사 필요 (멈춤)
9월부터 업무를 시작할 것을 수락하겠습니까 (멈춤)
미국 장로교회 해외선교본부."

루벤은 자기 눈을 믿을 수 없었다. 그는 손에 들린 전보를 놀란 채 보고 나서 자넷에게로 눈을 옮겼지만 말이 한 마디도 나오지 않았다.

"여보, 무디성경학교에는 전보를 보내지 않으려나 보죠?" 자넷이 어리벙벙해진 채 서 있는 남편을 올려다 보고 미소를 지으며 말했다.

"이건 분명 하나님의 응답이라고 해야 돼!" 그는 천천히 대답했다. 그리고 어리둥절해 하는 직원에게 돌아서며 부탁했다. "이 전보를 좀 보내주세요."

"장로교 해외선교본부
뉴욕주, 뉴욕시 5번가 156
세인트루이스 제의 수락 (멈춤)
지시 사항 송부 요 (멈춤)
루벤 A. 토레이 주니어."

루벤과 자넷은 본부에 사임원을 제출할 필요가 없게 된 것에 대해 감사가 충만한 상태로 가족들과 이 희소식을 나누기 위해 우체국을 나와 언덕을 날다시피 하며 뛰어올라갔다.

1927년 가을, 루벤 부부는 세인트루이스 근교인 미주리주 웹스터 그로브즈의 한 좁은 목조주택에 자리를 잡았다. 헬렌과 아처는 공립학교에 들어갔고 네 살박이 클레어는 이웃 아이들과 놀면서 선교 강사로 인기가 있는 엄마를 따라 가정에서 가정으로, 교회에서 교회로 돌아다녔다.

1928년 여름이 되자 루벤은 또 다시 중국으로 돌아가고 싶은 마음이 생겼다. 그는 중부지역 사무소의 본부 대표의 직무를 행복하게 수행해 왔다. 직무의 내용은 미 중서부 여러 곳을 순회하며 중국 기독교 사역에 관한 강연을 하는 것이었다. 그는 특히 기회가 있을 때마다 해외 선교에 대한 관심을 드높이고자 했는데 가는 곳마다 열광적인 반응을 불러일으켰다. 그러나 이제, 중국으로 돌아가 본연의 사역을 하고 싶어졌다.

정국이 많이 안정된 것 같았기 때문에 현지 직원들로부터도 복귀하라는 권유를 받고 있었다. 행복한 기대에 부푼 루벤과 자넷은 웹스터 그로브즈의 집을 비워주고, 루벤의 부모를 마지막으로 찾아뵙기 위해 아이들을 데리고 몬트로즈로 향했다.

닥터 토레이의 건강이 1년 사이에 많이 악화되었다. 몬트로즈에 간 루벤 부부는 건강이 많이 나빠진 아버지를 보고 충격을 받았다. 올해 일흔 둘인 아버지는 겉으론 좋아 보이고 마음도 여전히 원기에 넘쳤다. 그러나 인후에 심각한 문제가 생겨 무슨 말을 하는지 잘 알아들을 수 없을 정도였다. 음식을 한 입 삼키는데도 시간이 많이 걸렸기 때문에 식사를 주로 침실에서 했다.

루벤과 자넷은 걱정이 많이 되었다. 어머니도 청력이 많이 떨어져서 저명인사인 아버지가 돌아가시기라도 하면 그 넓은 애쉬빌 저택에서 혼자 살아가기 어렵겠다는 걱정이 생겼다. 루벤은 또 다시 미래에 대한 불확실성 앞에 서게 되었다. 아버지의 건강 때문에 1년을 더 미국에 머물러 있어야 되는가?

닥터 토레이는 자신의 건강 문제로 중국 복귀를 주저하는 아들의 마음을 알아차렸다. 하루는 닥터 토레이가 자넷과 단 둘이 있게 되었다. 자넷이 난청이라는 것, 그리고 자신이 말을 똑똑한 발음으로 할 수 없다는 것을 잘 알고 있는 아버지는 방을 가로질러 걸어와 며느리 앞에 무릎을 꿇었다. 그는 며느리의 얼굴을 올려다보며 될 수 있는 대로 천천히 분명한 발음으로 말했다. "루벤이 나 때문에 미국에 머문다면 나는 죽겠다."

그는 다시 일어서더니 돌아서서 방을 나갔다. 놀란 자넷이 고민하는 남편에게 아버지의 말씀을 전했다. 앞날을 시사하는 듯한 아버지의 말씀에 루벤은 가슴이 아팠다. 그러나 루벤은 본부에 편지를 써서 세인트루이스 사무실에서 1년 더 일할 수 있는

지 알아봤다. 대답은 열렬히 반기는 "네"였다.

9월, 루벤 가족은 미주리의 커크우드에 집을 빌리고 살림을 차렸다. 헬렌과 아처가 전학을 하고 클레어가 유치원에 들어갔다. 루벤은 사무실 업무와 출장에 다시 열중했다.

10월 25일, 애쉬빌에서 전보가 왔다. 사랑하는 아버지가 오랫동안 충성스럽게 섬기던 주님의 임재 앞으로 조용히 나아가신 것이었다. 어머니가 장례를 치르는 것을 돕기 위해 첫 기차를 타고 출발했다. 몬트로즈로 가는 운구에도 따라갔다.

성경학교 언덕 꼭대기에 단단한 돌을 폭파시켜서 만들어놓은 무덤이 있었다. 루벤이 하관 예배에서 영결 기도를 드리려고 머리를 숙였을 때 불에 탄 나무 토막 무더기가 눈에 들어왔다. 왠지 눈에 익은 무더기다 하다가 생각이 났다. 불과 한 달 전에 루벤이 아버지와 함께 바로 이 자리에 와서 아름다운 펜실베이니아 계곡 아래에 펼쳐진 풍경에 경탄한 적이 있었다.

그때도 역시 작별 기도를 드리기 위해 머리를 숙였다가 누군가가 남기고 간 캠프파이어의 잔해를 보게 된 것이었다. 그때만 해도 루벤은 아버지가 그로부터 두 달이 못 되어 돌아가시고 성경학교 측에서 이 자리를 아버지의 매장지로 결정하리라고는 미처 생각을 못했다.

R. A. 토레이 1세, 2세, 3세가 한자리에 섰다. 열 살 남짓한 시절의 토레이 3세(훗날 예수원의 대천덕 신부).

3부
격동의 시기

"우리는 하나님의 섭리를 허황되게 신봉하고 있는 것이 아니라
다만 하나님의 인도하심을 고대하고 있습니다.
지금까지 확신하고 있는 것은 우리가 여기 머무는 것이
하나님의 뜻이라는 겁니다."

23장 작별

힘든 이별의 시간이 1929년 8월에 다가왔다. 루벤은 어머니를 애쉬빌에 홀로 남겨두고 중국으로 돌아간다고 생각하니 가슴이 찢어지는 것같이 아팠다. 전에도 어머니에게 작별인사를 드리는 것이 슬펐지만 그때는 아버지가 늘 어머니와 함께 계셔서 슬픔을 덜 수 있었다.

이번 작별은 어머니가 늙어감에 따라 점점 어려워지는 이별들 가운데 첫 이별이었다. 루벤은 밖에서는 좀처럼 감정 표현을 하지 않는 성격이지만 집에서는 다정다감하고 깊은 속내를 드러내는 사람이었다. 그는 일생을 통해서 어머니에게 매주 편지를 쓰려고 노력했다. 바빠서 편지 쓸 틈을 내지 못할 때는 자넷이 대신 썼다. 생신과 어머니날에 쓰는 편지에는 자기가 얼마나 어머니를 사랑하고 또 존경하고 있는가, 자기 일생에 있어서 어머니가 갖는 의미가 무엇인가를 자세하게 표현했다.

제2차 세계대전 발발 전후 수년 간은 루벤과 자넷의 삶이 기복과 불확실성으로 가득했던 세월이었다. 그 산란했던 기간 동안 많은 이별이 있었고, 때로는 루벤이 또 한 번의 이별을 감내하기 힘들어 한 경우들도 있었다.

자넷과 아이들을 남겨두고 중국으로 돌아가야만 했던 루벤은 이런 편지를 쓴 일도 있었다. "내 욕심대로 할 수 있다면 미국에 그냥 눌러앉아 있고 싶지만 하나님이 돌아가라고 말씀하고 계시오. 다시 한 번 이렇게 말하고 싶소. '내 뜻대로 마옵시고 주님 뜻대로 하시옵소서.' 그리고 마태복음 10장의 말씀을 떠올려 본다오. '아버지나 어머니를 나보다 더 사랑하는 자는 내게 합당하지 아니하고 아들이나 딸을 나보다 더 사랑하는 자도 내게 합당하지 아니하며 또 자기 십자가를 지고 나를 따르지 않는 자도 내게 합당하지 아니하니라.' 그렇지만 가족 사랑이 나의 꿈을 가리게 할 수 없다는 것도 알고 있소. 나의 사역은 주님 안에 있기 때문에 나는 그곳에 가서 섬겨야 하오."

1929년 8월 어느 더운 여름 날, 가족이 애쉬빌을 떠나 캘리포니아까지 장거리 여행을 시작했다. 다섯 식구가 고(故) 닥터 토레이의 푸른색 닷지 차를 꽉 채웠다.

루벤 가족은 아름다운 토레이 저택의 원형 주랑 현관에 서 계신 자넷의 부모, 루벤의 어머니 모습이 안 보일 때까지 네 개의 차창에서 작별을 고하며 손을 흔들었다. 당시 자넷은 이것이 살아 생전의 아버지를 마지막 보는 것이란 사실을 모르고 있었다.

중국에 도착해서 받은 따뜻한 환영으로 미국을 떠날 때 사랑하는 사람들과 작별하며 느낀 아픔을 어느 정도 위로 받을 수 있었다. 지난의 집은 3년 반 만에 다시 돌아온 루벤 가족을 환영하기 위해 몰려든 중국 성도들로 북적거렸다. 환영연 준비도 즉시 시작되었다. 루벤이 지극히 사랑하는 시골 사람들의 삶 속에 다시 한 번 녹아드는 데는 그리 오랜 시간이 걸리지 않았다.

자넷은 시골 사역을 서두르지 않았다. 마흔 살의 나이에 다시 임신을 하고 보니 스스로도 놀랐을 뿐 아니라 기쁜 마음이 들었다. 출산을 기다리는 동안 학교 교사로도 적응을 마쳤다. 이번에는 세 자녀 모두를 손수 가르쳐야 했다.

중국으로 귀임한 지 얼마 지나지 않아 떠나올 당시에도 건강이 좋지 않으시던 아버지의 용태가 점점 나빠지고 있다는 소식이 왔다. 3월 초순 아버지가 돌아가셨고 자넷은 외로움에 휩싸였다. "여보, 아기가 태어날 때까지만이라도 아버지가 살아계셨기를 바랐어요." 자넷은 가슴이 메는 소리로 말했다. "하여간 지금 생각해보면 애쉬빌에서 작별 인사를 드릴 때만 해도 아버지를 다시는 못 뵙게 되리라곤 상상도 못했어요."

아버지와 사이가 각별했던 자넷은 타고난 자제력을 모아 눈물을 삼켰다. 몇 주 후 슬픔이 기쁨으로 변했다. 3월 21일 셋째 아들이 태어났다.

자넷이 출산실에서 나오자 루벤은 부드럽게 입을 맞추며 말했다. "고마워요, 여보. 예쁜 아기를 낳아줘서. 이름을 뭐라고 할지 마음에 정해둔 게 있소?"

"아버지 이름을 따라 지었으면 하는 마음이 떠나지 않아요." 자넷은 남편의 의중도 알고 싶어하는 눈빛으로 남편을 올려다보았다. "그렇지만 프랭크도 이미 아버지의 이름을 따라 지은 이름이잖아요."

"그럼 아버님의 성과 이름을 따서 이 아이를 로레인 맬러리라고 부릅시다." 루벤이 말했다.

자넷은 감동을 받았다. "고마워요, 여보. 당신이 그 이름으로 할 것을 바라고 있었거든요. 프랭크와 이 아이의 중간 이름이 같은 것에 대해 소신을 갖고 있다는 얘기죠?"

"그렇소."

이렇게 해서 이름이 결정났다. 그러나 아이를 맬러리로 부르는 사람은 그리 많지 않았다. 아이는 오히려 디디(중국어로 '동생'이라는 뜻)로 불리게 되었고 아이의 평생 동안 가족들도 아이를 디디라고 불렀다.

4월에도 가슴 아픈 일이 생겼다. 캘버트 스쿨의 재택 학습 과정은 공립학교의 7학년 수준 정도만 제공했다. 헬렌과 아처가 과정을 다 이수했기 때문에 베이징 부근 퉁저우에 있는 노스 차이나 아메리칸 스쿨에 입학을 해야 했다.

루벤 부부는 아이들이 태어난 순간부터 앞으로 기숙사 생활이 불가피하다는 것을 알고 있었다. 작별의 시간이 닥치기 전에 이미 각오하고 있었던 일이었다. 루벤은 오래 전 선교 본부를 선택할 때 아버지와 친분이 있는 중국내륙선교회(CIM)를 고려해 본 적이 있었다. 그러나 장로교 본부를 선택한 데는 어린이와 부인에 대한 중국내륙선교회의 정책이 이유 중 하나가 되었다. 자녀가 여섯 살이 되면 집을 떠나 학교로 보내는 것이 중국내륙선교회의 방침이었다(CIM 소속 선교사들은 중국의 내륙 오지로 파송됐기 때문에 자녀를 집에 놔두는 것이 위험했다). 그리고 부인들은 상근 선교사가 되어야 했다.

장로교 본부는 유년기 교육 기간 동안 자녀들을 안전하게 데리고 있을 수 있는 지역으로 선교사 가족들을 보냈다. 또한 자녀들보다 선교 사역을 우선하지 않아도 되도록 허락했다.

아이 두 명이 없으니까 집안이 적막했다. 자넷과 클레어는 신생아와 개학을 앞둔 학과 공부로 분주했다. 노스 차이나 아메리칸 스쿨의 이사로 선출된 루벤은 이사회 참석차 퉁저우에 갔을 때 자녀들과 만날 기회도 누릴 수 있었다. 매주 학교로 편지가 오고 갔다. 편지 내용은 대개 매일의 신변 잡사였다. 헬렌은 유쾌하게 보이려고 노력을 했으나 부모는 헬렌이 쓴 편지의 행간에서 향수를 읽어낼 수 있었다.

"아무개 선생님이 말하는 것을 실행하려고 열심히 노력하고 있지만 그 선생님은 저를 좋아하지 않는 것 같아요. 여름 방학이 빨리 오면 좋겠어요. 오늘은 아처가 회초리를 맞았는데 그럴만한 잘못을 저지르지 않았다는 걸 저는 잘 알고 있어요."

아처의 편지는 자기가 행복하지 않다는 걸 조금 더 효과적으로 감추고 있었다. 여름이 오자 아이들이 돌아왔다. 말의 홍수문이 열렸다. 첫날 밤에 헬렌이 새벽 1시까지 편지에서 하지 못했던 이야기를 부모 앞에서 쏟아놨다. "아빠, L 선생님은 아처를 싫어하나 봐요. 이런저런 핑계로 매주 아처에게 회초리질을 하거든요. 아처가 벌을 받아야 마땅하다고 생각하는 사람이 아무도 없는데 말이에요. 저도 아무리 노력해도 O 선생님의 비위를 맞출 수 없어요."

"헬렌, 너는 O 선생님이 좋니?"

"아니요, 끔찍해요."

"아마 그게 네 문제점인 것 같다. 네가 자기를 싫어한다는 걸 그 선생님은 민감하게 느끼고 있을 거야. 자, 네가 그분을 좋아할 수 있게 해달라고 같이 기도하자꾸나."

아처는 거의 아무 말도 하지 않았다. 그러나 이유 없이 학생에게 매질을 하는 선생님은 아무도 없다고 가르쳐주었다. 아처의 태도에 무언의 반항심이 나타나 있을 것이 틀림없었다.

1931년 9월, 아이들은 적응을 잘 하고 선생님들을 좋아하기로 결심하고 학교로 돌아갔다. 그러나 성탄절 방학이 끝날 때까지 개선된 것이 전혀 없었다. 루벤은 아이들의 응석을 오냐오냐 받아주는 사람이 아니었다. 아이들이 무언가 잘못하고 있는 게 틀림없었다.

"기숙사가 집과 똑같으리라 기대하지 말아야 한다." 그는 헬렌과 아처에게 타일렀다. "세상에 나가면 싫은 사람도 있게 마련이고 부당해 보이는 규칙도 있는 법이다. 너희들이 배워야 할 건 나쁜 것들을 선하게 받아들이는 거란다."

1931년 봄 방학이 되었다. 어린 자녀들은 입 밖으로 내지는 않지만 학교생활이 행복하지 않은 것만은 분명해 보였다. 루벤과 자넷은 자녀를 더 먼 데 있는 학교에 보내고 있는 학부모들과 얘기를 나누어 보기로 했다. 헬렌과 아처 모르게 최소 다섯 개 학교를 대상으로 철저히 조사했다. 옆집에 사는 스콧 부부는 아이들을 지난에서 1,600킬로미터나 떨어진 장로교 기숙학교인 조선의 평양외국인학교에 보내고 있었다. 이들과 얘기를 나눈 것이 루벤 부부가 결론을 내리는 데 큰 도움이 되었다.

"저는 왜 아이들이 만족해 하지 않는지 그 이유를 이해할 수 있습니다." 닥터 스콧이 입을 뗐다. "두 아이 모두 그런 취급을 받을 아이들이 아닙니다. 퉁저우에 있는 그 학교는 너무 엄격히 통제되고 있습니다. 평양학교에 있는 것과 같은 사랑의 정신이 존재하지 않습니다. 평양기숙학교는 분위기가 좀 더 편안하고 규칙도 일상 가정생활과 유사합니다. 또, 평양 주재 선교사들은 어린아이들에게 관심을 가지고 자기들 집으로 아이들을 초청해서 음식을 대접하고 과외 활동에 참여케 합니다. 학생들은 기독교인의 품성을 갖춘 사람으로 성장하기에 필요한 모든 기회를 누립니다. 평양기숙학교에서는 체벌을 강조하지 않고 포상을 강조합니다."

1933년, 루벤과 자넷은 마음의 결정을 내렸다. 아이들의 고생은 그만하면 되었다. 조선의 학교에 편지를 써서 헬렌과 아처를 부활절 방학 후에 받아줄 수 있는지 알아봤다. 기숙사에 남는 방은 없으나 여름까지 자기 집에 묵도록 하겠다는 답신이 교장으로부터 왔다.

퉁저우에 여름 방학이 오기 전 루벤은 사전 예고도 없이 학교에 나타났다. 그는 헬렌과 아처를 만나서 말했다. "너희들 모두 짐을 싸거라. 둘 다 집으로 데려가려 한다. 다음 주에 조선에 있는 평양외국인학교에서 봄학기가 시작되는데 너희들을 그 학교로 전학시키도록 했다. 지금 가서 짐을 싸렴. 나는 그동안 L 선생님과 얘기를 좀 나누겠다." 두 아이는 아무 말 없이 아빠를 놀란 눈으로 바라봤다.

"정말이에요, 아빠? 아빠는 이 학교 이사잖아요?" 이윽고 헬렌이 간신히 질문을 했다.

"맞아, 내가 이사지. 그렇지만 퉁저우는 너희에게 맞지 않다는 결정을 내렸단다. 집에 가면서 자세히 설명해줄 테니까 어서 가서 짐을 싸렴." 몇 주간 계속되던 비 끝에 구름 사이에서 갑자기 뻗어 나온 햇살을 만난 기분으로 아이들은 기숙사 쪽으로 달려갔다.

아이들은 며칠 간 지난에서 묵으며 트렁크를 다시 싸고 겨울 옷가지는 남겨두었다. 그리고 아버지와 함께 다시 한 번 기차에 올랐다. 루벤은 아이들과 톈진까지만 동행했다. 아이들은 거기서 처음으로 기차를 갈아타고 일본군 점령 하에 있는 만주를 가로질러 24시간을 달린 후 조선 땅으로 들어갔다. 부탁을 받고 만주의 수도 펑톈까지 마중을 나온 한 선교사의 도움을 받아 세관 검사대를 통과해 또 다른 기차로 환승했다.

헤어지기 전 루벤과 십대인 그의 아이들은 고개를 숙이고 기도를 드렸다. 헬렌과 아처는 자기들의 새로운 환경이 진짜로 더 나은 환경일는지 확신이 없었고 아버지는 아버지대로 열다섯 살과 열여섯 살의 아이들을 자기끼리만 너무 멀리 보내는 게 아닐까 걱정을 하고 있었다. 세 사람 모두 불안을 감추고 웃는 표정으로 손을 흔들어 작별을 고했다.

지난으로 돌아오는 기차 안에서 루벤은 아이들이 타국의 학교생활에 잘 적응하게 해달라고 기도했다. 집에 도착한 루벤이 불안하게 기다리고 있던 아내에게 말했다. "우리들은 인도하심을 구했고, 인도를 받았다고 생각하오. 이제는 우리가 사랑하는 하나님 아버지께 헬렌과 아처를 지키시고 적응을 잘 할 수 있도록 도와주십사 기도할 때가 왔소. 걱정하는 건 하나님을 신뢰하는 태도가 아니오." 걱정의 유혹이 고개를 들 때면 그때가 곧 기도하는 시간이 되었다.

아버지와 어머니가 몹시 기다리던 헬렌과 아처의 안전 도착 전보가 학교에서 왔다. 또, 헬렌과 아처가 처음으로 보낸 편지가 도착해서 큰 기쁨이 되었다. 그 사이의 여행을 묘사한 내용이었다. 루벤과 자넷은 만사를 제쳐두고 그 편지를 읽었다.

사랑하는 엄마와 아빠께

작별인사를 드리기 싫은 출발이었지만 펑텐 이후의 여정은 순조로웠어요. 데이비스 씨가 우리를 마중 나와 세관 검색대 통과를 돕고 다음 기차에 태워주셨어요. 저희가 탄 평양 행 일본 기차는 매우 좁고 이상하게 생긴 침대들이 객실을 가로지르고 커튼도 없이 배열되어 있었어요. 그런 식으로 잔다니 약간 위험해 보였어요. 아처가 옆에 있어서 다행스럽다는 생각이 들었고요. 라이너 씨가 평양에서 저희를 맞아주었는데 라이너 부인이 우리에에게 굉장히 친절하게 대해주셨어요…"

헬렌이 쓴 긴 편지였는데 여행 초기 며칠 간의 일들을 상세하게 적었다. 편지에 나오는 단어 하나하나가 루벤과 자넷의 흥미를 자아냈다. 편지를 읽기 시작하자마자 행복한 기운이 가득 차고 안도와 감사가 밀려왔다. 아처가 보낸 편지를 읽어 봐도 아처 역시 새 학교에 잘 적응하고 있었다. 두 아이 모두 거기서 필생의 친구들을 사귀었고 캠퍼스의 리더들이 되었다.

전학 첫 해 여름 방학을 맞아 집으로 오는 여행길은 여름을 보내러 중국 각처로 돌아가는 학교 친구들과 함께 여행을 했기 때문에 갈 때보다 조금 더 쉬웠다. 방학은 가족과의 만남이 있는 행복한 3개월이었으나 시간이 너무 빨리 지나갔다. 8월의 작별이 가장 힘들었다. 성탄절과 부활절이 되어도 그렇게 먼 곳에서 헬렌과 아처를 데려올 경제적 여력이 루벤과 자넷에게 없었기 때문이다.

이전에 성탄절은 언제나 루벤 가족에게 특별한 날이었다. 헬렌과 아처가 퉁저우에서 오는 해에는 더욱 신이 났다. 자녀들이 돌아오는 날이면 경제적 이유로 겨울철에도 보통 사용하지 않던 화덕에 불을 붙였다. 라디에이터에서 나는 절거덕거리는 소리와 증기 냄새가 소나무 향기와 은빛 조각의 반짝임만큼이나 성탄절 기분을 북돋워주었다. 그러나 1933년의 성탄절은 두 아이만 있는 쓸쓸한 날이었다. 아래층은 춥고 적막했다. 루벤 가족 네 사람만 유모실과 이층 거실에서 배불뚝이 난로를 가운데 놓고 살았기 때문이다.

자넷은 아몬드가 든 납작한 초콜릿과 오트밀 과자를 꽉 채워 넣은 주석 용기들을 큰 판지 상자에 다른 작은 선물들과 함께 포장해 조선으로 부쳤다. 평양에서 헬렌과 아처가 일본 사람이 경영하는 백화점에 가서 자기들 용돈으로 중국에 있는 가족들에게 보낼 선물을 샀다. 조선에서 부쳐온 상자들을 열어보는 일은 미국에서 온 상자들을 열어보는 것만큼이나 흥분되는 순간이었다.

열여섯 살의 아처가 이듬해 6월 졸업을 했다. 가을에는 옌징 대학(베이징에 있는 중국 학교)에 1년 간 등록을 해서 다녔다. 헬렌이 혼자 조선에 남아 있는 관계로 루벤과 자넷이 성탄절 때 그 아이를 중국으로 데려오기로 했다. 지난 집에서 가족이 모두 모여 성탄절을 지내기는 이때가 마지막이었다. 이듬해 여름, 아처가 노스캐롤라이나의 데이비슨 대학에 다니기 위해 떠났다.

1935년에는 더욱 고통스러운 작별이 있었다. 그 첫 번째가 아처를 대학에 보내기 위해 미국으로 떠나 보낸 것이다. 9월이 되자 열두 살 클레어가 조선에서 학교를 다니기 위해 떠났다. 루벤 가족이 해안에서 휴가를 보내고 있었기 때문에 이번에는 배편을 이용해 만주로 가야 했다. 출발일이 가까워지자 클레어는 진지하게 말했다. "어머니, 저를 환송하려고 부두까지 오시지 않았으면 해요."

"싫다고?" 자넷이 놀라서 물었다. "이유를 물어봐도 되겠니?"

"왜냐하면, 어머니가 우실 테니까요."

"헬렌과 아처가 집을 떠날 때도 내가 울었니?"

"아니요. 그렇지만 전 막내딸이잖아요?" 클레어는 설명했다.

클레어는 작년에 한 선교사 어머니가 자기 막내딸을 조선으로 보내며 완전히 무너져 내리는 모습을 본 기억이 난 것이다. 자넷은 울지 않겠다고 약속했다. 그래서 배가 천천히 부두를 빠져나갈 때 모녀는 용감하게 눈물을 참을 수 있었다. 그러나 자넷이 여름 별장으로 돌아오니 방마다 텅텅 비어 있는 게 너무나 뚜렷했다. 이제 더 이상의 작별은 도저히 견뎌낼 수 없을 것 같은 기분이 들었다. 집에 남아 있는 사람이라곤 다섯 살짜리 디디밖에 없었다. 훗날 자넷은 말했다. "선교 현장으로 가면서 내가 치른 가장 큰 희생은 부모를 남겨두고 떠나는 게 아니라 내 아이들을 떠나보내는 것이었습니다."

1922년 준공된 지난의 사택. 1942년 미국으로 송환되기 전까지 루벤 가족이 생활하고 사역하는 터전이 되었다.

24장 내면의 투쟁

루벤 토레이의 영적, 감정적 갈등은 가족에 대한 관심에 국한되지 않았다. 오랫동안 떠나 있다가 돌아온 중국에서 루벤은 동료 선교사들 가운데 몇 사람에게 충격과 실망을 느꼈다.

"자넷, T 부부와 S 부부가 예전에도 그렇게 사업가들 모임 참여에 열심이었나? 그렇지 않으면 우리 안식년 동안에 그렇게 됐나?"

"예전부터 그런 경향이 있던 사람들이죠. 선교만큼 사교에도 흥미가 많은 사람들이었어요. 요즘 들어 사교계 활동이 점점 더 활발해지는 것 같아요."

"내 가슴을 정말로 아프게 한 사람은 내 친구 차오 목사요. 농촌 지역에서 굉장한 사역을 하던 사람이었거든. 그런데 R이라는 사람과 어울리기 시작하더니 음주와 마작에 손을 댔어. 주님의 일에 완전히 흥미를 잃어버린 것 같더군. 심지어 나와도 진솔하게 이야기하기를 피하는 것 같아요. 우리가 아름다운 교제를 나누던 시절, 또 나에게 조력하던 일을 생각하면 그 사람이 확 변해버렸다는 게 믿기지 않군."

"아마 일시적인 일일 거예요, 루벤. 곧 정신을 차리겠죠."

"사명의식이 약한 선교사 몇 사람 때문에 사기가 꺾이는 때가 더러 있소. 내가 선교 본부를 잘못 선택한 게 아닌가 의구심이 들 때까지 있다니까." 루벤은 한숨을 쉬었다. "프렛 드레이어가 나보고 산시성에 있는 CIM 성경학교로 오라고 하는군. 사직을 해버리고 CIM 산하로 들어가 일을 해볼 생각도 하고 있소."

"여보, 닥터 조지 스콧을 만나 얘기를 해보기 전에는 섣불리 결정하지 말아요. 그분이 오신다는 게 다음 달이에요?"

장로교단 본부 회장 닥터 스콧이 정기 시찰차 중국으로 오는 중이었다. 그가 지난에 도착하면 루벤이 영접을 맡기로 되어 있었다. 루벤은 좌절과 싸우면서 앞으로 할 일에 대한 기도의 응답을 기다렸다.

자넷은 자신이 성취한 것들에 대해 만족하지 못하던 루벤의 젊은 시절을 상기했다. 루벤의 서른 살 생일, 자넷은 몸이 아픈 아이를 데리고 해변에 나가 있었다. 그때 루벤이 이런 편지를 자넷에게 보냈다.

"나는 지금 내 자신의 삶을 평가해보고 있소. 서른 해를 살아오면서 내가 하나님을 위해 한 일이 너무나 보잘것없소. 너무 많은 시간을 비본질적인 일에 허비해버린 것 같소. 아버지는 무디성경학교의 교장으로 봉직하며 서른 살이 되기까지 몇 권의 책까지 저술하셨는데 말이오"

자넷이 이 편지를 받고 급히 다음과 같은 답신을 남편에게 써서 보냈다.

"여보, 당신은 자기연민에 빠져 몇 가지 사실을 간과하고 있는 것 같아요. 아버님은 서른이 될 때까지 책을 저술하신 일이 없었고, 당시 미네아폴리스의 작은 개척 교회에서 목회를 하고 계셨어요. 당신은 다른 대부분의 동료 선교사들보다 동양의 언어를 더 잘 습득해서 선교회의 사무총장이 되었고 농촌 선교 분야에서 독보적 진전을 이룩하고 있어요. 당신의 은사는 아버님의 은사와 완전히 달라요. '비교는 기분 나쁜 것'이라는 말도 있잖아요? '비본질적인 일에 점유당했다'는 것은 무슨 말씀인가요? 헬렌과 저도 '비본질'이란 말인가요?"

루벤은 아내의 반박을 받아들였고 우울한 기분도 회복되었다. 마침 루벤의 부모까지 방문해서 그의 사기가 한층 올라갔다. 닥터 토레이가 루벤과 함께 여행을 하며 사역의 실제를 지켜봤다. 자넷은 시아버지가 당신 아들의 재능에 대해 내린 평가를 이렇게 기록했다. "루벤의 기민성, 이해력, 중국어 능력에 놀랐다. 그가 하는 일을 나는 엄두도 못 낸다. 이밖에 루벤에게는 내게 없는 깊은 사랑과 동정심이 있다."

자넷은 이 모든 것들을 돌아보면서 남편이 또 다시 감정적으로 바닥에 떨어진 것은 아닌가 하는 의구심을 갖게 되었다. 남편을 고무할 좋은 말이 없을까? 자넷은 이 모든 낙심되는 일들을 극복하고 일어설 수 있는 능력이 남편에게 있다는 것을 추호도 의심하지 않았다. 그녀는 또한 남편의 영적 통찰력을 존경하고 있었다. 남편이 하나님의 인도로 선교 사역을 떠나 딴 데서 육체노동을 했을 때도 자넷은 결코 남편을 방해하지 않았다.

자넷은 남편에 대해 이렇게 말한 적이 있다. "루벤에게는 비전이 있습니다. 그는 중국이 앞으로 50년 간 필요로 하는 것들을 알고 있습니다. 저는 모릅니다. 그렇지만 루벤을 믿습니다. 그이가 하고자 하는 건 무엇이든 다 해낼 수 있다는 걸 저는 알고 있습니다."

마침내 닥터 조지 스콧이 도착했다. 루벤과 자넷이 그에게 여러 시간 동안 상황을 설명했다. 루벤은 스콧 안에 있는 영적 헌신과 선교 사역에 대한 접근 전략을 간파하고 본부에 대한 신뢰를 회복했다. 그들은 함께 기도를 했고 루벤은 지난에 머물며 장로교단 사역을 계속하기로 결심했다. 그는 진정한 장로교인으로 이끄는 닥터 스콧의 지도력에 다시는 의문을 품지 않았다.

1933년, 그의 결심이 한층 더 강화되었다. 칭다오에서 열린 선교대회에 참석하고 난 뒤 루벤의 영적 생활은 총체적으로 갱신되었다. 산둥선교회 설립 이래 하나님의 임재가 그토록 분명했던 적이 없었다. 선교회 회장 닥터 폴 애봇이 빌립보서 2장 전반부를 본문 말씀 삼아 심금을 울리는 설교를 했다. 그가 설교를 마치자 선교사들이 일어서기 시작했다. 그들은 한 사람씩 나와 자기들 삶 속에서 하나님이 행하신 일들을 증거했다. 대부분의 참석자가 간증을 했다. 이어서 성찬식을 나누었고, 이것은 토레이가 경험한 가장 의미 있는 나눔이었다.

방으로 돌아온 루벤은 하나님이 다루기를 원하시는 몇 가지 일들이 자기의 삶 속에 남아 있다는 사실을 깨닫기 시작했다. 루벤은 긴 시간 동안 주님 앞에 무릎을 꿇고 자기의 모든 죄를 드러내주실 것을 간구했다. 루벤은 성령님이 일깨워주시는 대로 종이 위에 그것들을 적었다. 이것은 그가 자신의 죄로 시인하는 '단점들'의 긴 목록이 되었다. 그는 죄를 하나씩 하나님 앞에 고백하며 요한일서 1장 9절 말씀에 의지해 용서를 구했다. "만일 우리가 우리 죄를 자백하면 그는 미쁘시고 의로우사 우리 죄를 사하시며 우리를 모든 불의에서 깨끗하게 하실 것이요."

그리고 나서 루벤은 자기가 딴 사람들에게 지은 죄에 대해 어떤 조치를 취해야 할지 보여 달라고 성령님에게 요청했다. 두 번째 목록이 작성되었다. 목록 중에 마땅히 원만한 관계를 맺고 지냈어야 하는데 그러지 못한 동역자들을 만나는 일이 들어 있었다. 긴장 관계에 있는 사람들에게 편지를 써서 하나님이 자기 삶 속에서 행하신 일을 고백하고 나누는 일도 들어 있었다.

루벤처럼 동역자들 간에 많은 존경을 받는 사람이 하기엔 매우 어렵고 스스로를 낮추어야 하는 경험이었다. '오만'이 그의 죄 목록에서 맨 위에 있었기 때문에 마땅히 거쳐야 할 과정이었다. 그는 삶과 목회에서 성령님의 모든 힘을 체험하기 원했다. 그리고 이것이 그럴 수 있는 유일한 길이었다.

루벤은 주님의 일깨워주심에 순종하고 이튿날부터 즉시 굽은 것들을 바로잡아 가기 시작했다. 목록에서 한 항목씩 지워나가며 자유과 기쁨을 새롭게 느꼈다. 닥터 스콧을 만난 일과 선교대회에 참가한 경험을 통해 하나님은 루벤에게 역경을 이기는 힘을 주셨다.

때마침, 영적 헌신이 많이 부족했던 선교사들이 안식년을 떠나 다시 돌아오지 않았다. 루벤의 친한 친구 차오 목사도 기독교 사역에 복귀하지 않아서 루벤 생애에서 가슴 아픈 상처 중 하나로 남았다.

이 즈음 미국에서 자유주의자들과 보수주의자들 사이에 논쟁이 불붙고 있었다. 한 근본주의 그룹이 장로교단을 탈퇴해 독자적 선교 본부를 구성했다. 장로교의 새 분파가 하나 생겼다. 루벤의 어머니가 편지에 이런 일을 써서 아들에게 보내며 새로 생긴 본부로 옮겨가지 말 것을 당부했다. 루벤의 입장은 신속하고 확고했다.

"이런 사태가 야기되고 본부에 대한 사람들의 신뢰가 흔들렸다는 건 대단히 수치스럽고 안쓰러운 일입니다. 이 일은 사실에 대한 심각한 오해와 와전 때문에 생겼다고 생각합니다. 본부 이사들 중 일부가 자유주의적 색채를 띠고 있음은 분명합니다. 그들은 총회에서 선출되고 교단의 각 부분을 대표하는 정식 목회자들입니다. 저는 본부의 거의 모든 서기들이 건강하고 충성스러우며 말씀을 지키는 사람들이라 믿고 있습니다. 몇몇 오도되고 광신적인 사람들이 본국 후원자들의 신뢰를 훼손하여 후원자들로 하여금 수백 명의 신실하고 헌신적인 선교사들을 의심하게 만들어 우리 근본주의 선교사들이 교단과 사역 현장을 떠나고 중국인들에게 등을 돌릴 수밖에 없게 된다면 이런 어처구니없는 일이 세상에 또 있겠습니까?"

마지막 문장은 예언적이라고도 할 수 있었다. 루벤 자신이 미국 내에서 공공연하게 표현되고 있는 일부 '불신의 표적'이 된 것이었다. 1947년 루벤은 미국에 귀국했을 때 영혼에 깊은 상처를 입었다. 그의 정통성을 의심하는 소문이 떠도는 것을 알게 된 것이었다. 그 결과, 루벤의 부친과 협력했던 사람들 중 많은 이가 루벤의 사역에 문을 닫아버렸다. 루벤에게 등을 돌린 사람들 중 일부는 전에 루벤의 충성스러운 후원자들이었다. 자넷은 물었다. "여보. 이따위 참소에 답변하면서 당신이 아직도 성경에 충실한 사람이라는 걸 그들에게 확신시키려 할 거예요?"

"아니. 그리스도도 참소를 받았지만 자신을 변호하지 않으셨소. 내 삶과 사역이 정도를 걷고 있는 한, 그것 자체가 나를 대변해줄 것이오."

루벤은 이 문제를 마음 뒷자리에 밀어넣고 장로교회들을 다니며 선교 보고 사역을 성실히 해나갔다. 나중에 그가 얼마나 온전한 변호를 받게 될지 아직 스스로는 모르고 있었다. 10년 후, 루벤은 근본주의자 고급 교육 과정의 대보루인 휘튼 대학에서 명예박사 학위를 받았다. 은퇴한 후에는, 몬트로즈 바이블 컨퍼런스의 초빙을 받아 옛 토레이 저택의 한 층을 제공받고 이사장으로 재직했다. 또 무디성경학교의 설립자 주간 연사로 초청받는 영예를 누렸다. 그의 정통성에 대한 모든 의구심은 깨끗이 녹아 없어졌다.

25장 짙어지는 전운

1931년 산둥에서 열린 선교회의에서 루벤은 곤란하게도 여기저기에서 많은 직책들을 제안받았다. "자넷, 당신도 선교회 내에 뭘 좀 할 수 있는 사람이 나 외에는 아무도 없다고 생각하오?" 하루 종일 긴 회의로 녹초가 된 루벤이 귀가해서 아내에게 던진 일성이었다.

"그 일들을 당신만큼 잘 해낼 사람이 없는 건 사실이에요." 자넷이 대답했다.

"각 위원회들이 자기들 고유의 업무를 진지한 태도로 다루어 보지도 않고 나부터 찾아오는 건 정말 웃지 못할 일이지."

루벤이 산둥선교회의 회장을 맡아달라는 부탁을 받은 것만 해도 여러 번이었다. 그럴 때마다 루벤은 자신의 소명이 행정이 아니라 농촌 선교에 있다는 생각에서 제의를 한사코 사양했다.

그러던 중 회장 닥터 폴 애봇이 안식년을 떠나게 되어 1932년 가을 애봇이 귀임할 때까지 할 수 없이 루벤이 회장 서리를 맡기로 했다. 결국 루벤이 각양의 위원회 회의를 주재하고 선교 거점을 옮겨 다니며 사역에 대한 자문과 감독을 하게 되었다.

산둥성 행정부가 수년 만에 처음으로 안정을 되찾게 되자 루벤은 크게 기뻐했다. 예수를 믿는 총통 평위샹 정권의 문하생인 새 성장(省長) 역시 자칭 기독교인이었다. 루벤은 자연히 과거보다 훨씬 자유롭게 여행을 하게 되었다. 부가적 축복 가운데 하나는 유명한 기독교 지도자들과 연사들을 자신의 농촌 교구로 초빙해서 특별집회, 수련회, 세미나를 열 수 있게 된 것이었다. 그 결과 그 지역에서 믿음의 부흥이 일어났다. 먼저 믿었던 사람들이 이웃의 기도제목을 놓고 특별 기도회를 열고 그들에게 다가가 그들을 그리스도 앞으로 인도했다.

그러나 정치적으로 누리던 평화도 잠깐이었다. 그해가 지나가기도 전에 일본이 만주를 침략했다. 장제스 총통이 공산당(이들은 상존하는 위험이었다)과의 내전에 정신이 없었기 때문에 만주가 일본의 손에 쉽게 떨어졌다. 일본은 이에 힘입어 중국 정벌을 더욱 확대할 수 있었다. 중국의 근대사에서 외세의 침략보다 내전에 더 괴롭힘을 당하는 '잠자는 용'의 우환이 시작된 것이다.

그러나 선교 사역은 이러한 전운에도 아랑곳하지 않고 진전을 계속했다. 루벤 부부는 자리를 잡은 위수 교회에 머물면서 바깥 출입을 자주 했다. 자넷도 여성을 위한 정규 수업을 열었다. 시골 여성들 중 글을 읽을 줄 아는 여성이 거의 없었기 때문에 자넷은 성경을 교과서 삼아 그들에게 중국 문자를 가르쳤다. 인근 마을로부터 여자들이 열심히 모였다. 대개 18세로부터 70세의 여자들이 한 반에서 공부를 했다.

어느 날 마주친 한 여자의 얼굴이 자넷을 사로잡았다. 여인은 다른 기혼 여성들과 마찬가지로 반질반질한 흑단 머리를 뒤로 바짝 당겨서 쪽을 졌다. 헐렁한 푸른색 천 바지를 입고 발목을 띠로 꽁꽁 처맨 차림에 만다린 칼라, 매듭단추가 달린 짧은 누비 윗옷을 입은 모습은 여느 중국 여인과 다를 바 없었다. 아몬드를 닮은 눈은 다른 중국 젊은 여자들과 마찬가지로 부드러운 얼굴에 끌로 파낸 것 같았다.

그러나 자넷은 그녀 내면 깊은 곳에 새겨진 고뇌를 꿰뚫어 보았다. 자넷은 그날로 리 목사를 만나 이름이 싱이라고 한 그 여자에 관해 물었다. "목사님, 우리 반 학생 중에 싱 부인이라는 여자에 대해 좀 아세요?"

"네, 그럼요." 리 목사가 대답했다. "그 여인에겐 자식이 하나 있었는데 최근에 죽었습니다. 이후 싱 부인은 아예 음식을 입에 대지 않고 움직이려고도 하지 않았습니다. 그냥 방안에 틀어박혀서 말 그대로 죽어라 울기만 했어요. 제가 그녀더러 부인학교에라도 나오면 위로가 될 테니 좀 나오라고 했죠. 매일 최소 몇 시간씩이라도 슬픔을 잊을 수 있을 거라고 말입니다."

이 말을 듣고 한번 그렇게 해볼 가치가 있다고 생각한 부인이 작은 전족을 끌고 뒤뚱거리며 교회에 왔다. 이날부터 자넷은 특별한 관심을 갖고 부인을 돌보기 시작했다.

싱 부인은 자신이 바라던 것을 교회학교에서 찾았다. 부인은 가장 부지런한 학생 가운데 하나가 되어 어려운 중국 문자를 부지런히 배웠다. 또, 마태복음에 얼마나 도취되었던지 이후 두 달 동안 한 번도 수업을 빼먹지 않았다. 자넷은 그녀에게 기본 문자를 모두 익히게 한 뒤 복음서를 하루 한 장씩 가르치기 시작했다.

자넷은 말했다. "싱, 이 장을 다시 한 번 공부하면 좋지 않을까요? 성경 읽기에 숙달되도록 말이에요."

"오, 자넷!' 그녀는 자넷의 제의에 의외라는 듯 큰 소리로 말했다. '다음 장으로 넘어가고 싶어요!' 미국 독자들이 미스테리 소설의 빠른 전개에 빨려 들어가는 것처럼 그녀에게는 예수님 이야기가 신기하고 흥미진진했던 것 같았다.

수 년이 흐른 후, 전쟁이 발발하자 싱 부인은 위수에서 자기 선조들이 살고 있는 마을로 강제 이주를 하게 되었다. 그맘때 이미 그녀는 남편을 주님께 인도한 후였다. 삶 속에서 아내의 변화를 목격한 남편이 어쩔 수 없이 마음을 바꾼 것이었다. 부부가 합심하여 마을 60가구 가운데 40가구를 그리스도 앞으로 나오게 했다. 이후 얼마 지나지 않아 이 부부의 전도 활동에 힘입어 100명 남짓 출석하는 교회 하나가 서게 되었다.

루벤은 업무차 지난으로, 충푸로 다니며 여러 차례 집을 비웠고 그때마다 자넷과 디디는 위수에서 일주일, 또는 그 이상을 아버지와 떨어져 살아야 했다. 루벤이 충푸에서 수 주간 머무는 경우 온 식구가 교회와 진료소가 있는 그곳에 가서 함께 지내기도 했다. 다리뿐만 아니라 이창에도 교회들이 있었다.

기독교인들은 이곳들을 거점으로 해서 인근 마을로 나아가 집회를 갖고 심방을 했는데 사람들이 복음을 비교적 잘 받아들였다. 루벤이 특별히 짜릿한 기쁨을 느꼈던 사역은 수년 전 한 마을에 기근 구호의 결과로 생겨난 교회를 찾는 일이었다.

이들 지역의 교회들이 하나 둘씩 자립하게 되면서 루벤이 마을의 성도 가정을 심방할 시간적 여유를 얻게 되었다. 그와 중국인 목회자들 사이에 따뜻한 우정이 피어났다. 루벤은 이들 목회자 한두 사람과 자주 전도 여행을 했고, 이런 때는 농가의 딱딱한 진흙 침대에서 자고 농부들의 조악한 음식을 먹으며 다녔다. 루벤은 자기의 말을 들으러 오는 친지와 이웃들에게 성찬식을 집례하고 성도들을 세우며 그들과 복음을 나누었다. 루벤은 그렇게 행복할 수 없었다. 그는 사람들을 사랑했고 이전 그 어느 때보다 친밀한 관계를 맺었다. 이 순박한 사람들은 루벤이 자기 집에 왔다는 사실 자체를 큰 영광으로 여겼다.

루벤은 자기가 하나님의 뜻에 따라 이들 사이에서 먹고 자더라도 하나님이 당시 농촌에 만연한 결핵, 이질, 장염, 트라코마 눈병으로부터 보호해주실 것을 확신했다. 그가 1937년 연례 건강검진을 받고 난 뒤, 자넷이 그 결과를 다음과 같이 시어머니에게 써 보냈다.

"저희가 아는 바로는 루벤의 건강이 완벽하다는 결과가 나왔습니다. 정신적으로도 최고 상태이고 영적 생활도 고양되어 있습니다. 그이는 항상 많은 사역을 감당하면서도 일에 대한 걱정도 안 한답니다. 어머님의 견실성과 체계적이며 조직적인 기질, 아버님의 낙천성과 논리적 사고력을 물려받은 것 같아요. 꽤 괜찮은 조합인 것 같습니다!"

그 전 해에는 선교 거점 회장직과 재무직을 겸직해 달라는 요청을 재차 받은 터였다. 재무 업무가 굉장히 복잡해지는 바람에 루벤 말고 그 일을 감당할 적임자가 없는 형편이었다. 루벤은 총명과 지혜를 구하는 기도를 많이 했다.

밤늦게까지 잠자리에 들지 않고 책상머리에 앉아 경비가 어떻게 사용되었는지 장로교 재무위원회의 중국인 회원들도 명료하게 이해할 수 있도록 모든 수치를 차트로 만들기도 했다. 어느 중요한 회의 전날 밤에는 새벽 3시까지 일을 하고 아침 6시에 일어나 성령님이 아침 회의를 인도하시고 특별히 임재해 달라고 기도했다. 그러면 전에는 뿌옇던 재무 사항이 이날 회의에

서만큼은 중국인 동역자들에게 명쾌하게 이해되었다.

루벤의 세 번째 임기 8년도 빠르게 지나갔다. 정치적 폭풍을 예고하는 먹구름이 중국 대륙을 뒤덮자 선교사들도 1년 간 안식년을 다시 얻어 미국으로 귀국할 채비를 서둘렀다. 루벤은 사역을 놔두고 중국을 떠나는 게 싫었지만, 이번만은 마음이 다소 홀가분했다. 사역지 교회들이 자기의 지도 없이도 잘 꾸려나갈 만큼 자생력을 갖게 되었다는 사실 때문이었다. 어머니와 에디스 누나는 물론, 미국에서 대학에 다니는 헬렌과 아처도 만나보고 싶었다. 일곱 살 디디에게는 특별히 신나는 기회였다. 디디는 그때까지 한 번도 미국에 가본 적이 없어서 호기심과 기대로 꽉 차 있었다.

"미국에서는 사람들이 모두 영어로 말을 해? 매일 아이스크림을 먹을 수 있어?" 디디가 누나에게 물었다.

"암 그렇고 말고. 만나는 사람마다 영어로 말하면 모두 알아들어." 열 살짜리 누나가 동생을 안심시켰다. "동네 가게마다 아이스크림을 팔지만 아빠가 매일 먹게 하시지는 않을 것 같아."

1937년 7월 6일 루벤, 자넷, 클레어 그리고 디디, 이렇게 네 식구가 프레지던트 매킨리 호에 승선, 두 주간의 태평양 횡단 항해를 시작했다. 아침마다 선상 신문이 객실로 배달되었다. 바다 위에서의 첫 아침, 루벤이 아침을 먹기 전에 신문을 집어드는데 머릿기사가 눈에 들어왔다. "자넷! 이것 좀 봐요." 루벤은 놀라서 소리를 지르며 신문을 자넷에게 건넸다.

"일본, 마르코폴로 다리 공격." 자넷이 믿지 못하겠다는 표정으로 기사 제목을 읽었다. 중일 간에 전면전쟁이 발발했는데 가족이 이미 안전하게 그곳을 빠져나오고 있었던 것이다.

"우리가 떠날 때를 미리 알고 인도하신 게지. 하늘에 계신 하나님은 참으로 자상한 분이오!" 루벤이 경탄했다.

일본군은 처음에 베이징, 이어 후베이성 전역을 점령하고 남쪽 산둥성을 향해 진군했다. 성탄절에 지난이 침략자들 손에 떨어졌다. 이 소식이 루벤 부부에게 전해지자 자넷은 걱정이 이만저만이 아니었다. "루벤, 우리 친구들은 모두 어떻게 됐을까요? 우리 집 요리사하고 그 사람 가족한테 일본군이 무슨 짓을 할까요? 요리사가 우리 집을 지켜낼 수 있을까요? 다른 선교사들은 어떻게 됐을까요? 안전하기는 할까요?"

"중국인들과 선교사 친구들을 위해 열심히 기도해야겠어." 루벤이 대답했다. "그러고 나서 소식을 기다립시다. 짐작컨대 지난에서는 모든 일이 안정돼 있을 거요. 조용한 점령이 될 거란 말이지. 그건 그렇고 우리가 이번에도 미국 내에서 오도 가도 못하게 되는 건 아닌지 걱정이오."

안식년이 끝나갈 무렵 일본군이 중국 중부까지 밀고 내려갔고, 총통이 수도를 충칭으로 옮겼다. 일본군이 중국 북부의 도시들을 점령했지만 변방에서 유격대의 위협을 끊임없이 받았다. 선교 사역이 제한적이나마 허락되었다는 전갈이 지난선교회 직원으로부터 왔다. 루벤 부부가 복귀할 때가 온 것이다.

루벤의 어머니가 79세가 되었다. 그녀는 휘튼 대학에서 성경을 가르치는 미혼 딸을 데리고 살기 위해 일리노이 휘튼으로 이사해 살고 있었다. 루벤과 자넷은 강연차 다니는 여행으로 1년의 대부분을 보냈다. 그러나 어머니와 에디스 누나가 사는 집에도 자주 들렀다. 아들이 사역 현장으로 복귀할 채비를 갖추는 것을 본 어머니는 물었다. "지금 중국으로 복귀하는 게 정말 안전하다고 생각하니?"

"네, 어머니, 제가 듣는 소식에 의하면 중국 북부는 매우 안전하답니다. 조금이라도 위험성이 있다면 이사회에서 우리를 다시 내보내지는 않을 거예요."

"그렇다면 마음의 결정을 이미 했다는 말이구나?"

"네, 그렇게 결정했어요. 하지만 예전 같은 열심을 품고 돌아가는 것은 아니라고 말씀드릴 수 있어요. 앞으로 7년 동안 어머니와 아이들을 못 볼 걸 생각하면 참 힘이 들어요."

"하나님이 너희를 그곳으로 복귀시키기 원하신다면 너희와 우리를 돌봐주실 것이다." 어머니가 평소의 침착한 어조로 결론을 내렸다.

루벤 부부는 1938년 여름 몇 달 간을 사랑하는 사람들을 만나

보는 일로 보냈다. 조지아 메이콘을 마지막으로 방문해서 여름 일을 끝내고 온 아처를 만났다. 휘튼에 가서 어머니를 찾아뵐 때는 이 땅에서 어머니를 다시 볼 수 있을까 하는 생각이 처음으로 들었다. 귀임하는 루벤 가족 네 사람이 마지막 차례로, 여름 캠프에서 일하고 있는 헬렌에게 작별을 고하기 위해 위스콘신으로 차를 몰았다. 다른 식구들보다 헬렌이 유독 작별을 힘들어 했다. 신형 갈색 닷지 차가 사라질 때 헬렌은 눈물을 참아내느라 안간힘을 썼다.

클레어와 디디에게 풍요의 땅에서 보낸 1년은 즐거운 기간이었지만 부모와 함께 중국으로 돌아가는 것도 반가운 일이었다. 아이들 생각 속에는 앞으로 일어날 일들 따위는 아예 존재하지 않았다. 디디는 1년 내내 친구들과 어울려 지냈고, 클레어는 부모가 여행을 하는 동안 한 기독교 기숙학교에서 살았다. 이 아이들에게 중국은 고향이었다. 가벼운 작별을 하는 것처럼 보이는 부모의 가슴 깊은 바닥에 진한 아픔이 깔려 있다는 사실과 불확실한 앞날에 대해 두 아이 누구도 알 리 없었다.

26장 점령지

일본에서 클레어가 부모와 디디에게 마지못해 작별 인사를 했다. 학교가 이미 개학을 했기 때문에 클레어는 같은 십대 친구 세 명과 함께 배에서 내려 기차와 페리 편으로 곧장 조선으로 갔다. 자넷과 루벤은 처음 가는 길로 아이들끼리만 평양까지 보내는 게 싫었지만 다른 부모들도 다른 수가 없는 모양이었다. 어른들과 디디만 중국으로 가는 연안선에 올랐다.

8일 후, 칭다오에 내린 루벤 부부는 복잡한 일본 세관 검사 절차를 통과하여 예방주사를 맞고, 허가서를 받은 후 지난행 기차를 탔다. 차창 밖으로 보이는 시골 풍경에 전쟁의 흔적과 새 정권의 표지가 역력했다. 부부가 타고 있는 객차는 만주에서 수입한 차량이었다. 유격대에 의해 파괴된 철로를 새로 놓고 있는 중이어서 기차는 간간이 속력을 줄였다. 뒤집힌 화물차량과 기관차들이 여기저기 널려 있는 것이 보였다. 전체 노선을 따라 초병이 서 있고 역마다 진지를 구축해놓았다.

기차가 계엄령이 선포된 도시 지난에 도착한 것은 10월 6일 한밤중이었다. 대단한 용기를 가진 사람이 아니면 밤 9시 이후에 감히 집을 나설 수 없었다. 그래서 마중을 나올 만한 친구들의 모습은 보이지 않고 20년을 섬겨온 충직한 요리사 쉬시푸만 플랫폼에 덩그러니 서서 기다리고 있었다. 그는 일본군이 지난을 점령하고 있는 동안에도 집을 떠나지 않고 남아 루벤의 재산을 온전히 지켰다.

이날 밤, 시간이 너무 늦어 시내를 통과할 수 없었기 때문에 부근에 있는 호텔에서 묵기로 했다. 쉬시푸는 사람들 눈에 띄지 않게 집으로 돌아갔다. 이튿날 아침 통행금지가 해제되자마자 앤디 토런스가 차를 갖고 집으로 데리러 왔다. 사람들의 환영이 시작되었다. 중국인이고 외국인이고 할 것 없이 지인이란 지인이 모두 줄지어 찾아오기 시작했다. 첫 몇 주는 방문하는 지인들을 맞고 그들에게 지난해 있었던 일들을 얘기해주느라 업무를 거의 보지 못했다.

이웃 교회의 두(Du) 목사는 어려웠던 지난 수개월 동안 개인의 크나큰 위험을 무릅쓰고 양들을 지켜낸 목자였다. 두 목사는 루벤과 대화를 나눌 때면 사람들의 머리 위에 연달아 몰아쳤던 환란의 큰 파도를 묘사하느라 소상한 몸짓으로 설명을 했다.

"재산이란 건 그렇게 중요한 게 아닙니다. 생명보다 중요한 게 어디 있습니까? 요즘 많은 걸 보고 있습니다. 전 개인적으로 점령군으로부터 이른 자유를 되찾기를 바라지 않습니다."

루벤이 깜짝 놀라는 걸 보고 두 목사가 서둘러 말을 덧붙였다. "너무 빨리 사태가 정상화되기라도 한다면 사람들이 교훈을 잊게 되고 삶의 깨달음이 금방 사라지고 말테니까요."

루벤 부부는 역경과 슬픔을 조용히 받아들이는 중국 기독교인들의 모습, 자기연민에 빠지지 않는 태도, 용기와 명랑한 마음가짐으로 미래에 대처하는 모습, 하나님을 확신하는 믿음을 보며 많은 영감을 얻었다. 루벤은 기독교인과 비기독교인을 막론하고 위수에서 지난으로 온 사람들이 대개는 피난민이라는 사실을 알게 되었다. 그래서 이 피난민들을 가능한 한 많이 만날 계획을 세웠다.

루벤이 사역에 복귀하고 나서 열흘 후 위수 교회의 리 목사가 루벤 부부를 환영할 겸 농촌 지역의 상황도 알리기 위해 위수에서 왔다. "루벤 목사님, 철도가 지나지 않는 대부분 농촌 지역은 조용하게 질서가 유지되고 있습니다. 직접 가보시면 알겠지만, 위수 지역은 남모르게 고통을 당했습니다. 여러 차례 일본군 폭격을 맞았고, 최근에만 해도 폭탄이 옆집 지붕을 뚫고 들어와 창문을 모두 박살냈습니다. 하지만 교회 건물만은 안전했습니다."

"하나님의 크신 은혜로군요." 루벤이 중국어로 외쳤다.

"네, 그렇습니다. 하나님의 사랑과 자비가 믿어지지 않을 정도로 컸습니다." 리 목사는 동의했다.

"하루는 화물 트럭 50-60대가 위수 시가로 덜컹대며 들어오더니 집주인들에게 돈을 요구했습니다. 돈을 내놓지 않는 사람들을 총살했고요. 길에서 거치적거린다는 이유로 죽임을 당한 경우도 있었어요. 그들이 교회 구내에 들어와서 제가 1달러를 주었더니 가버리더라고요. 길에다 모닥불을 피우고 주민들의 집에서 빼앗아 온 가구, 문짝, 창문들을 이유도 없이 태워버렸습니다. 사람들은 겨울이 왔는데도 이 물건들을 대체하지 못했어요. 풀과 건초로 커튼을 만들어 추위를 막아보려고 하는 사람들도 있었지만 대개 다른 곳으로 도망을 쳤습니다. 도망가지 못한 사람들은 총살을 당하기도 했습니다. 그러나 지금은 돌아와서 자기 집들을 수리해보려고 노력하고 있습니다. 위수에 상거래란 일체 없으며, 수백 년 동안 서 있던 성벽도 허물어져 폐허가 된 채로 돌들만 널려 있습니다."

"이 얼마나 무익하고 잔인한 짓인가!' 루벤은 개탄했다. "일본인들은 그 따위 전술로 어떻게 중국인들을 자기편으로 만들 수 있단 말입니까?'

"그 속을 알 수 없습니다." 리 목사가 어처구니없다는 듯 머리를 흔들었다.

"그 성벽이라면 나와 아내가 그 위로 자주 산책을 하던 아름다운 곳이었는데! 그럼 기독교인들의 처지는 지금 어떻습니까?"

리 목사의 표정이 밝아졌다. "죽은 기독교인이 별로 없다는 건 놀라운 일입니다. 하나님이 그들을 기적적으로 보호해주셨거든요. 많은 기독교인들이 목숨을 부지했지만 사실상 전 재산을 잃었습니다. 하지만 불평하는 사람은 없어요. 넘치는 감사로 하나님을 찬양하고 있습니다. 그동안 겪은 고통으로 인해 오히려 하나님께 돌아왔을 뿐만 아니라 영적 삶이 깊어졌다고나 할까요."

"참으로 반가운 소리입니다! 하지만 교회 자립을 가르치고자 했던 우리의 노력은 크게 손상을 입었을 것 같은데요." 루벤은 한숨을 내쉬었다.

"목사님, 이해가 잘 안 가는 일입니다! 작년에 농촌 교인들이 낸 헌금도 줄지 않았고, 금년에는 전에 없이 많은 헌금이 들어왔습니다!"

"할렐루야!" 루벤은 놀라움을 감추지 못했다. "내가 알기로 위수는 수천 명의 중국 군인들이 점령했다가 심한 전투가 벌어진 뒤 5천 명의 일본 부대가 진입해 40일 동안 주둔한 곳인데요."

"네, 그때 바로 군인들이 문짝과 창문을 뜯어다 불살라버렸거든요. 그 직후에 여름 폭우가 쏟아져서 문과 창문이 뜯겨진 채 남아 있던 흙벽돌 집들을 대거 쓸어가버렸죠. 그런데 전쟁과 무관한 문제가 하나 생겼습니다. 헤로인이 트럭 채 우리 지역으로 들어온 것입니다. 그 결과 마약에 중독된 강도들이 마약을 사기 위한 돈을 마련하려고 저지르는 강도 살인 사건이 넘쳐나게 되었습니다. 마약을 원하는 만큼 사려면 하루에 50달러가 있어야 한다고 합니다."

"통제할 방법이 거의 없겠군요." 루벤은 안타까워했다.

"사실 희망은 있습니다. 5천 명의 부하를 데리고 위수 부근에 주둔하고 있는 중국 장군 하나가 강도들을 자신의 예하에 편입시킬 계획을 갖고 있습니다. 그들에게 두 주간의 시간을 주어 마약 중독에서 벗어나게 하려는 겁니다. 성공하는 사람에게는 직업을 주고, 실패하는 사람은 사형에 처하는 것이죠. 중독에서 성공적으로 탈출하는 사람들은 정규군으로 편성해서 감독을 받도록 하겠다는 겁니다."

루벤은 놀라서 머리를 흔들었다. 대화는 이내 위수 교회 이야기로 다시 돌아갔다. "교회 재산은 무사합니까?"

"우리도 깨끗하게 털렸죠. 하지만 교인들이 앉아서 예배를 드릴 수 있게 걸상을 만들거나 빌려왔습니다."

"예배 참석자들은 얼마나 됩니까?"

"매 주일 예배당이 꽉 차고도 남습니다. 여자 성경학교 건물에 초등반을 개설했고요. 믿음에 관한 진지한 질문도 많이 들어오고 새로 등록한 교인도 100명이나 됩니다."

위수 교회에서 한 장로도 찾아왔다. 70킬로미터를 당나귀를 타고 이동했고, 게다가 우회 도로를 이용해서 오느라 사흘이나 걸렸다고 했다. 일본군의 절대적 장악 아래에 있는 지난은 대체로 평화로웠다. 남부 교외에 위치한 치루 기독대학교는 캠퍼스에 최소 인력만 남겨두고 서부 중국으로 피난을 했다. 많은 중국인 지인들이 미점령지로 도피했다. 그들은 수백 킬로미터를 도보나 배, 여타 가능한 수단을 이용해서 이동했다.

루벤 부부도 시내 한 곳에서 다른 곳으로 이동하려면 허가증을 얻어야 한다는 사실을 알게 되었다. 교외 관문에 일본군이 배치되어 있었다. 콜레라 예방접종을 받았다는 내용이 적힌 증명서와 음성 검변 증명서를 소지해야 관문을 통과할 수 있었다.

많은 외국인이 오만하고 왜소한 점령군들에게 경의 표하는 일을 어려워했지만, 루벤은 제지를 당할 때마다 항상 공손하게 목례를 하고 모자를 벗어들었다. 일본어로 된 복음서를 주문해두었다가 필요한 서류를 제시할 때 함께 건넸다.

농촌을 방문하려는 루벤의 희망은 이듬해 봄이 될 때까지 이루어지지 못했다. 충푸와 지난 사이 철도를 따라 전투가 계속되고 있었고 위수에서도 폭격이 그치지 않았다. 그렇다고 그에게 할 일이 없는 것은 아니었다. 중국으로 복귀하자마자 재무 담당직을 맡게 되었다. 이 골치 아픈 업무는 매주 걷잡을 수 없이 요동치는 인플레이션 때문에 더욱 복잡해졌다.

12월에 열린 닷새 간의 장로교 연례 집회는 영적 부흥을 위한 좋은 기회였다. 하나님의 보호하심에 관한 말씀을 들은 성도들의 얼굴이 밝아졌다. 문의와 교인 등록 숫자도 놀라울 만큼 많았다. 전과 달리 평신도들이 개인 일을 보며 친지들을 그리스도에게 인도하려고 애쓴다는 보고도 있었다. 이웃 선교 거점에서 온 한 선교사가 자기 지역에서 일어난 기적에 관해 보고했다.

"이틀 낮밤으로 지독한 전투가 있었습니다. 약 2천 명의 민간인과 1천 명의 군인이 죽었습니다. 소름 끼치는 일들이 벌어졌으나 선교회의 재산은 거의 손상을 입지 않았습니다. 폭탄이 몇 개 떨어졌어도 사인이 확실하지 않은 남자 한 명과 여학생 한 명을 제외하고는 아무도 다친 사람이 없었습니다.

의사 두 명이 모두 달아나버려서 간호사들만 남아 부상자들을 돌보았습니다. 팔 다리가 잘려 도저히 가망 없어 보이는 부상병들을 간호사들이 기도로 치료했습니다. 콜레라 환자들이 들어왔으나 전염병이 더 이상 번지지 않았습니다. 수천 명이 꽉 들어찬 피난민 수용소 상공에서 공중전이 벌어져 총알이 비 오듯 지붕 위에 쏟아졌는데도 부상당한 사람이 한 명도 없었습니다. 미친개가 목줄이 풀려 날뛰었는데 어른 아이 할 것 없이 한 명도 물리지 않았습니다."

루벤은 탄성을 질렀다. "기적의 시대는 아직 끝나지 않았습니다."

27장 마지막 준비

낮 정각 2시, 문 두드리는 구리 고리쇠가 달린 하얀 현관문이 열리자 푸른색 계열로 장식한 포근한 식민지 시대풍의 실내가 모습을 드러냈다. 자넷이 홀에 서서 미소 띤 얼굴로 고개를 숙이며 손님들을 맞이했다. 웨이브를 그리며 헐겁게 늘어지다가 목덜미에서 작은 매듭으로 모인 검은 머리가 그녀의 푸른 눈과 완벽한 대조를 이루고 있었다. 쉰하나의 나이를 나타낼 만한 주름이나 흰머리가 없는 얼굴이었다. 가녀린 몸매에 키가 152센티미터인 그녀는 다른 중국인 손님들과 비교해 키가 그다지 차이가 나지 않았다.

모두 반질반질하고 곧은 흑단 머리로 커다란 쪽을 비슷비슷하게 하고, 대개 면 가운을 입은 부인들이 거실 앞에 줄을 서서 들어가고 있었다. 화롯불이 소리를 내며 타고 있었다. 일단 50

여 명이 각기 앉을 의자를 찾아 월요 성경공부 채비를 한 뒤 서로 담소를 나누기 시작했다. "목사님은 부인을 매우 아껴주시는 것 같아요. 선생님은 참 예쁘세요." 한 학생이 입을 열었다. "이곳이 바로 천국이에요!" 다른 부인이 방을 휘둘러보며 말했다.

부인들이 모두 모이자 자넷과 두 조수가 김이 모락모락 나는 차와 쿠키를 돌렸다. 주간 수업이 오후 5시에 끝나고 주부들이 행복한 얼굴로 머리를 숙여 감사하다는 인사를 하고 나서 작은 전족을 놀려 흩어졌다. 개중 몇 사람이 매주 세 시간 수업에 만족하지 못하고 오후 수업을 하루 더 늘려달라고 요청했다. 자넷이 오후에 비는 시간이 없어서 조수를 시켜 교회에서 별도로 수업을 하도록 했다.

루벤 부부가 농촌 사역 재개를 위해 여러 마을에서 여건이 안정되기를 기다리는 동안, 지난에서 새로운 활동을 할 기회가 생겼다. 자넷은 오전에 디디를 가르쳤다. 화요일 오후에는 피아노 레슨을 했다. 그녀의 피아노 레슨은 인기가 많아서 성탄절 무렵까지 피아노나 오르간을 배우는 학생이 24명으로 불어났다. 비어 있던 오후 시간을 전부 음악 수업으로 채우게 되었다.

주일이 오면 자넷이 아침 예배 때에 작은 리드 오르간을 치는 모습이 눈에 띄었다. "자넷이 연주를 시작하면 오르간이 이토록 풍요하고 아름다운 소리를 내는지 여태 몰랐구나 하는 생각이 들어요." 어느 선교사가 감탄을 했다.

자넷은 자기가 교회 오르간을 아무리 잘 친다 하더라도 자기를 대신할 사람을 길러내야 한다는 사실을 깨닫고 있었다. 예배 음악까지 선교사에게 의존하는 상태가 계속돼서는 안 되었다. 그래서 중국인 소녀 서너 명을 후계자로 정했다. 이때만 해도 공산당 치하에서 이들 가운데 한 명이 교회에서 오르간을 친 죄목으로 외로운 감옥 생활을 견뎌내야 할 처지에 빠지게 될 줄 아무도 상상하지 못했다.

음악 사역에 관계한 사람은 자넷 혼자만이 아니었다. 그해 겨울 수요일 오후만 되면 자넷과 루벤은 난방이 안 된 텅 빈 교회당으로 갔다. 루벤은 현지 중학교 학생들의 합창 클럽 연습을 지도했고, 자넷은 오르간 반주를 했다. 한 시간 정도 학생들과 시간을 보낸 후 루벤이 교회 성도들과 함께 한 시간 반 동안 찬양, 기도, 성경공부를 인도했다. 그는 청아한 바리톤 목소리로 중국 새 찬송에 나오는 찬송가들을 가르쳤다. 추운 교회당에서 서너 시간을 보낸 후 따뜻한 집으로 돌아와서는 선교사들과 수요 저녁 기도회를 가지면서 안식을 얻었다.

1939년 3월, 루벤은 드디어 농촌 지역으로 나가서 위수를 방문하게 되었다. 그곳에 즐비하게 널린 참상들을 보는 그의 가슴이 찢어졌다. 길은 황무했다. 많은 집들이 폐허가 되었다. 어떤 집들은 판자로 구멍들을 막아놓기라도 했지만 창과 문이 입을 딱 벌리고 할로윈의 송장 먹는 귀신처럼 루벤을 응시하고 있는 집들도 있었다. 느리고 슬픈 걸음을 떼는 곳마다 황량한 폐허뿐이었다.

루벤은 숨이 막혀 질식할 것만 같은 상태에서 17년 전 자기가 들렀던 집집마다 사람들이 "하나님이 우리 도시를 구원하셨다"라고 말했던 일이 생각났다. 누가 루벤에게 "그 하나님이 지금은 어디에 계신가?"라고 묻는다면, 루벤은 그에 대답할 준비가 되어 있었다.

위수 전체에서 아직도 꿋꿋하게 서서 바로 그 하나님을 기뻐하는 곳이 한 곳 있었다. 루벤은 교회 구내에 들어서자 분위기가 전혀 다른 것을 느꼈다. 사람들이 학교 건물에서 살고 있었다. 루벤을 보자 급히 다가와 허리를 숙여 인사를 하고 손을 꼭 쥐어주며 한 목소리로 말을 하는 사람들의 얼굴에 기쁨과 사랑과 환영의 뜻이 가득했다. 사람들이 입에 거품을 물며 전하는 하나님의 자비와 보호하심의 이야기에 귀를 기울이다보니 비참한 거리 모습에 흐르던 슬픔의 눈물이 기쁨의 눈물로 변했다.

루벤은 학교에서 교편을 잡고 있는 장로 두 사람의 지도력으로 이룩한 사역의 진보에 대해 기쁨을 금치 못했다. 주일이 돌아왔고 교회는 사람들로 붐볐다. 근처 마을로 피난을 갔던 사람들이 교회로 모여들었다. 키 크고 푸른 눈을 한 목자의 귀환을 환영하기 위해서였다.

그해 봄, 루벤의 재능인 외교력과 유창한 언어가 돋보인 계기가 있었다. 시의 고관들과 일본군의 담당 장교가 참석하는 충푸시 연회에 루벤이 초청을 받았다. 그가 연회장으로 처음 걸어 들어와서 소개를 받았을 때 고관들은 퉁명스럽고 무뚝뚝한 태도로 그를 맞았다. 그러나 루벤은 이에 개의치 않고 곧장 친밀한 모습으로 대화의 물꼬를 텄다.

중국인 성도들은 고관들과 장교가 경계를 푸는 모습을 보며 즐거워하며 경탄을 금치 못했다. 식사가 끝날 무렵이 되어서 그들은 루벤의 중국어 실력에 놀라며 이 외국인에게 노골적으로 존경심을 보이게까지 되었다. 결과적으로, 교회와 충푸시에 사는 기독교인들에 대한 시청 관리들의 태도가 바뀌었고 따라서 사역을 하기도 더욱 쉬워졌다. 아무도 몰랐던 사실 한 가지는, 연회에 참석하기 전 루벤이 기도에 많은 시간을 들였다는 사실이다.

다른 농촌 지역에서 선교회 부동산의 소유권을 둘러싼 문제가 2년 간이나 계속되고 있었으나 중국 기독교인과 미국 선교사들 중 어느 쪽도 그 문제를 해결할 수 없는 지경에 처해 있었다. 루벤은 기도하기 시작했고 2개월 만에 협상을 통해 문제를 쉽게 풀었다. 성도들은 감탄을 하며 이렇게 말했다. "루벤 목사님이 아니었으면 누구도 풀 수 없는 문제였다!"

이런 일도 있었다. 원래는 선량했던 한 성도가 자기에게 맡겨진 금전을 소홀히 취급했다. 2년 간에 걸쳐 좋지 못한 감정이 자라나서 결국 이 남자의 정직성이 의심받게 되었다. 하지만 누구도 이 사람과 직접 논의할 용기를 갖지 못했다. 그때 루벤이 나서서 신뢰하는 태도로 이 사람을 만나 짧은 얘기를 나누었다. 남자는 며칠 후 완벽한 회계장부와 관련된 사람들에게 돌려줄 잔여 자금을 갖고 루벤의 집을 찾아왔다.

충푸 교회는 생명과 열심이 넘쳐흘렀다. 1939년 10월, 루벤 가족은 다시 한 번 가족 단위로 시골 지역에 내려가 보기로 했다. 자넷과 디디에게는 일본군 점령 이후 루벤과 동행하는 첫 여행이었다. 가족은 충푸 교회의 작은 안마당에 있는 건물로 이사를 해서 방 세 개에 살림을 차렸다.

수개월 간의 기도와 계획 끝에 루벤, 중국인 목회자 두 사람, 중국인 여전도인 한 사람이 평신도 지원자를 대상으로 평신도 훈련반을 개설했다. 농촌 마을에서 예배 처소의 숫자가 빠르게 증가했기 때문에 주간 예배를 인도할 순회 목회자가 부족했다. 또, 수백 명이나 되는 등록 교인들을 위한 훈련도 시작하지 못하고 있었다. 결국 평신도들에게 충푸로 와서 목회자들을 돕는 방법을 배우라는 초청장을 보내기로 했다.

수업 기간은 1개월로 하기로 했다. 대개 20세에서 40세 사이 열성적인 남자들 50여 명이 훈련에 지원했다. 20세 이하가 소수 있었고 한 남자는 77세였다. 일과는 오전 6시에 묵상 시간으로 시작해서 저녁 8시 또는 그 이후까지 계속되었다. 집중 성경공부 외에 매일 단체 레크리에이션과 다양한 여가활동 시간이 있었다. 토요일과 주일 오후에 남자들을 여러 설교팀으로 나누고 여러 마을로 보내어 예배를 인도하게 했다.

찬송가 배우기도 훈련 과정에 포함되었다. 자넷이 휴대용 오르간을 치고 루벤이 트럼펫을 불며 인도했다. 치루 대학교에서 온 러셀이란 처녀가 합류해서 훈련 마지막 이틀 간 조리법, 영양학, 경제학을 가르쳤다. 어린이 옷과 장난감을 주제로 강의도 한 번 했다. 이런 과목들은 젊은 남자들이 매우 좋아했다. 둘째 날 오후에는 신문지 뭉치들을 들여놨다. 자넷과 여자 몇 명이 신문지로 옷과 장난감의 본을 뜨느라 젊은 남자들과 함께 날이 저물 때까지 일을 했다. 남자들의 아내들에게 갖다줄 것들이었다.

남자들은 이 과목이 이때까지 자기들이 참석한 수업 가운데 제일 유익한 과목임에도 불구하고 수업 시간이 너무 짧다고 생각했다. 그래서 중국 설을 쇤 뒤 2월에 다시 한 번 더 이 과목을 개설해 달라고 요청했다. 10월 24일 이른 아침, 남자들이 '안녕'을 고하고 집으로 떠날 때 일부는 눈물을 감추지 못했다. 나중에 노회 임원들이 루벤에게 봄이 오면 이와 유사한 훈련을 농촌 세 곳에서 시행해 달라고 요청했다. 이때만 해도 사람들은 머지않아 이런 종류의 훈련이 교회의 리더십과 생존에 전적으로 중요하다는 사실을 모르고 있었다.

12월, 루벤이 노회에 참석하기 위해 지난에 돌아왔다. 중국인 목회자와 평신도 공동체인 노회의 회장으로 뽑힌 것은 루벤에게 의외의 일이었다. 루벤은 이런 영예를 받고 감격했다. 루벤은 사회봉을 넘겨받으면서 중국어로 이렇게 말했다. "여러분이 저를 신뢰하여 내년 노회를 이끌어 나갈 사람으로 선택해주신 것을 깊이 감사하며 겸손히 받아들이겠습니다. 하나님의 도우심으로 제 손에 놓인 책임을 최선을 다해 감당하겠습니다."

자넷이 주관한 주간 여성 성경학교. 매주 월요일 지난의 사택에서 3시간씩 성경공부와 교제가 이루어졌다.

28장 사역의 종언

미일 간의 전운이 짙어지면서 루벤의 조용한 지도력이 더욱 긴요하게 되었다. 그는 마음이 다급해질 때면 예수님의 말씀을 떠올렸다. "때가 아직 낮이매 나를 보내신 이의 일을 우리가 하여야 하리라 밤이 오리니 그때는 아무도 일할 수 없느니라"(요 9:4).

지난 주재 선교사들의 수가 빠르게 줄고 있었다. 1940년 2월, 엠마 보엔이 68세의 나이로 은퇴하며 떠날 때 루벤의 작별 인사는 각별한 슬픔을 띠고 있었다. 그녀는 26년 간 농촌 사역의 가장 가까운 동역자였다. 가족 가운데 하나를 떠나 보내는 마음이 되었다. 한때 25명에 이르던 선교 거점의 인원이 엠마 보엔이 떠난 이후로 6명으로 줄어들었다. 선교회에서는 사역이 가능한 한도 내에서 소위 '줄기 인력'만 임명했다. 루벤도 줄기 인력이었다. 그는 자신의 직무에 대해 말했다. "나도 괜찮은 줄기요.

188센티미터에 90킬로그램짜리!'

그해 봄, 그는 가장 친한 중국인 친구 차오유펑과 가까이서 사역을 했다. 은사가 많은 평신도인 차오는 외아들이 죽고 도박으로 거의 모든 재산과 사업을 들어먹은 후 그리스도인으로서 헌신된 삶을 시작한 사람이었다. 그는 자신을 온전히 하나님께 드렸다. 그와 루벤은 친형제와 같은 사이가 되었다.

극심한 가뭄이 또 다시 농촌 지역에 타격을 입혔고 루벤도 기근 구제에 관여하게 되었다. 이 목적으로 위탁 받은 5만 달러를 필요에 따라 적절하게 배분하는 일이 다시 시작되었다. 구제위원회의 한 회원이 자넷에게 편지를 썼다. "루벤이 기금을 배분하고 결과를 보고하는 방법이 위원회의 중국인과 외국인 모두에게 매우 좋은 인상을 주고 있다는 사실을 알려드리고 싶습니다."

가용 예산이 바닥을 드러내려 하는데도 하늘은 여전히 청명하기만 했다. 하늘 위 어느 곳에서도 구름 한 점을 발견할 수 없었다. 기독교인들은 걱정이 태산 같았다. 가뭄과 필요는 그대로 남아 있는데 돈 주머니는 바닥을 보이고 있었다. 그들은 계속 기금을 베풀면서 비가 오게 해달라는 기도를 더욱 열심히 했다. 드디어 기금이 떨어졌다. 그러자 갑자기 하늘에 구름이 모이기 시작했다. 먼 곳으로부터 천둥소리가 들렸다. 몇 시간이 못 되어 비가 억수같이 퍼붓기 시작했다.

기독교인들은 하늘을 올려다보며 넘치는 감사를 드렸다. "우리들의 믿음이 다시 한 번 시험받았으나 결국 하나님의 신실하심을 다시 한 번 경험했습니다." 사람들이 루벤에게 고백했다. 구호금을 수령한 농부들은 그 돈으로 씨앗을 사서 심어 막대한 가뭄의 피해를 입은 지 수 개월 내로 추수를 기대할 수 있게 되었다.

그해 9월 4일, 루벤 부부는 또 한 번의 고통스러운 이별을 감당해야 했다. '꼬마 막내딸'이 중국에서 고등학교를 졸업하고 미국으로 건너가서 학업을 계속하게 된 것이다. 루벤이 딸을 배를 탈 상하이로 데려다 주었다. 자넷이 감정을 다스리지 못할 것 같아 기차역에서 간단한 작별 인사를 하고 아버지와 딸만 승선할 항구로 가게 된 것이다. 집으로 돌아와 루벤은 자넷에게 이렇게 심정을 털어놓았다.

"배가 멀어지자 멀리 보이는 그 아이가 얼마나 아름다웠는지 모르오. 그리고 심장에서 큰 덩어리가 떨어져 나가 저 멀리 깊은 강 속으로 그 아이와 함께 사라져버린 것 같은 느낌을 받았지. 그 아이가 배 난간에 기대어 서 있는 모습을 보니 인생의 거대하고 새로운 모험을 향해 출발하는 것 같았소. 거대한 기선이 작은 거룻배(아버지와 딸이 이 거룻배로 강을 타고 내려가 항만에 정박해 있는 본선까지 갔다)로부터 멀어지고 아이의 미소와 흔드는 손수건을 나흘 간의 태풍 후 수정같이 맑게 갠 대기가 삼켜버릴 때 갑자기 이런 생각이 들었소. 눈부신 가을의 대기가 클레어와 우리 모두를 감싸고 있는 것과 같이 하나님이 그 아이를 감싸 안고 계시며 넓은 바다를 향해 항해를 시작하는 배를 충만하게 채우고 계신다는 생각 말이오… 그 아이는 이미 하나님께 헌신되어 있고 그분이 항해의 세미한 사항까지 모두 준비를 완료하셨으며 앞으로 만나게 될지 모르는 암초들을 모두 평탄케 하시리라는 생각이 들었소. 또 그분이 클레어나 우리를 낭패하게 하지 않으실 것이라는 믿음이 들자 평강의 물결이 내 영혼을 덮는구려… 내가 확신하는 건 클레어가 하나님의 돌보심 안에 있다는 사실이오."

1940년 10월 8일, 베이징에서 발행되는 영자신문에 다음과 같은 공고가 게재되었다. "워싱턴의 미국 국무성은 중국, 만주국, 홍콩, 프랑스령 인도지나에 있는 모든 미국 시민들에게 최대한 조속히 본국으로 귀환하라는 통지를 내리라고 극동지역 미국 영사관들에게 지시했다."

루벤은 그 기사를 무심히 오려내 관심을 끄는 뉴스 중 하나로 집으로 부치고 나서 농촌 사역을 계속했다. 12월 말, 해외선교 본부로부터 모든 여자와 어린이들은 철수하라는 내용의 긴급 통보가 왔다. 자넷이 본국에 편지를 썼다. "저는 루벤을 떠날 의향이 조금도 없습니다. 제 친구 덴마크 선교사에게 당신도 떠나느냐고 물었더니 '줄기가 떠나면 나도 떠나겠다!'고 하더군요."

다른 선교 거점의 부인들도 대거 미국으로 돌아가기 시작했다. 남아 있는 그들의 남편들이 얼마나 외로운 처지에 있는가를 본 자넷은 자기 남편까지 그렇게 만들고 싶지 않았다. "전쟁이 발발한다면 불확실성과 이별의 고독으로 고통스러워 하며 사느니 차라리 남편과 함께 감옥에라도 가겠습니다." 자넷은 자신이 쓴 편지에서 이렇게 심경을 밝혔다. 동부 교외에 남아 있던 독신 부인들 중 하나가 안절부절못하고 있는 것을 본 자넷은 그녀에게 농담을 건네며 스스로 두려움을 쫓아내도록 도와주기도 했다.

아내와 가족에게 쓸데없이 위험을 자초하게 하는 것이 아니냐는 질문에 루벤은 이렇게 대답했다.

"어리석은 짓을 하거나 불필요한 위험을 무릅쓰려는 게 아닙니다. 우리는 '무모한 짓'을 신봉하지 않습니다. 우리는 '하나님의 섭리를 허황되게 신봉'하고 있는 것이 아닙니다. 다만 하나님의 인도하심을 고대하고 있습니다. 지금까지 확신하고 있는 것은 우리가 여기 머무는 것이 하나님의 뜻이라는 겁니다. 자넷이 디디와 함께 귀국하느냐의 문제에 대한 하나님의 개인적 인도하심을 놓고 아내와 저는 기도해 왔습니다. 우리의 결론은 지금은 떠날 때가 아니라는 겁니다. 우리는 우리의 장래를 모릅니다. 다만, 상황이 심각하다 못해 위험하다는 걸 알고 있을 뿐입니다."

루벤은 말을 이어갔다. "하지만 우리 마음에 평강이 있기에 조금도 걱정하지 않습니다. 우리가 지난보다 작고 구석진 곳에 있다면 생각이 다를 수 있습니다. 우리는 떠나는 분들을 이해합니다. 최악의 경우 후송도 불가능해진다면 우리는 아마 집단수용소에 갇히게 될지도 모릅니다. 그렇지만 그런 일은 안 일어날 겁니다. 음식과 돈이 큰 문제가 될 것은 의심할 여지없이 분명합니다. 하지만, 주님을 위하여 그까짓 것쯤 참아내지 못한다면 그분의 종이라 불릴 자격이 없겠지요. 필요하다면 그리스도를 위해 죽기까지 할 각오가 되어 있습니다. 그러나 그렇게까지 하라는 부르심은 받지 않으리라고 생각합니다."

1941년 6월이 되니 다른 교단 선교사들 모두가 본부로부터 중국을 떠나라는 명령을 받게 되었다. 그해 가을, 미국으로부터 오는 우편 배달이 느려지고 불규칙해지기 시작했다. 캘리포니아에서 발신되는 단파 방송에서 주일 아침마다 미국에 있는 친지들이 중국에 있는 사랑하는 가족에게 보내는 편지를 읽어주었다. 루벤은 가족들에게 편지를 써서 적어도 4주에 한 번은 소식을 꼭 받아 볼 수 있도록 매월 첫째 일요일마다 '트레저 아일랜드' 앞으로 송신하라고 부탁을 했다.

1941년 12월 7일이 마침 그달의 첫 번째 일요일이었다. 오후가 되자 루벤은 친한 친구 존 애버나시와 하룻밤을 함께 지내려고 서부 교외로 차를 몰았다. 애버나시가 갖고 있는 단파 라디오가 루벤 것보다 수신이 더 깨끗하기 때문이었다. 조금이라도 더 명료하게 메시지를 들으려고 그렇게 했던 것인데, 이것이 향후 1년 동안 미국에 있는 가족과의 마지막 접촉이 될 줄 꿈에도 몰랐다.

아침이 되자 대문을 두드리는 소리가 요란하게 들렸다. 한 일본군 장교가 거들먹거리며 들어오더니 일본이 진주만을 공격한 사실을 알리며 존과 루벤이 이 시간 이후로 가택에 연금되었다고 선언했다. 두 사람이 충격을 받은 것은 전날 밤 청취한 라디오에서도 들어보지 못한 소식이기 때문이었다. 루벤은 일본군 장교를 장시간 힘들게 설득한 끝에 자기가 아내와 아이가 기다리고 있는 집으로 돌아가야 하는 이유를 납득시킬 수 있었다. 마침내 허락을 받은 루벤은 사람들로 혼잡한 거리를 헤치며 5.6킬로미터 떨어진 집을 향해 최대한의 속도로 차를 몰았다.

한편, 루벤 집에서는 자넷과 디디가 다른 월요일 아침과 마찬가지로 잠을 깨서 공부를 시작했다. 두 사람이 막 그날의 첫 번째 과목을 시작하려고 자리를 잡았는데 갑자기 아침의 정적이 깨졌다. 바깥 대문 밖에서 쾅 하고 큰소리가 나고, 문들이 여닫히는 소리, 사람 목소리, 기병도가 철컥이는 소리가 들리더니 급기야 징 박은 군화 발자국 소리가 바로 앞 응접실에서 들려왔다. 몇 초가 흐른 후 충성스러운 요리사가 이층 거실 문을 두드렸다.

"들어와요." 자넷이 중국어로 말했다. 겁에 질린 요리사의 얼굴을 쳐다본 자넷은 무언가 심상치 않은 일이 일어났다는 것을 직감했다.

"일본군 장교 한 사람이 부인을 좀 뵙겠답니다." 요리사가 알려왔다.

"곧 내려갈게요." 자넷이 조용한 목소리로 대답하고 디디의 철자법 책을 탁자 위에 내려놓은 다음 요리사를 따라 계단을 내려갔다. 호기심에 찬 디디가 엄마 뒤를 바짝 따랐다. 응접실에는 정복 차림의 일본군 장교가 한 명 서 있고 그 옆에 중국 경찰관 한 명이 서 있었다. 자넷이 응접실에 들어오자 장교가 엉터리 영어로 입을 뗐다. "미국와 일본은 전쟁 중이오. 평화를 사랑하는 시민은 두려워할 것 없소."

왜소한 남부 숙녀가 152센티미터의 키를 곧추 세울 수 있는 대로 세우고 장교의 눈을 찬찬히 들여다보면서 조용한 목소리로 대답했다. "나는 두렵지 않습니다."

순간 일본군 장교는 새로운 적의 유연한 태도에 놀라는 기색이 역력하더니 조금 더 부드러워진 목소리로 더듬거렸다. "당신은 포로요. 오늘 집을 나서지 마시오."

진주만 공격 소식을 모르고 있던 자넷은 장교의 말을 얼마만큼 믿어야 할지 가늠을 할 수 없었다. 순간, 디디가 이날 오후 늦게 동부 교외에 유일하게 남아 있던 미국 아이 집 생일 파티에 초대를 받았다는 게 생각났다. 자넷은 자녀들이 또래 미국인 아이들과 접촉이 거의 없었기 때문에 디디를 그 파티에 꼭 참석시키고 싶었다. 자넷은 급히 물었다. "오늘 오후 내 아들을 생일 집에 데리고 갈 수는 있나요? 바로 길 모퉁이 집인데요. 여기서 한 블록도 안 돼요."

일본군 장교가 그 형편없는 영어 실력으로 생일 파티라는 단어를 알아듣기는 고사하고 선교사가 말하는 긴 문장에다 남부 어조까지 합쳐진 말을 알아들었을 리 만무했다. 그러나 자신의 부족한 영어 실력을 인정하기 싫었던지 그는 자넷의 요구 사항을 몇 번이나 반복하라고 요구하다가 끝내는 손을 들고 말했다. "좋소." 장교는 허겁지겁 발길을 돌려 재빠르게 나가버렸다.

1시 30분이 되자 여자들이 월요 오후 성경공부 시간에 맞춰 모여들기 시작했다. 일본 경비병 하나가 문 앞에 서서 대충 설명을 하며 여자들을 집으로 돌려보냈다. 오후 4시, 자넷과 디디가 파티에 참석하려 집을 나설 채비를 완료했다. 아이들은 특별한 의상을 차려입고 가기로 되어 있었다.

디디가 아주 오래 전 아버지가 결혼식에 참석하러 갈 때 썼던 중산모를 찾아냈다. 그래서 그 중산모를 쓰고 「이상한 나라의 앨리스」에 나오는 '매드 해터' 노릇을 하기로 했다. 디디가 실크 모자에 코트를 걸치고 자넷과 함께 대문을 열고 밖으로 나가 아무 일도 없다는 듯 천천히 길을 걸어 이웃집으로 향했다.

문을 지키고 있던 일본 경비병이 놀라서 착검을 한 채 차려 자세를 취했다. 두 미국인은 안중에 아무도 없다는 듯 계속 걸었다. 그러나 두 사람이 토런스 댁 현관문 근처에 다다랐을 때 한 중국 경찰관이 상기된 얼굴로 뜰 안에 뛰어 들어왔다. 그는 사과라도 하려는 투로 설명했다. "자넷 씨, 일본 사람이 그러는데 허가 없이 왔으니 여기서 움직이지 말고 서 계시랍니다."

29장 전쟁포로들

자넷은 공포에 질렸다. '우리 집에서 한 블록 떨어진 토런스 씨 집에서 언제까지일지도 모르는 동안 루벤과 떨어져 지내게 될지 모른다'는 생각이 스쳤다. 루벤만 옆에 있다면 어떤 상황이라도 헤쳐 나갈 수 있었다. 그러나 루벤 없이 누군가 다른 사람 집에 고립되어 있다는 건 상상도 할 수 없는 일이었다. 자넷이 중국말로 얼른 설명을 했다. "그렇지만 아침에 우리 집에 온 장교 분은 여기 와서 파티에 참석해도 좋다고 허락하셨어요. 저는 친구 집에 머물 수 없어요."

"달리 방도가 있는지 생각해보겠습니다." 경찰관이 걱정스런 얼굴로 대답하고 타고 온 자전거에 껑충 뛰어 올라타더니 정원을 쏜살같이 빠져나갔다. 손님을 맞으러 현관까지 나왔던 공포에 질린 어린 소녀와 엄마에게는 영겁의 시간같이 길게만 느껴진 몇 분이 흘러간 뒤 그 경찰관이 돌아왔다. "귀가해도 괜찮다는 허가가 나왔습니다." 경찰관은 안도한 표정으로 알렸다. "단 즉시 떠나셔야 합니다."

파티는 시작도 되기 전에 파해버렸지만 자넷과 디디 누구도 섭섭해 하지 않았다. 당시 그들의 머리 속에는 귀가한다는 생각 밖에 없었다. 두 사람은 실망의 빛이 역력한 초청자들에게 작별 인사를 하고 돌아서서 자전거를 끌고 따라오는 중국 경찰관과 함께 정원을 나섰다. 모자가 2.5미터 높이의 토런스 씨 집 담 밖으로 나오자마자 일본 군인 두 명이 불쑥 나타나더니 대검을 착용한 채 침울한 표정으로 입을 꾹 다물고 '매드 해터'와 그의 어머니 앞에서 걸었다. 중국 경찰관도 여전히 이 미국인들 옆에서 걸었다.

자넷은 누군가 뒤에서 따라오고 있다는 느낌을 받았지만 감히 뒤를 돌아볼 수 없었다. 그녀는 얼굴을 약간 돌려 곁눈으로 옆을 훔쳐보았다. 그녀의 짐작이 맞았다. 또 다른 일본 경비병 둘이 모자의 등에 대검을 들이대고 조용히 이 이상한 행렬의 후미를 따라오고 있었다.

마침내 무사히 집 안으로 들어서자마자 자넷은 네 명의 일본 경비병들을 밖에 두고 대문을 걸어 잠갔다. 그런 후에야 사형 집행을 유예 받은 사람이라도 된 듯 안도가 되었다. 그녀는 집에 들어서자마자 남편을 끌어안고 큰소리로 외쳤다. "이제 다시는 어디 가서 오래 있지 않을 거예요."

루벤 부부는 허가를 받아 남부 교외의 영어예배에 참석한 다음 주 일요일까지 아무 데도 나가지 않았다. 루벤 가족의 새 삶은 일본군의 가택 연금 상태에서 시작되었다. 일체의 선교 활동이 중단되고 허가 없이는 집 밖으로 나갈 수 없었다.

치루 기독대학교 캠퍼스 내에 있는 아름다운 쿰러기념교회에서 외국인 공동체를 위한 예배가 열렸으나 진주만 폭격 이후 교회가 일본군 사령부용으로 징발되었다. 대신, 외국인들은 캠퍼스 출입 철문 바로 안쪽 자그마한 성공회 예배당에서 예배를 드릴 수 있게 되었다. 장기 허가가 나오는 법은 없었다. 항상 '당분간' 이었다. 사람들은 미래를 예측할 수 없는 상태에서 항상 불안해했다. 지난에 남은 선교사라곤 고작 30명 내외로 영국, 스코틀랜드, 아일랜드. 미국 선교사들이었다. 진주만 폭격 이후 첫 주일 예배에 온 사람들은 이들 선교사들뿐이었다.

이날 오후 예배만큼 루벤과 자넷에게 의미가 깊은 예배는 없었다. 늘 부르던 찬송가였지만 그 어느 때보다 새롭고 깊은 의미로 다가왔다. 자넷은 '내 갈길 멀고 밤은 깊은데'를 부를 때 '친절한 빛'이 주님을 가리킨다는 것 등 모든 가사가 생생한 기도가 된다는 사실을 새삼 깨달았다. 일본 경비병들이 뒤에 서서 귀를 기울이고 있는 가운데 '주 견고한 반석'도 불렀다. 자넷의 귀에 모든 가사가 처음 듣는 가사처럼 새롭게 들렸다. "주님의 성도들아… 피난처 되신 예수."

마지막 절을 반복해서 부르자 실감이 났다. "피난처 되신 예수께 피하라!' 일본군에게 포로된 자들이 찬송을 계속했다. "두려워 말라. 내가 너와 함께하리니. 나는 너의 하나님이니 두려워 말라. 내가 너를 구원하리라. 내가 너를 강하게 하고 너를 도우리라. 너를 일어서게 하리라." 모든 약속은 성경으로 말씀하신 것이었다.

작은 오르간이 3절 반주를 계속 이어갔다. "깊은 물이 일렁일 때 내가 너를 불러 가게 하노라." 자넷은 생각했다. '포로가 되는 것보다 더 일렁이는 깊은 물이 있을까?' 4절 가사도 이에 못지않게 의미심장했다. "불시험이 네 앞길에 놓여 있을 때…" 앞길을 모르는 이들의 눈에 눈물이 비쳤다. 마지막 절 가사를 부를 때는 분명하고 담대한 목소리가 되었다. "예수께 의지한 내 혼아 적에게 굴복치 않으리… 결코 굴하지 않으리."

작은 무리의 선교사들은 찬송을 계속하며 마음을 다스리고 스스로를 더욱 꼿꼿하게 일으켜 세웠다. 이날 아침, 한량없는 평강과 용기가 루벤과 자넷을 감쌌다. 이때 받은 평강과 용기는 그 이후 닥친 시험과 불확실성을 몇 달 동안 이겨내는 데 큰 힘이 되었다.

루벤 부부가 포로가 되었을 당시 루벤 수중에 3천 달러의 선교 자금이 있었다. 이 돈은 루벤 부부, 토런스 부부, 매리 도날드슨, 힐마 메더레어 사이에 균등하게 배분되었다. 이 돈이야말로 당분간 자기들이 만져보는 마지막 돈이라는 걸 모두가 알고 있었다. 이런 농담도 나왔다. "남침례교단의 존 애버나시가 이 동네에서 최고 갑부 선교사란 말이지. 금고에 1만 달러나 있으니까"(그 돈은 일꾼에게 지불할 품삯이었다). 임금 지불은 중국인들이 그를 만나는 것이 금지되어 있었기 때문에 바깥 어둠 속에서 기다리는 기독교인 일꾼들에게 돈을 담 너머로 던져주는 식으로 해야 했다.

덴마크인인 힐마 메더레어만 유일하게 자신의 사역인 조산원 일을 계속할 수 있었다. 그렇다고 그녀에게 문제가 없었던 것은 아니다. 어느 날 밤, 그녀는 자정쯤 한 아기의 순산을 도우러 가기 위해 일본 경비병의 '보호'를 받으며 집을 나섰다.

루벤 부부와 25년을 함께한 충직한 요리사가 가장 귀중한 중국인들과의 연결 고리가 되어주었다. 그는 아무데서나 누구와도 자유롭게 만날 수 있었다. 중국 기독교인들과 루벤의 이웃들은 이 사람을 통해서 서로 의사교환을 했다. 루벤의 이웃들은 혹시 루벤 집에 먹을거리가 떨어지지나 않았을까 늘 걱정을 했다. 음식은 밤에 손에서 손으로 전해졌는데 달걀, 병아리, 기장 자루, 기타 먹을거리였다.

하루는 사업장을 몇 개 소유한 친구가 요리사 쉬시푸를 길에서 우연히 만났다. 그가 조용히 말했다. "목사님에게 돈이 필요하면 언제든지 자네 편에 전해주겠다고 말씀 드리게. 글로 쪽지를 쓰시게 하면 안 되네. 당국에 걸리면 문제가 복잡해지지. 필요한 걸 자네에게 말씀으로 전하면 내가 보내드리겠네."

수 개월 뒤 일본군 문지기들이 중국인으로 바뀌었다. 중국인들이 밤늦게 루벤 집 정원으로 슬쩍 들어오기도 쉬워졌다. 어느 날 밤 위수에서 목회자 두 명이 루벤을 찾아왔다. "아시다시피 지금 우리 지역에 3천 명의 기독교인이 있습니다. 그 사람들 모두가 선교사님에 대해 걱정이 많습니다. 음식을 살 돈이 부족하지나 않으실까 하고 말입니다. 사정을 좀 알아보라고 저희들을 보냈습니다. 3천 명이 각기 1달러씩만 보태도 3천 달러를 갖다 드릴 수 있거든요."

"감사합니다. 리 목사님." 루벤이 진정을 담아 대답했다. "하지만 저희들은 현재 잘 지내고 있습니다. 아직 돈이 필요한 형편은 아닙니다. 저희들이 필요하다고 알려드릴 때까지는 교인들로부터 모금을 하지 말아주세요."

루벤은 우선 자넷이 디디를 가르치는 일을 열심히 도왔다. 얼마 후 다른 사역의 기회가 생겼다. 중국인 교회를 지도하러 파송돼 온 일본 목회자들이 루벤을 찾아와 조언을 구하기 시작했다. "중국인 교인들에게 가까이 다가갈 수 있도록 도와주실 수 있겠습니까?' 그들이 부탁했다. 루벤은 믿음으로 그리스도 안에서 하나가 되면 좋지 않겠느냐는 생각에서 자신의 기독교인 친구들과 기독교인 적들 사이의 접촉 창구 역할을 맡게 되었다.

일본군 장교가 이런저런 핑계를 대며 집에 거의 매일 찾아왔다. 그들은 야금야금 루벤 가정의 기본적인 가구를 거의 모두 '사갔다.' 루벤이 내놓기 가장 어려웠던 물건은 자넷의 매제가 선사한 충직하기 그지없는 닷지 차였다. 일본인 운전자가 차를 가져가려고 왔길래 루벤은 그에게 자동차 열쇠를 건네주면서 자동차가 사라질 때까지 차고 근처에 얼씬도 하지 않으리라 마음을 굳게 먹었다.

그런데 조금 있다가 그 빨간 코 장교가 집안에 다시 들어왔다. "시동이 안 걸리오." 장교가 얼뜬 표정으로 자신의 무능을 인정했다. 루벤은 치미는 화를 억누르며 밖으로 걸어 나가 시동이 걸릴 때까지 차를 밀었다. 운전자가 기어를 갈아 넣고 언덕을 내려가 해자를 건너서 성곽 문을 통과하더니 시야에서 사라졌다.

일본 군인이 찾아올 때마다 그가 무슨 짓을 할지 몰라 요리사의 얼굴에 두려운 빛이 서리곤 했다. '아마 이번에는 선교사님 내외분을 데려다가 수용소에 감금할지도 몰라.' 요리사는 늘 이런 상상을 했다. 그러나 일본군들은 항상 루벤 가정의 물건들을 가져가는 것으로 만족했다. 균형 잡힌 식사를 못하는데다가 불안한 상태에서 오는 스트레스 때문에 루벤의 체중이 몇 달 만에 27킬로그램이나 줄었다. 드디어 6월 초, 발표가 나왔다. "상하이로 떠날 준비를 하시오. 미국으로 송환될 것이오."

통지를 받은 루벤과 자넷은 서로의 얼굴을 살폈다. 안도감이 몰려와서 금방 "주님을 찬양합니다" 하고 외치고 싶었지만 어쩐 일인지 목이 메어 어떤 말이나 감정도 표현할 수 없었다. 소망을 갖는 것도, 안도감을 느끼는 것도, 기쁜 감정을 표현하는 것도 모두 두렵기만 했다. 잠시 침묵이 흐른 뒤 자넷이 입을 떼었다. "이 얘기를 믿어도 돼요?"

"누가 알겠소?" 루벤이 체념 섞인 투로 대답했다. "상하이 집단수용소에 갇힐지도 모르오."

"우리를 송환하려 했다가도 일단 우리가 집 밖으로 나오면 마음이 바뀔지도 모르잖아요." 자넷이 본시 그녀답지 않은 비관적인 반응을 보였다. "항상 최선을 바라야 하지만 최악의 경우에도 준비가 되어 있어야겠지." 부부는 디디가 있는 자리에선 희망적이고 즐거운 분위기만 보여주려고 노력하면서 짐을 꾸렸다.

이번에는 축하연이나 송별 파티, 선물 따위는 없었다. 거칠 것 없다는 태도로 왔다가 간 사람은 어느 독일인 의사 부부뿐이었다. 그들은 물론 일본에 잡힌 전쟁 포로 신세가 아니었다. 자넷이 물었다. "당신이나 아이들이 쓸 물건이 있어요?"

"그럼 있지. 아이들 책." 루벤이 얼른 대답했다.

수년에 걸쳐 모은 굉장한 부피의 애들 책을 짐으로 꾸리며 루벤 부부의 마음이 울적해졌다. 교과서며 학용품들이 추억의 파도가 되어 홍수처럼 부부를 덮쳐왔다. 자넷의 누이가 3년 전에 거실을 꾸미라고 준 예쁜 벨루어 커튼으로 짐 상자들을 덮었다.

검사를 받느라 가방을 열어놓고 있는데 독일인 친구들이 작별인사를 하러 왔다. 몇 가지 은제 물건들이 일본군 장교 눈에 띄었다. 그물코 지갑, 혁대 버클, 냅킨 고리, 사진 액자 등 모든 것들이 자넷이 몇 년 동안이나 애지중지하던 것들이었다.

"이것들은 못 가져가오." 장교가 소리쳤다. 실망의 빛이 잠시 자넷의 얼굴을 스쳐갔다. 열린 가방을 응시하며 자넷은 숨을 거둔 친구에게 작별 인사라도 하듯이 자기의 작은 보물들을 한참 동안 들여다보았다. 잠시 후 자넷이 고개를 들어 검사관을 똑바로 쳐다보며 분명하고 결의에 찬 목소리로 말했다. "이 물건들을 가져가지 못한다면, 제 친구들에게 주겠어요."

일본군 장교의 표정이 잠시 어두워졌다. 장교는 자기가 그것들을 가지려 했다는 말을 체면 때문에 차마 하지 못하고 있는 게 분명했다. 자넷이 물건들을 손으로 쓸어 담아 독일인 의사 부인에게 건네자 그제서야 장교는 볼멘소리로 입을 열었다. "좋소."

물건들을 받아들였으면서도 자넷의 눈을 들여다보는 마리아 슐츠의 눈은 이렇게 말하고 있는 듯 했다. "당신 대신 보관하고 있겠어요." 그러나 두 여인 모두 서로 만날 기회가 다시는 오지 않으리라는 것을 알고 있었다.

루벤 부부가 중국을 떠난다는 소식이 중국인들에게 전해지자 차오유펑이 자기 부인을 루벤 집으로 보냈다. 남자보다는 여자가 사람들 눈에 덜 띄게 마련이었다. "목사님도 아시다시피 저희들은 집이 두 채가 있어요. 미국으로 귀국할 여비가 없으시다면 두 집 중 세를 놓고 있는 집을 팔아서 드리기로 했어요."

루벤은 솟아나는 눈물을 참느라 애를 썼다. 차오 가족의 유일한 수입원이 바로 그 방 세 개짜리 작은 집이라는 걸 너무도 잘 알고 있었기 때문이다. 루벤은 감사를 표하며 머리를 깊이 숙여 인사를 하고 나서 이렇게 말했다. "차오 부인, 이번에는 처음으로 우리 돈을 한 푼도 들이지 않고 여행을 하게 되었습니다. 우리들은 송환되는 겁니다. 그렇게 말씀해주신 것만으로도 고마운 뜻을 잘 알겠습니다."

루벤 부부에게 마지막으로 남은 가구들 중에 침실 가구가 있었다. 출발 전날 밤 자넷은 남편에게 말했다. "루벤, 당신이 우리 용도에 맞게 주문해서 만들어 온 예쁜 백색 화장대와 경대를 밖으로 내가느라 군인들이 위층 거실을 마구 밟고 다니는 꼴은 정말 못 봐주겠어요. 요리사한테 부탁해서 당신과 함께 모두 잔디밭으로 내놓으세요. 빼앗아 가는 꼴은 절대 못 봐요."

이튿날 일찍이 자넷이 거실 창문을 통해 마지막으로 밖을 내다봤다. 밤새 바람이 불어와 그녀의 백색 화장대 위를 스치고 지나갔다. 유리 세 장은 모두 박살이 났다. 그녀의 마음속에서 갑자기 커다란 슬픔이 차올랐다가 금방 사라졌다. 창가를 돌아서는 그녀의 가슴속에 친숙하지 않은 일말의 체념이 들어왔다. 물질을 소유하는 것은 이미 그녀에게 아무런 의미가 없었다.

전날 밤 늦게 가구들을 끌어낸 다음, 날은 이미 깜깜하게 어두워진 시간, 누가 대문을 두드리는 소리가 났다. 요리사는 경비병들이 구역을 순찰하는 틈을 타서 몰래 찾아드는 사람들에게 익숙해져 있었다. 조그만 소리만 나도 그는 귀를 쫑긋 세웠다.

그는 황급히 나가서 루벤이 절친하게 지내는 중국인 목사 두 명을 대문 안으로 들여보냈다. 그 목사들은 루벤과 업무적으로 긴밀하게 동역하는 사람들이었다. 루벤 부부가 이튿날 출발을 위한 최종 준비를 하고 있는데 요리사가 그들을 방으로 급히 안내했다. 루벤은 그들을 서재로 데리고 들어갔다. 이곳에 오려면 목숨을 걸어야 할 만큼 위험하다는 것을 잘 알고 있는 그들은 단 몇 분 간만 머물렀다. 세 사람에게는 많은 말이 필요 없었다.

세 사람은 벅찬 가슴을 안고 머리를 숙이고 마지막 기도를 드렸다. 그때 그 중 한 명이 말을 꺼냈다. "목사님, 지금 이후로 목사님에게, 저희들에게, 또 중국에 무슨 일이 일어날지 저희들은 모릅니다. 그렇지만 이것만은 알아두십시오. 박해가 오건 죽음이 오건 우리들은 주님께 진실할 겁니다."

셋은 서로 부둥켜안았다. 그들의 얼굴 위로 진한 눈물이 주르륵 흘러내렸다. 도둑같이 살그머니 들어왔던 두 목사가 도둑같이 조용히 어둠 속으로 사라졌다.

이튿날 1942년 6월 13일 저녁, 특별 경호원들이 루벤 부부를 역까지 호송하러 왔다. 자기들 가방까지 챙겨 온 경호원들이 맨 마지막으로 대문 밖으로 나와 대기하고 있는 인력거로 갔다. 루벤과 자넷은 '과연 집과 친구들을 다시 볼 수 있으려나?' 하는 생각은 아예 잊기로 하고 평상의 감정을 유지하려고 애썼다.

열두 살짜리 디디는 부모와 함께 있는 것만으로도 안심인 것 같았다. 아이는 목적지에 갈 수 있을지 없을지 모른다는 사실조차 알지 못했다. 그저 함께 떠나는 게 신날 뿐이었다. 디디의 생각으로는 자기들은 지금 형제자매들이 살고 있는 곳, 아무 고통도 없는 위대한 나라 미국을 향해 출발하고 있었다.

기독교인인 일본인 의사가 집을 접수하러 현관에 서서 기다리고 있었다. 그의 요리사와 아내는 이미 구내에 있는 다른 주택에 입주를 완료했다. 쉬시푸는 가구를 치울 때도 울더니 지금은 작별 인사 한 마디를 할 수도 없는 처지에서 면도로 민 까까머리를 숙이고 있었는데 그의 둥근 얼굴 위로 눈물이 흘러내리고 있었다. 그의 옆에는 그의 사랑스런 아내가 단이 짧은 청색

윗도리에 짝이 잘 맞는 바지를 단정하게 차려 입고 작은 전족을 신고도 몸의 균형을 잡으며 서 있었다. 미소 띤 얼굴로 고개 숙여 작별 인사를 하면서 동양의 전형적인 침착성을 어떻게든 유지하고 있었다.

루벤 부부가 이 충성스런 부부에게 머리 숙여 인사를 하고 그들의 손을 따뜻하게 잡아주며 긴 세월 동안 사랑으로 섬겨준 데 대해 고마움을 표시했다. 자넷이 일본인 의사 쪽을 향해서 "안녕히 계세요" 하며 가슴 아픈 작별 인사를 했다.

일본인 목사가 일본어 신약 성경을 펴서 야고보서 1장 2-3절을 가리켰다. "내 형제들아 너희가 여러 가지 시험을 당하거든 온전히 기쁘게 여기라 이는 너희 믿음의 시련이 인내를 만들어 내는 줄 너희가 앎이라."

자넷이 미소 띤 얼굴로 말했다. "네, 저도 그 말씀을 알아요. 영어 성경으로 읽어 보겠습니다. 다시 만나 뵈었으면 좋겠어요." 일본인 의사는 아무 대답도 하지 않고 희미한 미소를 지으며 앞을 내다보기라도 하듯이 하늘을 가리켰다.

역에 도착하자 호기심에 찬 구경꾼들이 떼로 몰려와 이 미국인 부부를 둘러쌌다. 갑자기 한 사내가 사람들 사이를 헤치고 들어와 루벤을 향해 결코 잊지 못할 표정을 오랫동안 지어 보였다. 차오유핑이었다. 그는 힘찬 악수를 한 번 하더니 나타날 때와 같은 재빠른 동작으로 루벤을 떠나 곧 낯선 군중의 바다 속으로 사라졌다. 선교사 부부는 무거운 마음으로 기차에 올랐다. 하나님의 사랑과 돌보심이 그들 부부를 감싸고 있다는 느낌이 확연했다.

기차가 움직이려 할 순간 독일인 의사 친구가 군중 속에서 앞으로 나오더니 열린 기차 창문 안으로 똘똘 뭉친 신문지를 재빨리 넣어주었다. 기차가 증기를 뿜으며 출발하자 루벤 부부는 뭉치를 풀었다. 평범해 보이는 신문지로 조심스럽게 싼 물건은 자넷의 은제 보물들이었다.

기차가 속도를 내고 루벤 부부는 빈틈없는 경호를 받으며 알 수 없는 앞날을 향해 밤길을 떠났다.

지난에서 루벤과 루벤 가족의 크고 작은 일들을 헌신적으로 섬겨준 요리사 쉬시푸와 그의 부인.

30장 송환

약 24시간 뒤, 기차가 상하이에 도착했다. 100명의 송환자를 태운 버스들이 한때 우아함을 자랑하던 콜롬비아 컨트리 클럽을 향해 달렸다. 자정이 되자, 루벤과 디디가 볼링 레인에 설치한 좁은 침대를 배정 받았고, 자넷이 줄줄이 놓인 간이침대 위에서 자는 여자들이 꽉 들어 찬 넓은 방을 배정 받았다. 빈 간이침대가 두 개 있어서 그 중 하나를 겨우 고르고 나니 불이 나갔다. 이렇게 이상스런 환경에서 잠을 청해야 하는 루벤 부부에게 송환은 아직도 '너무 좋아서 믿을 수 없는 것'이었다. 포로수용소 수용을 대비한 단련을 시작한 셈이었다. '이게 바로 그건지도 몰라' 하는 생각이 들기도 했다.

그러나 이튿날부터 상하이에 있는 친구들을 만나도 좋다는 허락이 떨어지자 의심이 사라지기 시작했다. 이후 2주 동안 밤에는 컨트리 클럽에서 자고, 낮에는 교회 예배에 참석하거나 친구들 집에서 식사를 할 수 있는 등 비교적 자유롭게 지낼 수 있었다. 이때까지 상하이에는 수개월 후에나 송환될 선교사들이 머물고 있었다.

6월 29일, 일본군은 루벤 부부를 포함한 동료 미국 선교사들을 새벽 2시에 기상시켰다. 그리고 새벽 3시에 아침을 먹이고 버스에 밀어 넣었다. 알 수 없는 미래에 대한 불안함이 다시 한번 루벤과 자넷의 마음을 가득 채웠다. '정말 우리를 집으로 돌려보내려고 하는 걸까? 아니면 일본인들의 잔인한 농간일까?'

버스가 컨트리 클럽을 빠져 나올 즈음에 비가 내리고 있었다. 새벽 5시, 도합 636명의 미국인들과 캐나다인들이 눈을 크게 뜨고 김이 서린 버스 창문을 통해 밖을 내다보고 있었다. 어디로 가는 걸까? 버스가 덜컹거리며 한참을 달리고 나자 전류와 같은 흥분이 사람에게서 사람으로 전해지기 시작했다.

루벤과 자넷 눈 앞에 부두가 모습을 드러냈다. 버스가 조금 더 가까이 다가서자 정박 중인 흰색 대형 선박의 형체를 알아볼 수 있었다. 이른 아침 안개와 빗속으로 보이는 그 모습이 전쟁에 넌더리가 난 루벤 부부의 눈에는 유령선처럼 보였다. 버스가 뱃전과 나란히 주차하자 루벤은 높게 솟은 뱃머리에 까만 페인트로 '콘테 베르데'라고 쓰인 이탈리아어 배 이름을 소리내어 읽었다.

30장 송환 275

"송환이다. 송환!" 누군가가 소리를 질렀다. 그 소리는 외침이라기보다 흐느낌으로 들렸다. 많은 사람들이 기쁨의 눈물을 흘렸다. 사람들이 배에 몰려 들어가면서 자리를 잡느라 서로 걸려 넘어지고 짐들과 짐꾼들이 뒤섞여 혼란한 와중에 루벤 부부도 밀고 밀리는 고생을 했다.

낮 12시, 배가 닻을 끌어 올리고 조수를 기다리려고 강을 내려갔다. 루벤 가족 세 사람은 일단 자리를 잡고 갑판으로 올라가 상황을 살폈다. "이번 작별은 아주 다르군." 루벤은 중얼거렸다. 배가 서서히 강을 따라 내려가고 있었지만, 손을 흔들어 작별 인사를 하고 배에 달린 색끈을 붙들고 놓지 않는 친지들 같은 건 없었다. 일본군 장교, 신문 기자, 부두 노동자 등 몇 명만이 비를 맞으며 대형 선박이 선창을 빠져나가는 모습을 바라보고 있었다. 콘테 베르데 호는 포르투갈령 남아프리카에서 서방 주재 일본 외교관들과 교환하기로 된 북남미 시민 1,600명을 수송하는 두 척의 선박 가운데 하나였다. 다른 한 척의 선박인 일본 선적 아사마 마루 호가 같은 날 요코하마에서 출항했다.

일단 배를 타고 난 루벤과 자넷은 완벽한 휴식을 취하면서 지나간 일들을 곱씹어볼 수 있는 기회를 가졌다. 배 안 여기저기를 돌아다니면서 다른 선교사들과 얘기를 나눈 결과, 하나님께 감사를 드릴 일이 많이 있다는 사실을 알게 되었다. 여기 사람들 중 많은 수가 포로수용소에서 나온 사람들로서 루벤 부부가 겪은 것보다 훨씬 더 심한 박탈의 고통을 당한 터였다.

어느 날 루벤이 갑판에 서서 멀리 끝없이 펼쳐진 깊고 푸른 대양의 출렁이는 물마루를 바라보며 입을 열었다. "7개월 간의 구금 생활을 중국 사역 10년과 맞바꿀 수는 없지. 그리스도가 그때만큼 가까이 계신 것처럼 느낀 적이 없었소. 때때로 손을 뻗으면 그분이 만져질 것만 같았소!"

"맞아요." 자넷이 대답했다.

콘테 베르데 호가 태평양에서 인도양으로 들어섰다. 7월 5일 싱가포르에 정박할 때까지 루벤이 본 배는 한 척도 없었다. 아사마 마루 호도 7월 6일 콘테 베르데 호 근처에 정박했다. 사흘 후, 두 선박은 아프리카로 향했다. 아사마 호가 우현 쪽으로 800미터 정도 떨어져서 콘테 베르데 호보다 약간 앞서서 항진했다. 어느 날 밤 어두운 파도 건너편으로 일본 교환선을 바라보며 루벤은 디디에게 말했다. "휘황한 불빛과 불빛에 비친 흰색 십자가들을 보고 있으니 아사마 호가 빛나는 동화 속 궁전 같구나."

공해상에서 불을 켠 선박은 이 둘밖에 없었는데 중립 선박이라고 쓴 간단한 표지를 달고 있었다. 배가 싱가포르 항구를 떠난 후 로렌수 마르케스 강 어구에 이를 때까지 13일 동안 생명의 기미라곤 찾아볼 수 없었다. 바다로 향하던 화물선 하나가 그들 쪽으로 왔다. 배가 가까이 다가오자 콘테 베르데 호에 타고 있던 루벤 부부와 다른 송환자들은 휘날리는 성조기를 진주만 사건 이후 처음으로 보게 되었다. 많은 이들의 얼굴에서 눈물이 흘러내렸다. 화물선은 중립 항구로부터 보급품을 수송하고 있는 게 분명했다. 그 배가 하도 가까이 지나갔기 때문에 두 배에 탄 승객들은 서로 손을 내밀면 악수라도 할 수 있을 것 같았다.

화물선의 한 선원이 콘테 베르데 호를 향해 진한 남부 사투리로 "스파게티 드릴까요?" 하고 크게 말했다.

웃음보가 터지고 누군가가 이쪽에서 남부 사투리를 흉내내어 "어디 가세요?" 하며 농담을 되받아쳤다.

"우리도 알았으면 좋겠네요!" 하는 대답이 분명한 소리로 돌아오고, 화물선은 잠수함들이 널린 대양으로 항진했다. 한 시간 뒤 콘테 베르데 호는 방금 부두에 정박한 엄청나게 큰 스웨덴 호화선 그립스홀름 호 옆에 다가갔다. 그 호화선은 1,600명의 일본인들을 태우고 미국에서 막 도착한 참이었다. 일부 일본인들은 미국에서 여러 해 동안 거주했던 사람들이었다. 콘테 베르데 호와 아사마 마루 호 승객들은 그립스홀름 호 승객들과 배를 바꿔 탈 예정이었다. 콘테 베르데 호가 천천히 정박할 때 한 승객이 그립스홀름 호 쪽에다 대고 소리쳤다. "음식은 어때요? 아이스크림도 있나요?"

루벤은 살이 빠져서 입은 옷이 자루처럼 처져 내렸다. 그립스홀름 호에 탑승해보니 스웨덴 호화선에서 내오는 매끼가 추수감사절 만찬 수준이었다. 루벤과 자넷은 배에서 내리는 일본인들을 보며 측은한 생각을 금할 수 없었다. 일본으로 돌아가면 고난과 아사 직전의 굶주림에 시달릴 것이 분명했기 때문이다. 일본인 송환자들 가운데 많은 이들이 미국에서 넉넉하고 번창하는 생활을 하고 있었기 때문에 미국을 떠날 생각이 없던 사람들이었다.

그립스홀름 호에 탑승하는 미국인들은 수척한 얼굴을 하고 맞지 않는 옷을 걸친 가난한 피난민 행색이었다. 그립스홀름 호는 엿새 간을 항구에 머무른 후 7월 28일 드디어 남대서양 횡단 항해를 조심스럽게 시작했다. 이 배도 콘테 베르데 호와 아사마마루 호처럼 밤마다 불빛을 휘황하게 밝혔다. 20일 간의 위험한 항해 도중에 20분 간격으로 공격 가능성이 있는 배들을 향해 무선 메시지를 보냈다. "여기는 중립 스웨덴 선박 그립스홀름 호입니다. 안전통행권을 보장하십시오! 여기는 중립 스웨덴 선박 그립스홀름 호입니다. 안전통행권을 보장하십시오!"

승객 1,600명 가운데 800명이 선교사였다. 중국에서 온 한 고참 사업가가 이렇게 말했다. "세상에 이렇게 많은 선교사들이 있는지 몰랐습니다."

8월 9일, 그립스홀름 호가 아름다운 리오데자네이로 항에 다다랐다. 루벤 부부는 시가지 하늘 높이 보이기 시작하는 그 유명한 그리스도 동상을 놀라움을 가지고 바라보았다. "루벤, 항상 리오에 와 보고 싶었어요." 자넷이 눈을 반짝이며 말했다. "그 꿈을 이루려고 일본 포로가 되었다고 생각하면 놀랍지 않아요?"

"시편 기자가 말했지. '여호와를 기뻐하라 그가 네 마음의 소원을 네게 이루어주시리로다.'" 시가지가 점점 크게 보이기 시작하고 루벤은 아내에게 시편 말씀을 상기시켜주었다. 루벤 부부가 이틀 반에 걸쳐 리오 관광을 흡족하게 마친 후 배는 뉴욕을 향해 마지막 구간의 항해를 시작했다.

일주일이 지났을 즈음 갑판 위에 있던 어떤 사람이 바다 위에서 이상한 물건을 봤다. 그가 "루벤 씨" 하며 근처 의자에 앉아 책을 읽고 있는 루벤을 불렀다. "잠깐 와서 이걸 좀 보세요."

루벤은 읽던 책을 옆으로 치워두고 그 사람이 가리키는 곳으로 얼른 뛰어갔다. "가라앉은 배의 일부 같군요." 루벤이 상기된 얼굴로 말했다. 바로 그때 그립스홀름 호의 엔진이 회전을 시작했다. 선미 한쪽으로 거품이 넓게 일었다.

"보세요. 항로를 바꾸고 있어요!"

두 사람이 무언가를 보고 있으니까 갑판 위에 있던 사람들이 모두 달려왔다. 선박이 조심스럽게 잔해 주위를 돌 때 사람들이 흥미진진하게 계속 관찰했다. "배의 선체가 틀림없습니다." 사람들이 가까이 오자 루벤이 그들에게 설명했다. "아마 나치 어뢰에 격침 당한 것 같군요."

"선장이 지금 생존자를 찾고 있어요." 누군가가 함교 쪽에서 오면서 소식을 전했다. 흥분한 사람들의 소리를 듣고 있던 자넷과 디디가 난간에서 루벤을 만났다. 한 시간 후, 그립스홀름 호는 다시 항해를 시작하고 북아메리카 대륙을 향해 항진했다.

"구조해야 할 사람이 없었나 봐요." 디디가 실망 섞인 목소리로 말했다.

8월 24일까지는 별로 재미있는 일이 일어나지 않았다. 루벤과 자넷이 객실에서 친구들과 담소를 나누고 있는데 디디가 뛰어 들어왔다. "아빠, 등대를 봤대요!" 디디가 흥분한 어조로 소리쳤다.

루벤이 소파에서 벌떡 일어나 객실을 나가 갑판으로 달려갔다. 멀리 등대 빛이 깜박이는 것이 어렵잖게 보였다. "북아메리카 대륙에 가까워졌나 보군." 다른 사람들도 보려고 갑판으로 몰려나와 있는 가운데 루벤이 말했다.

그날 밤에는 잠을 자러 들어가는 것이 무척이나 어려웠다. 루벤 부부는 아침까지는 육지가 보이지 않을 것이라고 생각했다. 처음 나타나는 육지 모습을 보려면 갑판 위로 늦지 않게 올라가야 하기 때문에 선실로 돌아가 일찍 잠을 청하기로 했다. 새벽녘쯤 되었을 때 루벤은 엔진이 거의 정지 상태에 들어가는 것을 느끼며 잠을 깼다. 현창을 통해 밖을 내다보니 조그만 예인선을 선체에 대는 것을 보고 선장이 이미 예인선에 탑승했음을 직감했다. 자넷과 디디를 깨웠다. 세 사람은 급히 옷을 주워 입고 갑판으로 달렸다. 거기, 뉴저지의 해안선이 아침 하늘을 배경으로 선명한 실루엣을 그리고 있었다.

아침 8시가 되자 흥분이 고조되고 디디도 소리쳤다. "보세요. 아빠! 저건 자유의 여신상 맞죠?"

배가 자유의 횃불을 높이 들고 서 있는 침묵의 여인 앞을 지날 때 미국 국가 '스타 스팽글드 배너'를 부르는 소리가 터져 나왔다. 루벤, 자넷, 디디도 합창에 가세했다. '아메리카'가 들어가는 모든 절을 완창했다. 세 사람 눈에 기쁨의 눈물이 차올랐고 주위 사람들 얼굴에도 눈물이 반짝였다.

그립스홀름 호가 저지시티 항구에 닻을 내렸다. 루벤 부부는 눈을 크게 뜨고 부두에 나온 친숙한 얼굴을 부지런히 찾았다. 그러나 세관 직원들만 배가 보이는 곳까지 들어올 수 있다는 걸 알고 실망을 했다. "하선은 언제 합니까?" 흰색 제복을 말끔하게 차려 입고 옆에 서 있는 선원에게 루벤이 물었다."

"금방은 안 될 겁니다." 선원이 강한 스웨덴 억양으로 대답했다. "중남미 외교관들이 먼저 상륙하고 그 다음이 캐나다 외교관입니다. 마지막으로 미국 시민들이 알파벳 순서대로 상륙할 겁니다."

"그럼 우리는 알파벳 끝 부분이잖아요." 디디가 볼멘소리를 했다. 24시간 이상 경과하자 M으로 시작되는 이름을 가진 사람들이 하선하기 시작했다. 자넷, 루벤, 디디는 신선한 공기도 쐴 겸 운동도 하기 위해서 갑판 위를 산책했다. 갑자기 소동이 일더니 산둥선교회의 프레드 스코빌 부부가 트랩 아래로 급히 내려가고 그 뒤를 그들의 네 자녀가 따랐다. 루벤이 자넷을 바라보며 말했다. "스코빌 가족은 어떻게 해서 내렸대? 그들은 아직 멀었는데."

자넷도 루벤과 마찬가지로 이해를 못했다. "무슨 일이 일어난 모양이죠."

몇 시간 후 디디가 그들의 급작스런 하선 이유를 듣고 뛰어와 얘기했다. "스코빌 부인이 산기가 있어서 입원을 했대요.!"

한편, 뉴욕시에서는 세 명의 친척이 루벤 부부의 도착을 목이 빠지게 기다리고 있었다. 자넷의 여동생 로살리와 그녀의 남편 브로더스 윌링햄이 루벤 부부의 귀국을 맞이하기 위해서 메이콘에서, 헬렌이 펜실베이니아 여름 캠프에 참석하다가 와 있었다. 8월 29일 월요일, 이 세 사람이 차를 몰아 저지시티 부두로 나가서 세 시간이나 기다리며 서 있다가 "아마 내일이면"이란 말을 듣고 되돌아 갔다. 화요일, 셋은 차를 몰고 다시 가서 하루 종일 기다렸지만 역시 허사였다. 드디어 셋째 날, 마침내 인내에 대한 보상을 받았다. 늦은 오후 지치고 애만 태우던 세 사람

눈에 맨 처음 자넷, 그 다음 디디, 마지막으로 후리후리하고 수척한 루벤이 트랩을 내리는 것이 보였다. 흥분과 충격이 범벅이 되었다.

"루벤이 저렇게 늙어 보이다니." 로살리는 목멘 소리로 외쳤다.

"쟤가 디디야?" 브로더스가 물었다. "전에 봤을 때는 어린아이였는데."

헬렌이 배를 향해 뛰었다. 경찰 통제선을 무시하고 사람들을 밀어제치고 트랩 끄트머리까지 달려갔다. 때마침 루벤이 시멘트 바닥에 내려섰다. 세관원들이 어리둥절하고 있는 사이에 헬렌이 아버지 목에 팔을 두르고 와락 껴안았다. 그리고 어머니와 남동생을 차례로 환영하는 중 경찰이 그녀를 제지하고 통제선 밖으로 안내했다.

짐들에 대한 세관 검사가 모두 끝나고 행복한 가족은 드디어 하나가 되었다. 브로더스가 왈도르프 아스토리아에 방을 예약했다.

이튿날 브로더스와 로살리가 루벤 부부와 함께 쇼핑을 가서 두 사람을 속부터 겉까지 완전히 새 옷으로 갈아입혔다. 자넷과 루벤은 다시 한 번 멋지고 미끈한 신사숙녀가 되었다. "새 사람이 된 것 같군." 루벤은 동서를 바라보며 활짝 웃으며 어깨 뒤로 손을 둘러 안아주었다.

업무와 쇼핑 사이 사이에 다섯 사람은 쉬지 않고 진주만 폭격

이후 각자에게 일어난 일들에 관해 얘기를 나누었다. 일주일 뒤 루벤, 자넷, 디디가 루벤의 어머니 토레이 부인과 에디스 누나가 기쁨으로 기다리고 있는 휘튼에 도착했다. 루벤은 집안에 들어서자마자 어머니의 손을 잡고 거실을 휘저으며 춤을 추었고, 자넷과 에디스는 옆에 서서 웃음을 터뜨렸다.

평화주의자인 아들 아처는 신학교를 떠난 후 유보트 소탕전이 한창일 때 상선 호위대 승무원으로 파송되었는데 당시 미국과 북아프리카 사이 어느 공해상에 머물고 있었다. 클레어는 인디애나에서 여름 아르바이트 중이었고, 얼른 여름이 끝나 휘튼에 있는 가족과 합류하기를 고대하고 있었다.

31장 전선 복귀

1942년 가을, 이사회가 루벤에게 선교 활동, 특히 중국의 상황 변화에 대해 설명해 달라고 요청했다. 시카고 장로교단 본부 내 사무실도 배정 받았다. 이 사무실을 거점으로 해서 루벤과 다른 송환 선교사들이 22개 주를 누비며 교회들을 순회했다. 후일에 일본/한국 지구 사무총장이 되는 닥터 헨리 리틀이 시카고 사무실 책임자였다.

닥터 리틀은 루벤에 대해 이런 말을 했다. "나는 이 멋진 기독 사도와 여러 번 만나면서 영혼을 새롭게 할 수 있었다. 그는 재미있는 사람이다. 공적인 엄숙한 분위기를 깨뜨리는 유머의 은사도 있었다. 그와의 우정이 가져다 준 영감에 감사를 드린다."

자넷도 이사회의 대변자가 돼 달라는 요청을 받았다. 자넷도 루벤만큼 여행을 자주 했다. 그것도 혼자서 하는 여행이었다.

그녀가 기차로, 버스로, 혹은 택시로 여기저기 길을 잘 찾아다니는 것을 본 자녀들은 놀라움을 금치 못했다.

"어머니." 클레어가 말했다. "뉴욕에서 제가 사는 호텔과 에디스 드레이어 고모가 사는 아파트 사이에서 길을 잃으셨잖아요? 중남미와 남서부에서는 어떻게 길을 찾아다니세요?"

자넷은 고개를 뒤로 젖히며 웃었다. "길을 묻고 다닌다는 게 뭐 그렇게 자랑할 만한 일은 아니지!" 그녀의 설명이었다.

루벤 부부는 휘튼에 셋집을 얻었고 클레어가 이 집에서 대학을 다녔다. 헬렌은 졸업 후에 약혼을 했고 중국이나 티벳에 선교사로 나갈 준비를 하고 있었다. 아처는 여전히 상선 호위대에 근무하고 있었고, 디디는 현지 중학교에 다녔다. 1944년에 클레어가 약혼을 했고, 그녀의 약혼자는 목사가 되기 위해 프린스턴 신학교에 등록했다.

1944년 초, 장제스 총통이 워싱턴 국무성에 서신을 보냈다. "미국과 중국 양국 사람 모두를 잘 아는 미국인 20명이 필요합니다. 그들에게 중국인과 중국 서부에 주둔하고 있는 미군 부대 간의 연락 업무를 맡기고자 합니다." 루벤은 3월에 이 전갈을 받았다. 장제스의 요청에 응해 파견하는 최초 8명 중 한 명으로 루벤이 선발되었다는 내용이었다.

결정을 내릴 때마다 그래 온 것처럼, 루벤은 이 문제를 놓고 자넷과 함께 기도하고 의논했다. 사적 자유가 보장된 침실에서 루벤이 말을 꺼냈다. "자넷, 내가 이 업무를 담당할 사람으로 선발된 걸 굉장한 영광으로 느끼고 있소. 이 업무는 전에 해본 여러 일과는 전혀 다른 성질이어서 내 나름대로 창의력이 요구되는 일이기도 하오."

"창의력이라면 당신이 많이 갖고 있지요, 루벤." 자넷이 대답했다. "당신이라면 해낼 수 있어요."

"이건 완전히 세속적인 업무요. 나는 어떤 모양으로든지 교회와 연관이 안 된 일을 해본 적이 없지 않소?"

"제가 당신을 잘 알지만, 루벤, 당신은 말하자면 '완전히 세속적인' 일을 할 능력은 없어요. 하지만 개인적으로 만나는 모든 기회를 활용해 믿음을 증거하면 되잖아요."

"당신 말이 정답인 것 같군, 자넷. 좀 더 나아가서, 내가 이 굉장한 도전을 수락한다면 종전 후 선교의 미래에 원대한 영향을 주는 계기가 될 수도 있을 거요. 그런 의미에서 이 일은 중국과 총통을 섬기는 동시에 하나님을 섬기는 일이라고 생각하오. 지금 가장 큰 장애는 당신과 무한정 떨어져 지내야 한다는 점이오. 그 나라에서 당신과 한 달 간 떨어져 지내는 것도 힘든 일이었는데 1년이나 2년을 어떻게 이겨낼 수 있을지 큰 걱정이오."

"우리 두 사람 모두에게 힘든 일이지요, 여보." 자넷은 남편이 앉은 의자 옆에 서서 푸른 눈을 들어 걱정스럽게 자기를 쳐다보는 남편의 벗겨진 머리를 애정 어린 손길로 토닥이며 말을 이었다. "당신이 개인적인 사항 때문에 책임을 회피하는 걸 한 번도 본 적이 없어요. 시간은 빨리 흐르는 법이에요. 누가 또 알아요? 전쟁이 1년 내에 끝날지?"

루벤은 매우 작은 체구의 아내를 자기 앞으로 끌어당겼다. "자넷, 당신 없이 내가 무슨 일을 할 수 있겠소?"

"무슨 일을 할 수 있을는지는 금방 찾아내겠지요." 자넷이 웃었다.

"하지만 당신은 괜찮겠소? 딸아이들은 시집을 갈 텐데 이렇게 큰 집의 월세를 낼 필요가 없지 않겠소? 그럼 당신은 어디 가서 살아야 하나?"

"시어머님하고 시누이는 제가 시댁에 들어가 같이 사는 걸 끈질기게 반대는 안 하실 거예요. 좀 웃으며 사시게 해드리면 되겠네요!"

이렇게 해서 결정이 났다. 장로교 해외선교 이사회가 루벤을 중국 정부에 빌려주기로 했다. 루벤의 사례비 1년 분, 잘 하면 2년 분을 중국 정부가 지불하기로 했다. 자넷은 시댁으로 가서 기거하면서 장로교단의 중부 지역 사무실 순회 사역을 계속하기로 했다.

1944년 8월 1일, 루벤에게 워싱턴 DC에 와서 브리핑을 하라는 연락이 왔다. 워싱턴 DC에 도착해보니 놀랍게도 그는 그룹의 리더로 임명되어 있었다. 루벤은 집으로 다음과 같은 편지를 썼다.

"나도 그 이유를 모르겠소. 하여간 모두들 내게서 뭔가 실제적이고 보람 있는 일을 기대하고 있는 듯한 눈치였다오. 만나는 사람들마다 나에게 보이는 신뢰를 느끼며 한층 겸손해야겠다는 생각이 들었소. 나 자신이 뭔가 가진 것은 없지만 하나님이 나를 불러 특별한 일을 맡기기로 하신 이상 그분을 가까이 모시고 그분이 일하시도록 맡겨드리면 나를 통하여 그분의 목적을 이루신다는 걸 깨닫고 있소."

이달 22일, 루벤은 클레어의 결혼식 참석차 휘튼을 방문해서 가족들에게 큰 기쁨을 선사했다. 그러나 10월 하순으로 예정된 헬렌의 결혼식에 참석하기 전에 57세의 고참 선교사 루벤은 오른 팔을 잃게 되는 계기가 된 바로 그 운명의 여행을 떠나게 되었다. 10월 초, 루벤은 인도를 향해 멀리 우회해 가는 항해를 시작했다. 그곳에서 히말라야 산맥 상공을 날아 중국 서부로 갈 셈이었다.

몇 되지 않는 조촐한 가족이 헬렌과 프레드 레닉의 결혼식을 축하하기 위해 필라델피아에 있는 아름다운 제2장로교회에 모였다. 모인 가족이라고 해봤자 자넷, 디디, 클레어와 그녀의 남편 글렌 존슨이 다였다. 이들의 제일 관심사는 남부 캘리포니아와 동양 사이 잠수함이 널린 어느 해역을 통과해 항해하고 있을 신부의 사랑하는 아버지의 안부였다.

결혼식이 끝나고 가족은 다시 한 번 흩어졌다. 디디는 롱아일랜드의 기독교 기숙학교에서 공부를 계속했다. 자넷은 휘튼의 시어머니 집으로 이사했다. 헬렌과 프레드는 필라델피아에 있는 자기들 선교 본부에서 근무했다. 아처는 이때까지도 해상 근무를 하고 있었고, 클레어와 글렌은 뉴저지에서 프린스턴에 다니고 있었다. 루벤 가족에게 새 시대가 열린 것이다.

32장 연락담당관

태평양을 횡단하여 중국까지 가는 데 두 달이 걸렸다. 루벤은 자넷에게 편지를 썼다. "이번 항해는 느렸소. 하지만 이왕 휴식이 필요하던 참에 갑판에 앉아 책 읽기를 즐겼다오. 그렇다고 항상 마음을 놓고 있었던 건 아니고 배에 타고 있는 사람들 모두가 관찰 임무를 수행해야 했고, 나도 차례가 오면 그 임무를 맡아야 했다오. 정말 소설 같은 경험이지."

하루는 루벤이 배 난간 너머로 바다를 내려다보고 있었다. 파도를 가로질러 넓은 물길이 생기는 것으로 보아 배가 선회를 하고 있는 것이 분명했다. "항로를 바꾸는 게 틀림없어요." 루벤이 근처에 서 있는 동료 연락담당관에게 말을 걸었다. "이유를 모르겠군요."

조금 뒤, 루벤이 지나가는 선원에게 물었다. "왜 배를 돌리죠?"

"잠수함이 나타났습니다"라는 대답이 돌아왔다.

이날 저녁 식사 시간에 상황에 대한 얘기가 무성했다. 선장이 설명을 해주었다. "현재 우리가 위치한 곳이 말하자면 병목 해역입니다. 이 부근에서 수많은 우리측 선박이 일본군에 의해 격침을 당했습니다. 철저한 주의를 요하는 지역이므로 불상사 없이도 잠수함들을 우회할 수 있습니다."

이후 며칠 간 선상에 긴장이 감돌았고 관찰 임무를 맡은 사람들은 특별 경계 태세를 유지했다. 루벤이 동료 연락관 프랭크 투스에게 말했다. "다른 여행에 비하면 이번 여행이 조금 더 흥미진진한 것 같습니다."

"흥미진진한 편이지요!" 프랭크가 과장스레 맞장구를 치며 웃었다.

"우리가 중국에 가서 하려는 일을 위해서 하나님이 우리를 부르셨다는 걸 확신하고 있기 때문에 별로 걱정은 안 합니다. 안전하게 도착할 수 있으리라 믿습니다." 루벤은 단언했다.

"네, 그렇고 말고요." 프랭크가 말을 받았다.

배가 12월 캘커타에 상륙했다. 연락담당관들은 위태롭게 솟은 히말라야 산맥 위로 날아 최종 목적지인 중국 서부의 수도 충칭을 향했다.

"이번 여행은 모든 게 굉장했습니다." 루벤이 화물수송기의 작은 창으로 밖을 내다보던 동료들에게 입을 열었다. "이 히말라야 위에 불시착해보고 싶은 생각 없어요? 과연 사람들이 이 높은 데까지 올라와 우리를 구조할 수 있을지 궁금하군요."

"흥미롭지만, 그러고 싶진 않군요." 눈 덮인 산봉우리들의 광대함에 넋을 잃은 프랭크 프라이스가 말했다.

8명의 연락담당관들은 도착 즉시 충칭의 한 호스텔에 숙소를 잡았다. 이튿날 중국 육군 본부로 이동, 연락관 일행을 담당할 장군 한 사람을 소개 받았다. "여러분의 임무는 3중 임무라는 사실을 이해해주시기 바랍니다." 장군이 중국어로 설명을 시작했다. "첫째, 저희는 여러분들이 중국 군인들과 미국 군인들 간에 상호 이해를 증진시켜 복잡한 문제가 발생했을 때 해결책을 강구해주시기를 희망하고 있습니다. 둘째, 호스텔의 식사, 위생 그리고 생활 환경의 개선을 위해 노력해주십시오, 셋째, 통역으로 징집된 수백 명의 중국 청년 학생들을 도와주십시오."

"그렇다면, 황 장군님, 우리가 이런 업무를 완수하려면 중국 서부 일대를 전부 돌아다녀야 할 것 같군요." 루벤이 말했다.

"그렇습니다. 지프와 버스를 이용할 것이고 간혹 항공기로만 접근할 수 있는 지역에 가는 경우도 있을 겁니다."

"그럼 우리들은 장군님과 긴밀하게 업무 협력을 하게 된단 말입니까?" 다른 연락관이 물었다.

"네, 여러분의 협조를 바랍니다. 혹시 질문이 있을 경우엔 언제든지 주저 말고 물어주십시오. 이제 제 전령이 여러분을 옆 건물로 안내해드릴 겁니다. 거기서 제복을 수령하시기 바랍니다. 호스텔 생활이 평안하고 업무가 마음에 드시기를 바랍니다." 연락담당관들이 장군에게 인사한 다음 악수를 나누고 감사를 표했다.

제복은 미군 장교 제복과 비슷했으나 기장만 중국어로 되어 있었고 계급 표지는 없었다. 야전모의 휘장은 국민당 정부의 18각형 별 모양이었다. 루벤은 제복을 입고 길을 걷다가 하사관들이 그에게 경례를 올려 붙이는 모습에 깜짝 놀랐다. 하루는 군 식당에서 한 소령이 그에게 거수 경례를 했다. 루벤은 동료 진 크레파쉐츠에게 말했다. "경례 받는 데 익숙해지지 않아요. 당신은 어때요?"

"군대 생활을 안 해본 사람은 적응하는 데 시간이 좀 걸려요." 진은 대답했다.

"그런데, 소령이 왜 나한테 경례를 붙이는지 모르겠군요." 루벤이 덧붙였다. "우리들이 하고 있는 별 모양 기장과 중령 휘장을 혼동했던 것 같습니다."

루벤은 처음 7주 간 거의 쉬지 않고 돌아다니면서 담당 지역의 여러 호스텔을 돌아보고 필요한 것들을 세세하게 적어 보고서를 작성했다. 루벤과 동료들은 중국과 미국의 고급 장교들과 면담하는 기회를 가졌다. 하루는 장제스 총통을 직접 만나기도 했다.

"총통을 만난 인상이 어때요?" 프랭크 투스가 물었다.

"매우 딱딱하고 강한 사람이란 인상을 받았죠. 그렇지만 눈을 보면 친절하고 온유함도 느낄 수 있었습니다. 깊은 인상을 받았어요."

루벤에게는 매일 매일이 새롭고 색다른 경험의 연속이었다. "나는 여러 가지 업무에 열중하고 있소." 루벤이 자넷에게 편지를 보냈다. "한 가지 문제가 있다면 당신과 떨어져 있어 느끼는 가슴 시린 외로움이오. 하지만 그것에만 마음을 쓰지 않으려고 애를 쓰고 있는 중이오."

다른 사람들에게는 열정과 낙천 외에 절대로 드러내 보이지 않는 루벤의 속마음이었다.

루벤의 순회 시찰 장소에는 숙소, 취사장, 식당, 세탁실, 목욕탕, 심지어는 화장실까지 포함되어 있었다. 어느 미 육군 기지를 방문해서 책임 장교를 만났다. "제가 도와서 해결해야 할 문제가 있습니까?" 루벤이 질문을 했다.

"네, 세탁에 심각한 문제가 있습니다." 장교가 대답했다. "중국 사람들이 옷을 깨끗하게 빨지 못해서 결과적으로 새 제복을 계속 지급하다 보니 재정적인 문제가 발생하고 있습니다."

"가는 곳마다 똑같은 불평을 접수하게 되는 것 같습니다. 아마 비누가 주범일 겁니다." 연락관은 결론을 내렸다.

"제 부대에 화학자 출신 중위가 있었는데 그 사람에게 부탁하면 품질이 좀 더 나은 비누를 개발할 수 있을 것 같습니다. 다른 중대로 전보되었습니다만 찾아낼 수 있을 것 같습니다." 장교가 의견을 냈다.

"훌륭한 생각입니다. 거기서부터 시작하면 되겠군요." 루벤이 말했다. 그 장교의 소재가 이틀 만에 파악되었다. 루벤의 주문 사항을 들은 중위의 대답에 루벤은 놀라지 않을 수 없었다. "전에 제가 비누 실험을 한 적이 있습니다. 참전하기 전 이탈리아에 있을 때 제대로 된 제품을 만들어내기도 했습니다."

"됐습니다!" 루벤은 기뻐 소리쳤다. "당신이 바로 내가 찾던 사람이오. 보급과 시설상 필요한 게 뭐죠?"

"실험실과 다량의 수지입니다."

"방안을 찾아보겠습니다." 루벤은 흔쾌히 대답을 하고 현지 대학교로 곧장 차를 몰았다. 마침 선교사 한 사람이 그 대학교의 화학실험실 책임자로 있었다. 루벤은 그 교수를 만나서 질문을 했다. "좀 더 질이 좋은 세탁실용 비누 제조 실험을 하려고 하는데 육군이 교수님 연구실을 사용할 수 있으면 좋겠습니다."

"가능할 겁니다"라는 대답이 나왔다. 이렇게 해서 그 중위는 작업을 시작했고 루벤은 여러 곳의 육군 취사장에서 수지 모으기 운동을 전면적으로 전개하기 시작했다.

"비누 제조에 성공하면 미 육군은 헤아릴 수 없을 만큼 많은 달러를 절약할 수 있게 될 것이오." 루벤은 집으로 보내는 편지에 이렇게 적었다.

또 다른 호스텔에서는 담당 대령이 이렇게 말했다. "지금 우리에게 필요한 것은 중국인 요리사들에게 미국 교관 밑에서 양식 요리법을 배우게 하는 것입니다. 사병들에게 급식할 음식을 대량으로 준비하는 데 필요한 대형 조리 기구도 부족한 상태입니다. 우리는 지금 대형 호텔에서보다 훨씬 더 많은 사람들에게 급식할 음식을 조리하고 있습니다."

루벤은 두 가지 문제 모두를 떠안았다. 루벤은 대령의 도움을 받아 조리/제빵 학교를 개설했다. 그리고 좀 더 큰 용량의 조리 기구를 획득할 방법을 강구하기 시작했다. 루벤이 대령과 이야기를 하다가 의견을 제시했다. "아실지 모르지만, 격추된 전투기에서 나온 알루미늄이 무더기로 쌓여 있는 걸 본 적이 있습니다. 이 알루미늄으로 깊은 냄비나 납작한 냄비를 만들 수 있겠지요?"

"가능성이 있어 보입니다만, 공군기지 책임자인 장군만이 그런 허가를 내줄 수 있을 겁니다."

루벤은 장군을 찾아냈고, 곧 알루미늄 고철로 주방 기구를 만드는 작업이 시작되었다. 음식 관계 일을 시작한 그는 곧 자신이 대규모 사업을 주도하고 있다는 사실을 알게 되었다. 매일 7천 개 달걀과 1톤의 채소가 필요했다. 충분한 양의 음식을 만들어내기 위해 루벤과 다른 연락담당관들이 농업협동조합과 협력하게 되었고, 중국 정부 당국에 수백만 달러를 이전보다 더 신속하게 공급해줄 것을 요청하기에 이르렀다. "농부들이 곡물을 더 많이 경작하게 되었을 뿐 아니라 유통을 더 신속하고 간편하게 하기 위하여 달걀과 채소를 건조시키는 방법을 배우게 되었습니다." 루벤이 동료 연락관들에게 한 말이다.

루벤은 수백만 달러에 이르는 금액을 다루게 되면서 자넷에게 이런 내용의 편지를 보냈다. "이제서야 주님이 나에게 선교 거점의 재정 일을 여러 번 맡기신 이유를 깨닫게 되었소. 그 직무에 짜증을 낸 일이 부끄러워지는구려."

호스텔 순회 지도를 마친 후 55명의 감독들이 10일 간의 집중 훈련을 받기 위하여 충칭에 모였다. 루벤이 매일 오후 이들에게 단체 정신, 품성 개발, 영적 가치의 중요성 외 다수의 관련 분야에 대해 강의를 했다. 봄이 되자, 연락담당관 별로 여러 곳의 훈련 센터에서 2천 명의 통역관을 훈련시키는 거대한 작업이 시작되었다. 루벤은 이렇게 기록했다. "이 과업을 수행함에 있어서, 내가 맡은 다른 모든 일에서 그렇듯이 예수 그리스도를 위해 삶에 영향력을 발휘할 수 있는 기회를 보고 있다. 먼저 기도로 뒷받침하고 인도하심을 구하지 않고는 아무 일도 하지 않겠다."

이후, 동양화를 닮은 삐죽삐죽 솟아오른 산들을 거쳐 가는 일상적 업무 출장 중 루벤의 중국 서부 사역이 급작스럽게 끝나버린 1945년 7월의 어느 슬픈 날이 닥치기 전까지 수개월이 팽팽하고 신속하게 흘렀다.

갑자기 브레이크를 밟는 날카로운 쇳소리가 나고 둔중한 충돌이 일어났다. 충돌을 예감한 루벤은 자신도 모르게 오른팔을 차창 밖으로 내저었다. 그러다 팔이 뒤로 밀리면서 두 차량 사이에 끼고 말았다. 충돌 순간, 루벤은 자신이 평생 불구가 될 것을 알았으나 훗날 가훈이 된 성경 말씀이 뇌리를 스쳤다. "우리가 알거니와 하나님을 사랑하는 자 곧 그의 뜻대로 부르심을 입은 자들에게는 모든 것이 합력하여 선을 이루느니라."

33장 입원

리앙산으로 가는 길에 사고를 당하고 극적으로 청두에 이송된 루벤은 팔 절단 수술을 받아야 했다. 그후에도 수주 간을 입원해 있으면서 추가 수술을 받았다. 극심한 통증과 외로움에 시달리는 나날이었지만 감사할 일도 생겼다. 집에서 수천 킬로미터 떨어진 병원에 갇혀 있는 처지였지만 그렇다고 친구마저 없는 것은 아니었다. 산둥성에서 온 선교사들이 중국 서부로 전출되어 와 있었는데 그 중 몇 사람이 청두에 있었다. 이것 또한 루벤에게 일어난 "하나님을 사랑하는 자들에게 합력하여 선을 이루는 모든 일" 중 하나였다.

연락담당관으로서 총통을 위해 일하던 어느 '늙은' 선교사가 입원을 해서 팔 절단 수술을 받았다는 소문이 곧 병원 내에 퍼졌다. 문병인을 받아도 될 만큼 건강이 회복되자 루벤의 병실은 회복기의 군인 환자들이 어슬렁거리며 찾아와서 재미있고 신나는 대화를 나누며 지루함을 잊는 대화방으로 변했다.

몇 분 동안 앉아서 얘기를 나눈 사병들 가운데 중국을 싫어하는 환자들이 있었다. 그들이 찾아온 것은 팔을 잃었으면서도 '여전히 중국을 사랑하고 중국에 남아 사역을 계속하고 싶다'는 생각을 가진 노인 한 명이 입원해 있다는 소문을 들었기 때문이다. 그들은 자신들이 주둔하고 있는 광활한 땅의 오랜 역사와 위대함에 대한 이해와 올바른 인식을 갖고 루벤의 병상을 떠났다.

3주 후 루벤은 팔의 남은 부분에 부착된 당김틀을 사용하여 보행을 할 수 있게 되었다. 몸의 중심을 잡는 법을 배운 루벤은 이 기묘한 장치에 의지해 불안정한 발걸음을 떼어놓으며 부상을 당한 장교와 사병의 병동을 방문했다. 폭주하는 업무에서 헤어나기 어려운 처지에 있는 군목들은 자연히 병원으로 이따금씩 짧은 문병을 할 수 있을 뿐이었다. 이런 상황에서 선교사 루벤은 이 병동 저 병동을 찾아다니며 군인 환자들의 병상에 걸터앉아 수많은 질문을 받고 중국이나 그의 신앙에 관해 얘기를 나누었다.

자기 자신도 환자였기 때문에 그들과의 사이에 장벽이 존재하지 않았다. 고통과 비참함 가운데 역사하시는 하나님의 치유 능력에 대해 얘기하기에 이처럼 좋은 기회가 없었다. 수족을 잃고 낙담해 있던 군인들은 이 남자의 평온한 얼굴을 들여다보고 나서 건강과 자신이 아직 쓸모 있는 사람이라는 자신감을 되찾으려는 의지를 굳히게 되었다.

8월의 어느 무더운 여름밤이었다. 루벤은 병원 직원과 보행이 가능한 환자들을 상대로 영화가 상영되고 있는 넓은 병원 마당으로 용기를 내어 들어섰다. 루벤이 한 젊은이의 부축을 받으며 진흙 웅덩이를 가로질러 설치한 널빤지 위를 균형을 잡으며 건너가 스크린 앞에 자리를 잡았다. 그런데 갑자기 영화가 상영 중간에 서 버리며 확성기에서 큰 소리가 터져 나왔다. "전쟁이 끝났습니다! 일본이 항복했습니다!"

난리가 났다. 환성과 갈채, 웃음소리와 기쁨의 눈물! 모자들이 하늘로 날아올랐다! 남자들이 서로 부둥켜안고 상대방의 어깨를 두드렸다! "귀국이다! 귀국!" 사람들이 외쳤다!

루벤 역시 속속 보도되는 소식을 들으면서 흥분한 상태로 사태를 주시했다. 밤중에 남자들이 부르는 힘찬 합창 소리가 주위의 산간을 흔들고 잠들어 있는 도시와 고색창연한 굽은 기와지붕 너머 하늘 위로 울려 퍼졌다. "내 나라여, 감미로운 자유의 땅은 그대의 것, 그대를 나는 사랑하노라!" 이역만리 중국에 주둔하고 있는 미국인들은 이 노래를 부르는 동안만큼은 고향에 가 있었다. 그러나 루벤은 사랑하는 사람들이 있는 미국으로 당장 돌아갈 수 없었다.

미국에 있는 사랑하는 사람들이 보낸 편지를 받는 일은 회복기에 있던 루벤의 하루 일과 가운데 가장 신나는 순간이었다. 재수술을 받으려 할 때도 집에서 오는 편지가 기운을 북돋워주었다. 하루는 한쪽 면에 총통실을 의미하는 붉은색 문자가 찍힌 흰색 봉투가 배달되었다. 호기심을 느끼며 봉투를 열어보니 아주 얇은 중국 편지지가 두 장 들어 있었다. 정교한 붓글씨로 기재된 내용은 다음과 같았다.

1945년 8월 6일
닥터 루벤 토레이 귀하

리앙산으로 가는 도중 자동차 사고로 오른팔을 잃으셨다는 말씀을 J. L. 황 장군으로부터 듣고 심심한 위로의 말씀을 드립니다. 처음 산둥에서 선교 사역을 시작하고 현재 WASC의 최고 연락관으로 봉직하기까지 귀하가 평생 중국에서 하신 봉사는 전시와 평시 모두에 있어 중미 우호관계 증진에 지대한 기여를 했습니다. 귀하의 숭고한 희생정신은 중국 인민의 마음속에 기념비적 기독 정신의 발현으로 영원히 기억될 것입니다. 귀하에게 필요한 모든 지원을 아끼지 말라는 지시를 황 장군에게 해놓았음을 알려드리며 따뜻한 인사와 함께 조속히 회복하시기를 간절히 기원합니다.

_장제스

루벤은 이 편지를 평생의 보물로 보관했다. 그는 재수술로부터 회복되자 중국 정부를 위한 그의 사역이 완료됐음을 보고하러 10월 충칭으로 갔다. 거기서 그는 중국 육군 장성 두 사람을 위하여 열린 특별 중식 모임에 초대를 받았다. 점심이 끝나자 바로 간단한 의식이 행해졌다.

　루벤도 전혀 예상을 못한 일이었는데, 호 장군이 루벤 쪽으로 돌아서더니 입을 열었다. "우리 정부를 대신해 오늘 중국에서 수여하는 3급 최고 군사 훈장을 귀하에게 달아 드리게 된 것을 영광으로 생각합니다. 이 훈장을 받은 외국 인사는 매우 드뭅니다만 귀하가 중국을 위해 봉사한 공적을 치하하는 뜻으로 운휘훈장(雲麾勳章)을 수여합니다. 영어로 번역되는 대로 표창장도 드리겠습니다."

　연락관 루벤이 자리에서 일어나 참석한 저명인사들의 열렬한 박수를 받으며 훈장을 받았다. 그는 구사할 수 있는 중국어를 총동원하여 인사를 했다. "제 생애의 32년 간을 중국에서 살며 일하고 여러분 같은 분들을 알게 된 것은 제게 기쁨이요 영광이었습니다. 중국 정부가 저에게 주시는 이 선물을 겸손한 마음으로 받겠습니다."

　며칠 후, 리무진 한 대가 루벤과 동료 연락관 닥터 프라이스를 총통 관저에서 열리는 차 모임에 데리러 왔다. 관저의 넓은 대지는 수도에서 48킬로미터 가량 떨어진 산 중에 안전하게 숨겨져 있었다. 루벤과 프라이스를 포함한 200명 인사가 이국적인 중국식 정원 리셉션 라인을 통과했다. 총통과 총통 부인이 줄을 서서 지나가는 손님들과 한 사람씩 악수를 했다. 루벤 차례가 되어 총통 내외와 악수를 나누는데 총통이 중국어로 말했다. "우리나라를 위해서 큰 희생을 치르셨습니다. 힘을 다시 얻으시기를 바랍니다. 다른 손님들을 모두 영접한 후에 말씀을 나누고 싶으니 잠시만 한 쪽에서 기다려주시겠습니까?"

총통의 관심에 루벤의 가슴이 뭉클해졌다. 그는 총통이 무슨 말을 하려나 궁금해 하면서 조용히 기다렸다. 리셉션 라인이 끊어지자 장제스가 루벤을 불렀다. "이쪽으로 오십시오, 닥터 루벤." 총통이 근처에 대기하고 있는 사진사에게 몸짓을 하며 지시를 내렸다. "닥터 루벤과 같이 있는 사진 한 장 찍어요."

루벤은 자신이 받은 모든 주목이 고마웠다. 그러나 그것보다 그의 가슴을 두근거리게 만드는 것은 곧 귀국해서 아내와 가족을 만나게 될 것이라는 사실이었다. 그는 상하이에서 오래 기다린 끝에 여행허가증을 받아 11월 9일 드디어 미국행 비행기에 올랐다. 귀국 여행은 단순한 비행이 아니었다. 비행기를 다섯 번 갈아타며 9일 간을 여행했다.

자필 서명 앞에 선 장제스 총통.

34장 귀향

루벤이 열세 살 때부터 꾸었던 꿈은 인도의 유명한 타지마할에 가보는 것이었다. 그가 탄 비행기가 아그라 상공을 날아 타지마할을 한 바퀴 돌며 루벤에게 찬란한 백색 영묘의 전경을 보여주었다. 더욱 신이 났던 건 예루살렘과 베들레헴을 공중에서 내려다볼 수 있었다는 것이다. 비행기가 지중해를 가로질러 날 때는 반쯤 가라앉은 전함들의 녹슨 선체들도 알아볼 수 있었다. 롬멜이 패전한 북아프리카의 알레망도 보였다. 수없이 많은 폭탄과 포탄이 만들어놓은 웅덩이들은 최근에 끝난 전쟁을 상기시켰다. 신비스런 스핑크스가 말 없는 거대한 피라미드들을 지키기라도 하듯이 침착한 모습으로 폐허를 내려다보며 앉아 있었다.

루벤은 나중에 가족에게 이런 말을 했다. "그 경이로운 여행은 내 생애 최고의 해에 맛본 최고의 영광이었어." 그가 마지막으로 이용한 비행기가 11월 18일 아침 미국 땅 플로리다 팜비치에 착륙했다. 오전 9시, 루벤이 조지아주 사바나 행 기차에 올랐다. 그 시간 사바나역에서 자넷과 디디가 두근거리는 가슴을 안고 루벤을 기다리고 있었다.

짐을 챙겨 들고 오래 전부터 기차가 서기를 기다리던 루벤은 기차가 덜커덩 하며 정지하자 바깥에서 기다리는 사람들 중에 익숙한 얼굴을 찾느라 연신 플랫폼을 눈으로 훑으며 객차 문으로 다가갔다. 역시 찾아본 보람이 있었다. 아내가 시야에 들어오자 단정하게 여민 제복 밖으로 심장 뛰는 소리가 들리는 것 같았다. 저기에 나이에 비해 꽤나 검은 머리를 한, 작지만 강건한 체구의 아내가 서 있었다. 아내는 손을 햇빛 가리개 삼아 이마에 대고 사랑하는 남편을 찾고 있었다. 아내 옆에 키가 아내보다 머리 하나가 더 크고 양복을 입어 훨씬 어른스러워 보이는 열다섯 살 디디가 좁은 이마 뒤로 잘 빗어 올려 기름 바른 머리를 하고 두꺼운 안경알을 통해 주위를 응시하고 있었다.

루벤은 플랫폼으로 훌쩍 뛰어내려가 사랑하는 가족을 왼손으로 안았다. 세 사람의 푸른 눈들에서 눈물이 반짝였다. 루벤에게는 기쁨의 눈물, 자넷과 디디에게는 루벤의 빈 소매를 보며 흘리는 기쁨과 고통이 섞인 눈물이었다.

수 개월 전 남편의 사고 소식을 처음 들었을 때 느꼈던 충격과 비현실감이 이제 비정한 현실로 다가왔다. 반갑게 인사를 서

두른 다음, 자넷이 입을 열었다. "루벤, 아처는 오늘밤 더 리지 교회에서 설교를 하고 있어서 여기 못 왔어요. 친구들이 우리를 사바나까지 태워다 주었는데 교회까지 데려다 주려고 기다리고 있어요. 거기서 아처를 만난 다음 그 차로 데어리언으로 돌아가게 될 거예요."

루벤이 중국 서부로 떠난 해에 아처는 성공회 대학을 마치고 조지아주 데어리언에 있는 어느 교회로 보직을 받았다. 그곳은 남북전쟁 전에 자넷의 증조부가 논을 보유하고 있던 곳이었다. 자넷에게는 그곳 조지아로 이사해서 미혼인 아들 디디를 데리고 가정을 꾸려 나가는 일이 큰 기쁨이 되었다.

리지에 있는 시골 교회에서 설교가 절반 정도 진행되고 있을 때 문이 열리며 큰 키에 꼿꼿한 자세의 멋진 신사가 말끔한 장교 제복 차림으로 예배당에 들어섰다. 단 위에 서 있는 설교자의 아버지였다. 야전모자를 벗어 왼손에 든 아버지는 눈처럼 흰 백발이 벗겨진 정수리를 빙 두르고 있었고 단정하게 다듬은 은색의 콧수염이 당당해 보였다.

젊은 목사의 시선이 미소 띤 아버지의 얼굴에서 아래쪽으로 옮겨지며 허리춤에 조심스럽게 끼워 넣은 속 빈 팔소매에 이르자 울컥 마음이 아파왔다. 젊은 목사는 북받치는 감정을 억제하려고 애를 쓰며 설교를 간신히 마친 후 교회 뒤쪽으로 빠져나와 두 팔로 아버지를 힘껏 감싸 안았다.

이날 밤 루벤은 어머니와 누나에게 편지를 썼다. "이건 참 굉장한 일인데요, 요즘 저는 제 생애에서 가장 행복한 나날을 보내고 있습니다. 하나님이 제게 허락하신 놀랍도록 행복한 삶 중에서도 말입니다. 미국에 돌아와 자넷과 두 아들과 함께 동거동락하며 쉬는 기분은 말로 형용할 수 없을 정도로 놀랍습니다. 상상과 기대를 초월할 정도입니다."

루벤은 데어리언에서 즐거운 부활절을 지낸 뒤 또 다시 출장길에 올랐다. 워싱턴 DC에서 육군 관련 일이, 뉴욕시에서 선교 관련 업무가 있었다. 그는 이 일들을 마친 후에야 나머지 가족들을 만나러 다녔다. 휘튼에 가서 어머니와 누나를 만난 것은 수 주일이나 지난 뒤였다.

루벤의 어머니 클라라는 일평생 사랑하는 가족과 떨어져 산 날이 많았다. 그녀는 손녀에게 이렇게 말하기도 했다. "내가 아주 어렸을 때 엄마가 돌아가셨단다. 그래서 나는 시집 안 간 고모 둘과 함께 살았지. 아버지는 오대호에서 배를 타는 선장이셨어. 아버지가 항해 중일 때면 나는 매우 외로움을 탔지. 더 이상 외로움을 견뎌내지 못하겠다는 생각이 들 만하면 아버지가 돌아오셨단다. 지금 루벤도 마찬가지일걸."

정말로 루벤도 그랬다! 루벤이 문을 열고 걸어 들어오자 노스

휘튼 애비뉴 618번지에 환성이 터졌다. "오 루벤! 어쩌면 이렇게 멋지담!' 어머니는 큰 소리로 말하며 루벤을 반겼다. 어머니와 에디스 누나가 더 할 수 없는 정성으로 루벤을 대했다.

루벤은 짧은 휘튼 방문을 마치고는 성탄절을 지내러 데어리언으로 돌아왔다. 1월, 애틀랜타에 있는 로슨 종합병원에서 세 번째 수술을 받게 되었다. 이 수술이 끝나면 본격적인 의수족 장애자 재활 프로그램에 들어갈 예정이었다.

1월 3일 수술 준비가 끝날 무렵 루벤이 간호사에게 말했다. "나는 걱정이나 두려움이 없소. 주의 손이 나를 붙들고 있다는 걸 알고 있거든." 그가 회복실에 돌아왔을 때는 신체에 대한 이번 충격이 너무 커서 회복이 어려울 것같아 보였다. 이 환자가 목회자로서 하나님과 좋은 관계에 있다는 것을 아는 간호사 새비지 중위는 문제가 하나님과 교제가 부족한 자신에게 있다고 생각하고 미친 듯이 기도에 매달렸다. 루벤이 회복된 후 새비지가 루벤의 병실을 두어 차례 찾아와 장시간 동안 하나님의 일에 관해 대화를 나누었다.

4월이 되어 루벤은 육군으로부터 의수를 받고 일체의 사용법을 전수 받았다. 심지어 의수 제작 과정과 로슨 종합병원의 실무교육까지 참관했다.

수난 주간 동안 루벤과 자넷은 선교 본부로부터 새 보직을 받으러 북쪽으로 향했다. 도중에 조지아주 롬에 머물러 자넷의 누이 재클린을 만났다. 거기서 루벤은 재클린이 출석하는 제일침례교회에서 제복을 입은 채 부활절 설교를 하게 되었다. 헌금 시간에 예배당 중간 복도를 걸어 나오는 헌금 위원들을 쳐다보다가 루벤은 자기 눈을 의심해야 했다. 그 사람들 속에 중국 청두에서 그에게 팔 절단 수술을 해주었던 외과의 랄프 존슨 대령이 민간인 옷을 입고 끼어 있는 것이 아닌가!

35장 다시 중국으로

항상 그렇듯이 일거리가 루벤을 기다리고 있었다. 중국으로 복귀하게 되기까지 시카고 본부 사무실로 다시 보직을 받게 된 것이었다. 거기에 전쟁으로 미국에 묶이게 된 일본 출신 선교사 버지니아 맥켄지가 있었다. 그녀도 비슷한 보직을 받고 루벤과 긴밀하게 연관된 일을 하게 되었다.

후일, 그녀는 이렇게 회고했다.

"내가 그(루벤)에 관한 책을 쓴다면 면마다 같은 얘기, 즉 그의 지치지 않는 헌신과 신앙의 나눔에 대한 얘기로 채울 것이다. 그가 소중한 한쪽 팔을 잃고 처음으로 시카고 사무실에 나타났을 때 주위에 있던 우리 중 그 누구도 그가 보여준 정신과 강인한 의지를 결코 잊을 수 없다. 그는 중부 여러 지역에서 연거푸 강사로 초청을 받았는데 그리스도의 사랑과 능력에 대한 간증이 가는 곳마다 큰 호응을 얻었다."

전쟁으로 파괴된 해외의 교회와 단체의 건물들을 복구하는 데 들어가는 3천만 달러를 모금해 달라고 루벤에게 부탁이 들어오는 것도 무리가 아니었다. 그가 모금 여행을 계속하면서 그리스도에 대한 간증에 새로운 차원이 더해지게 되었다. 그가 어디를 가든지 사람들은 한쪽 팔을 잃고도 아무렇지 않게 행복한 일상을 영위하는 그를 보고 놀라워했다.

한 성도가 이렇게 말했다. "성경에 나오는 인물 중 한 명이 강대상에서 우리를 보고 설교하고 있는 것 같았습니다." 루벤은 처음에 불필요한 주목을 받지 않으려고 의수에 장갑을 끼었다. 그러나 곧 의수를 그만두고 더 쓸모가 있는 족집게형 갈고리를 쓰기 시작했다. 어린 아이가 있는 가정을 방문할 때면 사고를 당했을 때 하나님이 자기를 돌봐주신 이야기를 열심히 들려주는 한편, 어깨를 움직여 의수를 조작하는 시범을 보여주었다.

아이들은 자기와 다르게 생긴 사람들을 보면 겁을 집어먹기 마련이지만, 이 행복한 '노인'에게 오히려 끌렸다. 루벤이 갈고리를 가지고 온갖 재주를 부릴 때면 그의 부드러운 푸른 눈이 장난기로 반짝였다. 루벤이 어느 집에 며칠을 묵었는데 그 집 꼬마가 엄마에게 이렇게 졸라댔다고 한다. "엄마, 나 팔 한쪽 자르면 안 돼요? 루벤 아저씨에게 내 팔을 주고 대신 갈고리를 갖고 싶어요!"

5월이 되자 루벤의 또 다른 면모가 작동하기 시작했다. 그는

35장 다시 중국으로

캐나다 장로교단 총회의 연사로 초빙되었다. 교단의 일부 분파가 중국의 기독교단 지원을 거두어들이기를 바랐다. 미국 장로교단을 비롯한 주류 교파들은 중국 기독교와 전면적 협력 관계를 맺고 있었다. 그들은 그렇게 해야 전쟁과 내전으로 찢긴 나라에서 복음을 강력하고 통일성 있게 전할 수 있을 것이라고 믿었다.

그들은 중국 기독교가 과도하게 자유주의에 경도되었다고 생각하는 사람들에게 불굴의 복음주의자로 알려진 루벤이 영향력을 발휘할 것을 기대하고 있었다. 루벤은 그 도전을 받아들이기로 했다. 토론토의 한 대형 강당의 강단에 올라선 루벤이 캐나다 전역에서 모여든 수백 명의 대의원 앞에서 연설을 시작했다. 그는 청중들의 존경을 이끌어내기에 충분한 외모과 목소리로 연설을 시작했다.

"동역자 여러분, 저는 오늘 제가 35년 동안 섬겼던 중국의 수천 기독교인을 대표해서 이 자리에 섰습니다." 그가 간간이 갈고리를 흔들며 연설을 계속할 동안 청중들은 그를 뚫어지게 바라보았다. "아직 초기 단계를 벗어나지 못한 해외 교회에서 미국의 교단이란 아무 의미가 없습니다. 우리들이 한 일은 '십자가에 못박혀 죽으신 그리스도'를 전하는 것이지 장로교단이냐 감리교단이냐 가리는 게 아니었습니다. 우리가 기뻐하는 것은 암흑의 세력과 미신에 대항해서 싸우는 하나의 통합된 전선의 형성입니다. 이 전선이 바로 중국의 기독교회인 것입니다. 기독교인들이 사소한 차이를 극복하고 합력하여 사역할 때만 우리를 분열케 하는 사탄의 공격을 물리치고 나아갈 수 있습니다."

이 베테랑 선교사는 열정으로 호소하면서도 중국 기독교회가 완벽하지 못하다는 사실을 인정했다. "이 거대한 기독교 사회에서 자유주의 성향의 사람들이 아주 없을 수는 없습니다. 하지만 교단 정화가 우리들이 해야 할 일이라고 생각하지 않습니다. 주님이 명하시기를 추수 때까지 곡식과 가라지가 함께 자라도록 놔두라고 하셨습니다(마 13:24-30). 하나님이 마지막 심판 날에 추수꾼들을 보내어 구별해내실 겁니다. 그 일은 우리가 지금 할 일이 아닙니다."

루벤의 빛나는 믿음, 겸손, 하나님을 온전히 의뢰하는 태도, 한 눈에 드러나는 교양과 수완이 회의장을 움직였다. 그는 늘 그렇듯 이번 강연을 놓고 많은 기도를 해왔다. 연설을 마친 그가 둘러싼 사람들이 퍼붓는 질문에 일일이 대답할 때는 하나님이 그를 통해 사람들에게 말씀하시는 것 같았다. 사람들에게 신념을 불어넣은 결과 그것이 투표 집계에 반영되었는데, 이로써 선교 본부의 소망인 중국 기독교회와의 협력이 가능하게 되었다. 선교사의 파송도 일반 회원들 간의 이견으로 지체되지 않게 되었다. 이리하여 중국 역사상 중요한 시기에 그리스도의 사역을 자유롭게 수행할 수 있게 되었다.

6월, 휘튼 대학 졸업식에서 화려한 박사 가운에 프린스턴 후드를 걸친 루벤이 '위풍당당 행진곡'에 맞춰 걸어 들어왔다. 명예학위 수여 순서가 오자 루벤이 소개되고 명예신학박사 학위가 수여되었다. 학위 수여 다음 순서로 루벤이 졸업 연설을 했다. 오랫동안 대학에 몸담고 있던 한 교수가 이렇게 말했다. "내가 휘튼에서 들어본 졸업연설 중 최고였다."

1947년, 루벤의 어머니 클라라와 누나 에디스는 루벤과 또 다시 이별을 해야 했다. 연세가 87세인 클라라는 대학에서 성경을 가르치는 미혼 딸 에디스를 데리고 살고 있었다. 이별은 매번 점점 더 힘들어졌다. 그러나 두 사람은 루벤이 중국으로 돌아가야 할 때가 되면 그를 힘들게 하지 말아야겠다고 마음을 추스리고 있었다.

선교 본부는 중국의 선교 현장 상태가 루벤이 홀로 그곳에 가도 될 만큼 정리되었다고 판단했다. 상황의 진전을 봐가면서 적당한 시기가 오면 자넷도 루벤과 합류할 수 있을 것 같았다. 루벤과 자넷은 또 한번 무거운 마음으로 이별을 했다. 자넷은 데어리언으로 돌아가 미혼인 두 아들을 데리고 살았다.

2월, 루벤은 뉴욕을 출항하여 파나마를 거쳐 상하이로 가는 화물선에 올랐다. 5주간 항해하는 동안 이 59세의 선교사는 배가 항구에 들를 때마다 꼬박꼬박 편지를 부쳤다. 모친과 누나에게 쓰는 편지였다. "저는 아직도 중국으로 돌아가고 있다는 것과 당분간 어머니와 누나를 보지 못하리라는 걸 실감하지 못하고 있습니다. 실은, 생각해 봐야 별 수 없는 일이기 때문에 생각을 안 해버리는 겁니다. 제가 얼마나 있어야 집으로 돌아갈 수 있을지 누가 어림이라도 할 수 있겠습니까!'

루벤은 다시 한 번 예언적 어투로 심경을 밝히고 있었다. 편지는 이렇게 계속되었다.

"하나님이 인도하시는 길을 따라 가고 있을진대 우리는 매일, 매번의 시험 때마다 그분의 은혜와 능력에 의지할 수밖에 없습니다. 이번 여행처럼 변화된 환경과 새로운 문제들 속으로 홀로 돌아간다는 것은 결코 쉬운 일도, 매력 있는 일도 아닙니다. 다만, 그것이 내가 해야 할 일이라는 것과 나를 쓰실 특별한 자리를 하나님이 나에게 주셨다는 것을 강하게 느끼고 있을 뿐입니다. 그분이 지금 제게 놀랍도록 완전한 영혼의 평강을 주고 계십니다. 어머니와 누나, 그리고 자넷이 편안한 마음으로 저를 떠나 보내주신 것이 큰 도움이 되었습니다. 저의 출발을 이해해 주고 기꺼이 보내주어 떠나오는 저의 발걸음이 한결 가볍고, 슬프지 않았습니다."

파나마 운하는 루벤이 평소 동경하던 곳이었다. 난생 처음 그 곳을 통과하려니 흥분을 감출 수 없었다. 배가 갑문을 통과하는 동안 루벤은 수천 톤이나 되는 강철과 화물을 한 단계씩 끌어올리는 기계의 작동 과정을 놀라움 속에 관찰하며 줄곧 갑판 위에 나와 있었다.

　루벤은 중국에 도착하면 자기가 할 수 있는 사역을 두 가지 방향으로 구상하고 있었다. 형편이 허락한다면 우선 농촌 선교 활동을 재개하는 방향과 그것에 대한 문이 닫혀 있을 경우 지체 장애 병사들을 위한 사역을 하는 방향을 생각하고 있었다. 그러나 하나님은 당신의 종에게 다른 방향의 계획을 갖고 계셨다.

36장 상하이

장로교단 해외선교 본부가 루벤이 상하이에 상륙하기 며칠 전 뉴욕에서 모임을 가졌다는 사실을 루벤은 모르고 있었다. 이 회의에서 "지금 중국을 향해 가고 있는 닥터 루벤 A. 토레이를 중국 재건기금 현지 행정책임자로 임명하기로 결의"했다. 의사록에는 이렇게 기록되었다. "닥터 루벤 토레이는 중국 도착 즉시 이 일을 맡으며… 중국 각 지역의 예상 수요에 대한 조사를 마친 뒤 본부에 직접 보고하기 위해 잠시 미국으로 귀국할 수 있다."

1947년 3월 상하이에 배가 닿을 때까지도 루벤은 이 사실을 전혀 모르고 있었다. 루벤이 하선한 후 선교 본부의 대리자 한 사람이 전보를 내밀었다. 그가 읽어주는 전보에는 다음과 같은 놀라운 소식이 적혀 있었다. "루벤. 재건기금 현지 행정책임자로 피션. 즉시 전임 사역 개시. 공문 후속 발송 예정."

루벤이 계획한 일에 대한 소망과 꿈을 즉시 내려놓아야 할 순간이 온 것이다. 그는 마음속으로 말했다. "내 뜻대로 마옵시고 주님 뜻대로 하시옵소서."

루벤은 즉시 새 임무 쪽으로 마음을 다스려 잡았다. '주님이 인생의 경험을 통해 우리를 훈련시키시는 목적이 무엇인지 아는 사람은 없다.' 그는 이런 생각도 했다. "내가 전에 산둥에 있을 때 행정일을 억지로 맡아 했지만, 그게 장차 더 큰 일을 하기 위한 준비 과정이었다는 것을 나중에야 깨달았다."

루벤은 가족에게 보내는 편지에서 이렇게 썼다.

"내가 과거 선교 본부에 제공한 사역의 내용과 기금 모금 활동 경력으로 볼 때 당연한 직무 배당이기는 하지만, 내가 자의로 선택한 자리는 아니오. 영광스런 직무이고 본부가 나에게 거는 기대를 반영하는 것이기는 하지만 업무 수행의 어려움과 문제들을 생각할 때 내가 그 일을 감당하기에 역부족임을 통감한다오. 그러나 하나님께서 책임을 부과하신 이상, 그분이 내게 업무를 수행하는 데 필요한 힘과 지혜를 주실 것을 믿고 있소. 내가 원하는 바는 이 업무에 진정한 영적 기여를 함으로써 단순한 행정 업무 그 이상의 것을 달성하는 것이오. 내가 선교 거점을 방문할 때마다 하나님이 나를 통해 말씀하셔서 중국인들과 선교사들에게 좀 더 깊은 헌신과 영적 비전을 이끌어낼 수 있게 해달라고 기도해주오."

1947년 9월까지 루벤은 대부분의 시간을 중국 전역을 돌며 예상 수요를 파악하는 데 사용했다. 중국 북부의 전망이 어둡다는 사실도 알아냈다. 변방은 이미 공산당의 통제 하에 들어갔고 산둥성 전역도 곧 공산당 수중에 떨어질 것으로 예상되고 있었다. 루벤이 판단할 때 이 지역에서는 사역이 불가능했다. 공산당이 들어서는 곳마다 선교사들이 떠나거나 감금되었다.

장제스와 그의 일부 참모가 헌신된 기독교인이었지만, 전체적으로 본 국민당 정부는 사정이 나쁜 편이었다. 그들은 일본과의 전쟁으로 기진맥진한 상태인데다가 내전으로 갈기갈기 찢겨있고 행정력도 무능했다. 공산당은 이런 상황을 자기들에게 유리하게 이용할 수 있는 위치에 있었다. 공산당은 중일전쟁 기간에 본격적인 전투를 회피하고 게릴라 전술을 써서 여러 마을에 들어가 박혔다. 그러나 그들은 마을 사람들의 사랑을 받지 못했다. 중국인은 대개 그들을 두려워하고 증오했다. 공산당의 통제 하에 들어간 곳마다 철도가 파괴되고 지뢰가 농토를 망치고 심지어 경작을 장려하는 조치조차 사라졌다.

어느 중국인 말에 의하면, 이런 지역에서는 열 사람 중 여덟이 중앙 정부의 무능에도 불구하고 중앙 정부에 동조한다고 했다. 그 중국인은 '빨갱이 놈들'은 구호는 화려하지만 자유가 전무하다고 했다. 공산당은 인민을 착취하고 농민들에게 입에 풀

칠할 것과 몸에 걸칠 것조차 남겨두지 않는다고 했다. 믿을 만한 철도 서비스가 없기 때문에 루벤은 비행기 편으로 칭다오에서 지난으로 날아가 그곳에 있는 중국인 지인들과 이때까지 잔류하고 있는 소수 선교사들의 따뜻한 환영을 받았다.

9월, 루벤은 항공편으로 업무 협의를 위해 뉴욕으로 돌아와 마침 돌아온 60회 생일까지 아내와 맞이할 수 있었다. 자넷과 함께 그해 10월 중국으로 돌아가고 싶었지만 계획 변경으로 소원을 이루지 못했다. 자넷에게서 망막박리가 나타났기 때문이다. 그래서 중국행 대신 10월에 수술을 받으러 입원을 했다. 루벤은 자넷이 여행이 가능해질 때까지 함께 지내기로 했다. 또한 서부 해안까지 기차 대신 선편으로 파나마 운하를 통과해 여행하는 것이 좋겠다고 결정했다. 기차를 타고 가다가 급작스런 흔들림이라도 생기면 눈 수술 자리에 변동이 생길 수도 있다는 의사들의 염려 때문이었다.

루벤 부부가 12월 화물선을 타고 출발해 상하이에 도착한 것은 1948년 2월이었다. 항해 도중 심한 태풍을 만나 여정이 지연된 것이다. 선실 서랍과 의자들이 튕겨져 나올 때마다 자넷은 웃음을 터뜨렸다. "의사들이 배를 타면 덜 흔들릴 거라고 했다면서요?"

디디가 아버지를 상하이에서 만난 것은 전해 여름이었다. 2

년 남은 고등학교 과정을 중국에서 마치기로 한 것은 디디 자신의 결정이었다. 5개월 동안이나 디디를 그곳에 혼자 남겨두게 되리라곤 아무도 상상을 못했다. 그러나 디디는 실제로 혼자 지내지 않아도 되었다. 항구 도시를 통해 드나드는 사람들이 끊임없이 찾아와서 묵고 갔기 때문이다. 열일곱 살짜리 소년이 돈 관리, 요리사를 도와 식사를 준비하는 것, 손님 접대 등을 해냈다. 그렇더라도 아버지와 어머니가 와서 선장 노릇을 시작하자 어른들이나 하던 모든 책임을 이제 부모에게 넘겨주고 매우 홀가분해 하는 모습이었다.

상하이에 살면서 루벤이 부닥치는 가장 어려운 문제 중 하나가 인플레이션이었다. 그는 돈이 가장 필요한 데를 파악하여 중국에 할당된 400만 달러의 복구 기금을 배분해야 했다. 그런데 미화 가치가 하루에 몇 번씩, 심지어 매시간마다 등락을 거듭했다. 어떤 때는 환율이 3천 대 1이 되기도 했다. 문제는 돈이 뉴욕에 보관되어 있다는 점이었다. 주말이 되면 루벤이 다음 주의 소요액을 확인하고 토요일에 송금 요청 전문을 보냈다. 미국 달러가 도착하는 건 월요일인데 송금된 돈은 즉시 사용해야 했다.

루벤이 중국 교회의 복구를 위한 일을 하고 있는 동안에 자넷은 연합교회 여성들을 위한 성경학교, 러시아 난민 영어학교, 상하이의 600만 거주자 중 수천 명의 빈곤층을 위한 구제 활동, 중국 북부와 미국을 왕래하며 시내를 통과하는 수많은 사람들을 접대하는 일로 분주했다.

이런 방문객 가운데 루벤의 친구인 산둥성 출신의 중국인 목회자가 있었다. 예전에 루벤이 학교를 보내고 안수를 받도록 도왔던 사람이다. 이 사람 창 목사는 당시 매우 여위고 신경이 예민한 청년이었다. 루벤은 이 청년의 집에서 많은 날을 같이 지내며 친한 사이가 되었었다. 창 목사는 루벤이 당한 사고에 대해서 전혀 모르고 있었다. 창 목사는 루벤의 의수 끝에 달린 갈고리를 보고 눈물을 터뜨렸다. 루벤이 중국 서부에서 경험한 일을 듣고 난 창 목사가 이번에는 공산당이 마을을 점령한 후 자기에게 일어난 일을 얘기했다.

"그리스도 신앙을 부인하라는 요청을 받았지만 저는 거부했습니다. 결국 투옥되었지요. 계속 구세주를 부인하지 않자 그들은 저를 밖으로 끌어내더니 손을 뒤로 묶었습니다. 손목을 묶은 줄을 천정 들보 너머로 던져 올리고 나서 줄을 잡아당겨 몸을 허공에 매달았어요. 그리고 줄을 당기며 몽둥이질을 해댔습니다. 정말이지 미쳐버리는 줄 알았습니다."

"창 목사, 그걸 어떻게 견뎌내셨소!" 루벤은 소리를 질렀다.

"숨이 넘어갈 것 같은 고통 속에서 내 죄를 위하여 십자가에 달리신 예수님을 봤습니다. 너무 기쁜 나머지 '할렐루야!' 하고 외쳤지요. 그러자 그들이 갑자기 제 몸을 바닥으로 떨어뜨렸습니다."

보통 세 번만 그런 식으로 떨어지면 뼈라는 뼈는 모두 박살이 나게 마련이었다. 창 목사의 경우, 예수를 위해 고난 받는 영광이 감사해서 하나님께 '감사합니다'를 외치는 그를 공산당원들이 일곱 번이나 끌어 올렸다가 떨어뜨렸다. 당국은 그더러 미쳤다고 했다. 마을 사람들은 그를 재판에 붙일 것을 요구하며 시간을 벌었고, 어느 날 밤 몰래 창 목사를 탈출시켰다. 창 목사는 지금 그리스도를 증거하기 위하여 중국의 다른 지역으로 이동하는 중이었다.

한편, 상하이에서는 공산군이 국민당군을 격파하고 점점 접근해 오자 긴장이 고조되고 있었다. 루벤은 1949년 부활절에 동서인 브로더스 윌링햄에게 보내는 편지에서 이렇게 썼다.

"지난 가을, 굉장히 많은 사람들이 후송되면서 상하이에서 불확실성과 긴장감이 높아졌다네. 나중에 긴장이 낮아져 이후 몇 달간 일상생활이 정상을 거의 되찾았지. 그런데 인플레이션이 문제를 일으켰네. 지난 두 주간 불확실성과 긴장감이 다시 고조되고 있네. 신경전이 격화되었지. 환율이 미친 듯이 춤을 추고 미국 달러가 하루에도 몇 번씩 오르내렸네. 시장 물가가 몇 시간 사이에 30에서 40포인트씩 오르내리고 은행에서 현금을 인출하기도 매우 어려워졌네. 어지럽게 돌아가는 회전목마와 같은 상황을 더욱 악화시키는 게 정치적 불안에 대한 공포심이었네. 총체적 절망에 이른 상태였지. 하지만 내게 할 일이 있고 완수해야 할 책임이 있는 한 도망칠 생각은 할 수 없었네. 하나님의 보호 안에 있는 우리는 걱정 같은 건 하지 않는다네. 무슨 일이 일어나든지 그분의 허락하심으로 받아들일 수 있으니까. 하나님께 충성하고 그분을 어떤 모양으로든지 영화롭게 하며 기독교인들을 안위하고 도울 수만 있다면 그것으로 만족하기로 했네."

중국의 동역자들과 함께(뒷줄 왼쪽에서 세 번째가 막내아들 디디).

37장 공산주의자들

1949년 4월 25일의 아침이 밝았다. 루벤 가족에게 이날은 또 다른 월요일 아침에 불과했지만, 다른 많은 사람들에게는 결정의 날이 되었다. 아침을 드는데 디디가 방으로 급히 뛰어들었다. 라디오를 듣고 있었던 것이다! "방금 들었는데요 부녀자들과 여기에 꼭 있어야 할 필요가 없는 사람들이 내일 떠난대요. 미국 배들이 그 사람들을 후송하려고 강가에 아직도 머물고 있대요."

평소처럼 루벤은 사무실로, 디디는 등교를 했다. 그러나 무성한 소문은 빠르게 퍼져나갔다. 미국 해병대가 적의 사정거리를 피해 강을 내려갔다. 공산주의자들이 다음날 아침에 닥칠 것으로 예상되었다. 로이터 통신은 상하이 부근 철도 요충지 자싱이 공산주의자들의 수중에 떨어졌다는 소식을 타전했다.

이 소식은 그렇지 않아도 사회적 불안으로 소용돌이 치고 있던 도시에서 다이너마이트에 성냥불을 그어대는 결과를 초래했다. 영문판 일간지 하나가 폐쇄를 결정했다. 라디오가 미국인 후송 소식을 계속 전했다. 자넷까지 결국 떠나야 하지 않을까 하고 걱정할 지경에 이르렀다.

한 중국인 친구가 와서 교회 예비 모임에 참석하러 온 여자들이 거의 없었다고 알려줬다. 사람들이 친지에게 거는 전화로 전화선도 혼선을 빚었다. 상하이 아메리칸 스쿨에 다니는 학생들도 10명 중 9명이 뿔뿔이 흩어졌다. 아군 지원 부대마저 존폐가 불확실해졌다. 정오에 사무실에 있던 루벤이 아무 일 없다는 듯이 점심을 들러 집으로 왔다.

"루벤, 아침나절 줄곧 뉴스만 듣고 있었어요." 자넷이 조용히 입을 열었다. "우리는 머무는 거예요 떠나는 거예요?"

"물론 떠나지 않소." 루벤이 커피 한 잔을 더 달라고 부탁하는 양 기정사실이지 않느냐는 투로 대답했다.

공산주의자들이 도착하지 않았다는 사실이 확실해지자 뜬소문은 점차 가라앉았다. 그럼에도 불구하고 그들이 점점 가까이 오고 있는 것은 분명했다. 외국인들이 줄줄이 빠져나가기 시작했고 사업장도 연달아 문을 닫았다. 자넷과 친한 친구들도 며칠 사이에 네 명이나 떠났다.

다음 화요일인 5월 3일, 디디가 이런 말을 해서 저녁 식탁에 앉아 있던 부모를 놀라게 했다. "공산군이 들어오기 전 형편이 괜찮을 때 미국으로 돌아가는 것이 좋다고 생각해요."

루벤과 자넷은 짐짓 놀라움을 감추고 물었다. "다음 가을 학기에 베이징 옌징 대학에 입학하려는 계획은 어떻게 하고?'

"거기서 공부하려면 중국어를 배워야 한대요." 디디는 이런 식으로 대답했다.

"디디야, 여기서 학점을 인정받고 고등학교 졸업장을 받을 수 있다면 미국으로 돌아간다는 결심에 일리가 있는 것 같다. 오웬 씨를 찾아뵙고 의견을 들어보거라." 루벤이 조용하게 의견을 말했다.

루벤과 자넷은 디디의 결심을 듣고 적이 안심이 되었다. 디디는 심정적으로 많이 좌경화되어 공산당으로 망명이라도 할까봐 늘 걱정하고 있던 참이었다. 그래서 부부는 상하이가 '해방' 되기 전에 디디가 여기를 빠져나가게 되기를 기도해 왔었다. 오웬 교장은 두 주간의 학업만 하고 미수료로 기록한 후 디디를 졸업시켜주기로 했다. 디디는 5월 16일이 되기 전에 상하이를 떠나 미국으로 돌아갔다.

멀리서 우르르 하는 포성이 간간이 들려왔다. 그 소리가 점점 가까워졌다. 며칠 간 중포(重砲)들이 상하이 사면팔방에서 쿵쿵거렸다. 국민당 군대는 승전하고 있다는 선전과 반대로 사실상 와해되고 있었다.

5월 24일, 미 참사관이 모든 자국인들에게 무선 통신을 보냈다. "자택에서 나오지 마십시오." 루벤은 이미 디디가 살던 3층으로 사무실을 이전해놓고 있었다. 이때까지 잔류하고 있던 선교사들 중 한 사람한테 열어주기로 한 생일 파티가 취소되었다. 모두 가택 내에 머물고 멀리서 들려오는 포성에 귀를 기울이며 궁금해 했다. "국민당 군대가 후퇴하고 공산군이 장악하는 어간에 시간의 여유가 있을까? 가난에 찌든 폭도들이 약탈을 벌이지나 않을까?"

저녁이 되자 죽음 같은 침묵이 엄습했다. 밤 9시, 루벤이 라디오 다이얼을 '미국의 소리' 방송에 맞추었다. 거리가 먼 방송을 잡지 못하는 성능이 시원찮은 꼬마 라디오가 이날 밤만은 깨끗하고 분명한 소리를 냈다. "공산군이 상하이에 입성했습니다. 지금 쉬자후이까지 진입했다고 합니다." 루벤과 자넷이 놀란 눈으로 서로를 쳐다봤다. 쉬자후이는 두 사람이 사는 프랑스인 거류지와 인접한 지구였다.

두 사람은 라디오를 끄고 조용히 여느 때와 다름없이 잠자리에 들었다. 새벽 3시 루벤이 한 블록 남짓한 곳에서 들려오는 커다란 기관총 일제사격 소리에 잠을 깼다. 자넷이 곯아떨어져 있는 동안 루벤은 한 시간여 조용히 기관총 소리에 귀를 기울였다. 나팔소리가 몇 번 나더니 주위가 조용해졌다. 루벤도 다시 잠을 청했다.

아침에 루벤이 옷을 주워입고 있는데 상하이 라디오 방송이 뉴스를 보도하는 소리가 들렸다. "프랑스인 거류지가 오늘 새벽 3시에 해방되었습니다." "올 게 왔구나!" 루벤은 탄식했다.

아침 식탁에 앉은 선교사들 간에 으스스한 적막이 흘렀다. 자넷이 시리얼을 먹다가 얼굴을 들며 말했다. "루벤, 수년간 공산주의자에 대해서 들어 왔어요. 어떻게 생긴 사람들인지 한번 보고 싶어요! 대문 밖으로 살짝 내다보면 안 되나?"

루벤이 웃음을 터뜨렸다. "조심만 하면 안 될 것도 없지 뭐." 예전에 자넷이 후퇴 중인 군대를 위수의 작은 집 창문을 통해 내다보던 때를 떠올리며 부부는 방을 나가 대문을 슬쩍 열고 바깥을 살펴봤다. 오랫동안 거류지를 수비해온 카키색 제복과 노랑 터번을 두른 키 큰 인도 시크 교도는 보이지 않고, 대신 겨우 열일곱도 안 돼 보이는 한 어린 군인이 근처 문기둥에 기대 주저앉아 있었다. 아마도 밤새 행군을 했는지 두 손으로 총을 꽉 거머쥔 채 곤한 잠에 떨어져 있었다.

이후 루벤 부부는 몇 달 더 상하이에 머무르게 되지만, 이렇게 잠이 덜 깨고 기강이 흐트러진 공산군 병사를 본 것은 그것이 처음이자 마지막이었다. 새 정권이 들어서고 얼마 안 되어 상하이에서 더 이상 사역을 할 수 없겠다는 판단이 섰다. 루벤 부부는 다시 한 번 미국으로 돌아갈 준비를 했다.

남편과 함께 짐을 꾸리고 있던 자넷이 물었다. "루벤, 드디어 떠나려고 하니 기분이 어때요?"

"설명하기가 어렵소. 중국과 나의 사역을 사랑했기 때문인지 슬프기도 하지만 다른 한편으로는 기독교인 친구들의 장래가 매우 걱정되오. 하지만 지난 수년 간에 걸친 긴장과 좌절에서 벗어나게 된다고 생각하니 안도가 되기도 하는구려. 무엇보다도 우리 생명과 친구들의 생명이 하나님 손 안에 있다는 걸 알고 나니 평강이 있구려."

"우리는 중국에서 풍요롭고 행복한 삶을 누렸어요." 자넷은 회상했다. "하지만 지난과 위수에서 보낸 시절이 아주 먼 옛날처럼 느껴져요. 이제 이 중국은 우리가 아는 중국이 아니에요. 저도 이 나라를 떠날 준비가 됐어요."

루벤 부부가 배로 중국을 영원히 떠난 것은 꼭 3개월이 흐른 뒤인 1949년 9월 24일이었다. 귀향 항해는 다른 때처럼 그렇게 편안하기만 한 여행이 아니었다. 두 사람이 탄 제너럴 고든 호는 수송선으로 개조된 배였다. 자넷이 쓰는 선실에는 딴 여자들이 19명이나 더 있었다. 침대 윗칸을 자넷이 사용하고 아래 칸은 홍등가의 여자 포주가 썼다. 나중에 자넷이 루벤에게 말했다. "그 여자, 정말 유쾌한 사람이더군요."

4부
이제는 한국으로

"이곳 사람들은 제각기 가난, 생존을 위한 필사적 투쟁, 용기,
쾌활함, 유머, 감사, 믿음과 소망을 안고 살아가고 있다.
이들의 극심한 고통과 슬픔을 덜고 새 희망을 주게 되기를 바란다.
내가 이들 가운데서 살고 일한다는 것은 놀라운 특권이다."

38장 새로운 임무

가족은 루벤과 자넷이 미국으로 돌아온다는 소식을 듣고 크게 안도하고 기뻐했다. 그러나 두 사람은 복귀 뒤에도 친지들을 찾아볼 시간이 나지 않았다. 루벤은 곧 본부로부터 다음 임무를 받았다. 캔사스시에 본부를 설치하러 다시 출장을 떠나야 했다.

루벤은 1950년 여름과 1951년 여름 동안 몬트로즈 바이블 컨퍼런스의 강사진 중 한 사람으로 일했다. 이 집회가 열린 수주간, 옛 지인들과 새로 알게 된 사람들이 루벤을 찾아와 자문을 구하고 교제를 나누었다. 루벤 속에 부친 R. A. 토레이의 영혼이 살고 있는 것 같았다. 집회에 참석한 한 사람이 이렇게 말했다. "루벤은 참으로 고결한 사람입니다."

1951년, 루벤은 64회 생일을 맞았다. 교단 본부는 경제적 이유로 캔사스시 사무실을 폐쇄하기로 결정을 내려놓고 있었다.

모든 중부지역 사역은 시카고가 관장하도록 했다.

  루벤과 자넷은 작은 집을 휘튼에 마련하고 석 달 간 그 집에 살았다. 두 사람은 시카고 사무실을 거점으로 사역 보고 집회에 나가는 일을 계속하는 한편, 하나님이 두 사람 생애를 다음 단계 일로 인도해주시기를 바라며 계속 기도했다. 지금 하고 있는 빡빡한 사역 보고 강연 스케줄을 무한정 붙잡고 있어서는 안 되겠다는 생각이 들었다. 공산당이 2년이나 중국을 지배하고 있는 실정을 감안해볼 때, 가까운 장래에 중국에서 사역을 재개하기는 어려워 보였다. 일본의 문은 넓게 열려 있었지만 두 사람 나이에 새로운 언어를 습득한다는 것은 쉬운 일이 아니었다. 11월이 되어서야 두 사람은 결론에 도달했다.

  "내년 9월이면 내가 65세가 되지." 루벤이 다소 서글픈 표정으로 입을 열었다. "1월에 본부에 편지를 써서 조기 은퇴를 신청해야겠소. 몸도 건강해서 에너지가 넘치기 때문에 70세 이전에 은퇴하고 싶은 생각은 없소. 그러나 이 나이에 현장 선교 사역을 맡겨줄 곳도 없을 것 같소." 장로교 본부와 함께 일하는 것을 끝내야 한다는 생각을 하면 다소 풀이 죽을 수밖에 없었지만 당면한 상황에서 택할 수 있는 길은 은퇴뿐이었다. 그러나 전에도 여러 번 그랬듯이 하나님은 다른 계획을 갖고 계셨다.

  어느 날 밤, 루벤 부부가 저녁 식탁을 마주하고 앉아 있는데 전화 벨이 울렸다. 루벤이 전화를 받았다. "루벤 토레이입니다."

자넷은 대화가 진행됨에 따라 남편의 얼굴에 변화가 일어나는 것을 봤다. 남편의 눈에 생기가 돌았다. 근자에 남편에게서 보지 못한 열정과 기대가 얼굴에 떠오르면서 그의 존재 전부가 잠에서 깨어나는 것 같은 표정이 되었다.

자넷은 남편이 수화기를 내려놓자마자 물었다. "무슨 전화예요, 루벤?"

"뉴욕에서 온 전화인데, 날 보고 한국으로 가라는군." 루벤이 놀라움에 찬 목소리로 천천히 대답했다.

"한국이라!" 자넷이 크게 말했다. "거긴 전쟁 중이잖아요!"

"맞소." 루벤이 감정을 억제하는 투로 대답을 하며 주방의 창밖을 응시했다. "그래서 나보고 가라는 것이오. 양민 3천 명이 팔이나 다리를 잃었는데 속수무책이래요."

"그래서 당신더러 무얼 하라는 거예요?"

루벤이 아내에게 다시 눈길을 주면서 마치 자기 자신에게 말하듯 설명했다. "본부가 원하는 건 내가 그 사람들을 위해 재활 프로그램을 만들고 시행하는 거지."

"당신은 한국어를 할 줄 모르잖아요!"

"모르지. 하지만 본부에선 내가 통역을 통하면 일을 할 수 있으리라 생각하고 있소. 아마 단기 사역일 거야. 1년 아니면 기껏해야 5년." 루벤은 입을 다물었다. 침묵이 흘렀다. 자넷은 앞에 놓인 접시를 내려다보며 이 소식의 막중함을 소화해내려 애쓰고 있었다. 자넷은 탁자 너머 남편의 강인한 얼굴과 테 없는 안경 뒤의 푸른 두 눈을 바라봤다. 남편은 근심과 흥분이 야릇하게 얽힌 표정으로 자기를 보고 있었다. 자넷 눈에 별안간 남편이 청년이 된 것처럼 보였다. 자넷은 남편이 한번 하기로 작정한 일은 반드시 해내는 사람이란 걸 알고 있었다.

"물론 가겠지요?" 자넷은 남편의 얼굴에서 눈을 떼지 않은 채 차분한 목소리로 입을 열었다.

"물론이지." 아내의 허락이 떨어졌다고 여겨지자 루벤의 눈에서 고뇌의 빛이 사라지고 자동차 경주에 뛰어드는 사내의 젊은 의욕만이 가득 찼다. "인간의 눈으로 보자면 불가능한 과제야." 그는 아내를 진정시키고 나서 의미심장하게 말했다. "지금에 와서야 왜 하나님이 내 팔을 잃도록 하셨는지 알 것 같소!"

"당신이 잘 처리했던 그 모든 행정 업무들을 하나님이 왜 당신에게 맡기셨는지 그 이유도 알 것 같아요. 상하이 근무만 해도 그래요. 일에는 방법이 있는 법이고 당신은 그 방법을 찾아낼 수 있어요, 루벤."

"그런데 큰 문제가 하나 있소." 말을 잇는 루벤의 눈빛이 약간 흐려졌다. "간호사와 의사를 제외한 나머지 여자와 아이들이 다 한국 밖으로 후송되었소."

"그래서 저는 못 간단 말이군요." 자넷은 남편의 결론에 종지부를 찍었다.

"맞아요. 그런데 여보, 난 당신과 또 다시 긴 이별을 하고 싶지 않소." 루벤은 손을 테이블 위로 뻗어 아내의 작은 손을 잡으며 말했다.

"루벤, 그리 긴 기간은 아닐 거예요. 어쨌든 공산군이 다시 38선 이북으로 쫓겨갔고 현재 미군이 전쟁에서 이기고 있다니까요."

"당신 말이 맞기를 바라오, 여보." 이리하여 루벤은 은퇴 계획은 뒤로한 채 훗날 스스로 '최고의 성취'라고 부른, 하나님을 위한 새로운 사역의 길로 들어섰다. 그는 자주 이렇게 말했다. "내가 이전에 선교 사역을 행한 39년은 이 직임을 위한 준비 기간이었소."

39장 준비

1952년 초 루벤 부부는 뉴욕으로 거처를 옮겼다. 거기서 루벤은 자기 앞에 놓인 어려운 과제를 수행할 준비를 시작했다. 전문 인력과 소요될 물자가 관건이었다. 그가 조직의 세부 사항을 하나씩 놓고 기도한 결과 각각의 조각들이 훌륭하게 제자리를 찾아 맞추어졌다.

기독교세계봉사회가 이 사업의 후원 단체가 되기로 했다. 이 결정은 루벤이 자기가 속한 선교회 외에도 딴 선교회의 도움을 받아 더 많은 인적 자원을 확보할 수 있는 계기가 되었다. 한국에서 온 고참 선교사이며 능숙한 간호사인 수 애덤스 부인이 루벤의 오른팔이 되었다. 한국을 도와야 한다고 수를 설득한 것은 그녀의 남편이었다. 그래서 수가 이 프로젝트에 큰 관심을 갖고 자원하게 되었다. 수는 일단 간호사로 일하기로 했다.

하루는 수가 미드 맨하탄 거리를 걷다가 '지체장애인연구소'라고 쓰인 간판을 보았다. 관심이 생긴 그녀는 정문을 열고 걸어 들어갔다.

"여기 책임자가 누구신가요?" 수는 맨 처음 스치는 사람에게 물었다.

"찰스 골드스타인 씨입니다." 그는 대답했다.

조금 뒤, 수가 찰스의 사무실에서 그를 상대로 질문을 하고 있었다. "수족장애인도 여기 프로그램에 포함되어 있습니까?"

"네, 그렇습니다. 의수와 의족의 제작법을 가르치고 있습니다."

수가 흥분을 억제하기가 힘드는 듯 혼잣말을 했다. "닥터 루벤이 필요한 것이 바로 이거잖아?"

찰스는 친절하게 전체 과정을 안내했다. 견학을 마친 후 수는 본질과는 무관해 보이는 언급을 했다. "찰스 씨, 말씀을 나누는 중에 노스웨스턴 대학교에서 제가 존경하는 교수님 얼굴이 떠올랐습니다. 당신과 이름이 같은 교수님이에요." 찰스는 깜짝 놀라며 그녀를 바라보았다. "제 부친입니다!" 그는 큰 소리로 말했다.

이때부터 얘기가 일사천리로 진행되었다. 찰스는 한국에서의 수족절단자 재활 프로젝트라면 무슨 일이든지 기꺼이 돕겠다고 약속했다.

"제 동료인 닥터 루벤 토레이가 연락을 드릴 겁니다." 수가 사무실을 나오며 확인을 해주었다.

수의 얘기를 들은 루벤도 흥분했다. "이제 찰스가 가르치는 의수족 제작법을 배울 수 있는 사람 둘만 구하면 되겠군." 루벤은 열의가 넘치는 목소리로 말했다.

5번가 156번지에 있는 장로교 본부에 문의하니 감리교인 청년 한 사람과 장로교인 청년 한 사람이 예일 대학에서 어학 공부를 마치고 한국에서 첫 사역 기간을 채우러 막 출발하려고 한다는 사실을 알게 되었다. 두 사람 다 농촌 선교사로 떠난다는 것이었다.

루벤이 두 청년을 만나서 의수족 제작자가 되어 수족절단자 재활 사역을 도와줄 수 있느냐고 물었다. 두 청년은 도움이 된다면 무슨 일이라도 하겠다고 대답했다. 루벤이 즉시 지체장애인연구소로 찰스를 만나러 갔다.

"두 청년을 훈련시켜주실 수 있겠습니까?" 루벤이 문의했다.

"물론입니다." 얼른 대답이 돌아왔다.

"의수족 제작법을 배우는 데 얼마나 걸립니까?"

"9개월 코스가 있습니다."

"이 청년들에게는 3개월 기간밖에 없습니다. 9월에 한국으로 출발해야 하니까요."

찰스가 가당치도 않다는 표정을 지었다. "그렇게 짧은 기간 동안에는 불가능합니다. 특히 찌는 듯한 뉴욕의 여름 날씨 아래서는요." 찰스가 완강한 어조로 말했다.

"아, 이 청년들에 대해서 잘 모르시는 모양이군요." 루벤이 얼른 대꾸했다(실제로, 루벤도 잘 몰랐다). 찰스는 마땅치 않아 하면서도 일단 이들 신임 선교사들을 받아들이기로 했다.

폴 킹즈베리와 딘 손거르트는 찌는 듯한 뉴욕의 더위 속에 아랑곳하지 않고 '림숍(의수족 공작소)'에서 여름을 보냈다. 학습과정을 빨리 마치기 위해서 한 사람은 의족, 다른 한 사람은 의수 제작을 연마하기로 했다.

찰스는 프로젝트에 감동을 받고 푹빠진 나머지 루벤이 한국으로 출발할 때 60여 종의 의수와 의족을 희사했다. 한국 세관 검사원이 인공 장구가 든 상자 30개 중 하나를 열자 정강이 하나, 넓적다리 하나, 종아리 하나, 양말과 구두까지 착용한 발 한 쪽이 보였다. 놀란 검사원은 물건들을 상자 속에 도로 던져 넣고 'R. A. 토레이 2세'라고 쓴 딱지가 붙어 있는 다른 상자는 열어보려 하지도 않았다!

루벤이 간호사 한 사람과 치료사 한 사람을 물색해서 동역 약속을 받아냈다. 남장로교의 2세대 선교사 닥터 폴 크레인이 한국 청주 병원에서 근무하다가 휴가를 얻어 존 홉킨스에서 재교육 과정을 밟고 있었다. 그는 루벤의 프로젝트 얘기를 듣고 지원을 약속했다. "루벤, 환자를 위해 병상 25개를 잡아놓겠습니다. 수술이 필요한 환자는 무료로 시술을 해드리겠습니다." 하나님은 그렇게 놀라운 방법으로 필요를 채워주셨다.

몇 차례 강연 일정을 마친 루벤은 어머니와 누나에게 또 한번의 작별 인사를 하기 위해 미 중서부로 돌아왔다. 어머니 클라라는 거의 93세로 접어들면서 기력이 쇠약해지고 있었다. 이별의 부담을 덜기 위해서 루벤이 어머니를 안심시켰다. "어머니, 1년 후에 다시 와서 뵐 겁니다. 어머니, 100살까지 사실 거예요!" 그러나 두 사람 다 이것이 마지막 이별이라는 사실을 알고 있었고, 또 실제 그렇게 되었다. 루벤은 1년이 다 되어도 돌아오지 못했고, 어머니 클라라는 아들이 한국으로 떠난 지 아홉 달이 지났을 때 병석에 눕고 말았다. 그녀는 94번째 생일을 맞고 13일 후 조용히 천국으로 들어갔다.

자넷과 디디는 루벤이 캘리포니아로 떠나는 것을 보기 위해 시카고로 갔다. 그러나 두 사람이 타고 휘튼으로 돌아와야 할 소형 통근 기차가 루벤이 탄 길고 멋진 횡단 열차가 출발도 하기 전에 떠나야 했다. 자넷과 디디가 휘튼에 도착하고 나서 3분 후에 경고음이 울리고 건널목 차단기가 내려왔다. 두 사람이 플랫폼에 외롭게 서 있을 때 거대한 급행열차가 휘튼을 통과해 캘리포니아를 향해 달렸다. 기차의 전망 데크에 나와 밖을 보고 있던 루벤은 친숙한 체크무늬 정장에 작고 멋진 흑색 모자를 쓰고 남편의 모습이 안 보이게 될 때까지 작은 손수건을 흔들고 있는 아내를 금방 알아볼 수 있었다.

자넷은 디디에게 말했다. "아버지는 정복자의 위엄을 갖추고 천둥처럼 빠르게 질주하고 있고, 우리 둘은 느린 통근 기차를 타고 역마다 정지하며 가다가 어느 역에서 내려 안전하고 단조로운 일상으로 돌아가는구나. 뭔가를 상징적으로 보여주는 것 같지 않니?'

자넷이 쓰라린 마음을 달래며 디디와 함께 역사를 나와 집까지 걸었다. 시댁에 도착하니 자정이 되었다. 시누이들이 이미 잠자리에 든 것을 보니 오히려 반가웠다. 혼자서 생각에 잠길 수 있기 때문이었다. 살금살금 계단을 올라 방에 들어가 평소 좋아하는 묵상책을 열었다. 이날의 묵상 구절은 이랬다. "당신이 보는 것처럼 우리도 볼 수 있어서 그것을 최선의 것으로 선택할 수만 있다면, 어떤 운명이 놓여 있을지라도 우리는 그 안에서 쉼을 얻을 수 있나이다."

자넷이 잠을 청하러 침대에 눕자 평강과 소망이 그녀의 아픈 마음을 포근하게 감싸안았다.

40장 한국 도착

1952년 6월 30일, 루벤이 탄 비행기가 남한의 부산 공항 상공에서 하강을 시작했다. 루벤은 창문을 통해 어둠 속을 들여다보며 항구 도시의 모습을 개략적으로나마 파악하려 애썼다. 그때 예기치 않게 비행기가 위치를 바꾸더니 상승하기 시작했다. 구름이 조종사의 시야를 흐리게 했던 것이다. 두 번째 착륙 시도도 같은 식으로 끝났다. '오늘 밤 안으로 착륙이나 할 수 있을까?' 루벤의 머리 속에 의구심이 피어 올랐다.

세 번째 시도 끝에 비행기가 휘황하게 불을 밝힌 활주로에 내려 앉았다. 근처 언덕에 매복한 저격병의 표적이 되기 십상이었다. 모든 게 잘 돌아가고 있다고 생각하고 있는데 비행기가 박격포 사격을 받았다. "이건 또 뭐람?" 놀란 루벤은 조용히 기도를 드렸다. 게릴라들의 위치가 너무 멀어서 비행기에 손상을 주지는 못했고 조종사가 군용기를 무사히 착륙시켰다. 이것은 전쟁으로 폐허가 된 나라에서 루벤이 다시 한 번 겪은 생생한 전쟁 기억이었다. 그가 비행기에서 나오는데 위병, 초병 그리고 완전군장을 한 전차병들이 차려 자세로 도열해 있었다.

"충칭 시절이 생각나는군." 루벤이 잠시 생각에 잠겨 있는데 선교사 두 명과 한국 목사 한 명이 다가와 "한국에 오신 것을 환영합니다, 닥터 루벤 토레이! 한국 기독교인과 수족절단자의 이름으로 인사를 드립니다" 하며 웃음 띤 얼굴로 맞았다.

이 남자들이 세관 검사대 통과를 도운 뒤 루벤이 원하기만 한다면 언제까지라도 묵을 수 있다는 선교사 숙소로 차를 태워주었다. 거기서 선교사들이 아이스크림을 대접하며 열심을 내어 루벤이 앞으로 할 사역에 대해 이야기했다.

이튿날, 루벤은 일찍 일어나 매일의 기도를 드리고 성경을 읽었다. 기숙사는 다른 선교사들도 여러 명 북적대는 일본식 가옥이어서 화장실을 사용하려면 차례를 기다려야 했다. 변기가 아주 구식이어서 냄새가 집안 곳곳에 스며들었다. 물도 귀하고 세면 시설도 매우 부족했다.

루벤은 부산에 두 주를 머물면서 지프로 여기저기 안내를 받았다. 미 대사관으로 가서 등록을 마친 후 대사관을 만나 경의를 표했다. 미군의 주요 인사와 한국 관리들도 만났다. 수족절단자 재활 프로젝트를 시작하는 데 필요한 도움을 얻을 사람들이었다. 지프를 타고 대한민국의 수족절단자 병원 한군데를 방문했다. 병상들이 사이로 지나갈 수 없을 정도로 촘촘하게 배치되어 있었다. 병상 위 젊은이들을 보니 루벤은 마음이 아팠다.

"이처럼 절망적이고 피폐한 군상을 본 적이 없습니다." 루벤이 안내하는 사람에게 입을 열었다. "대부분이 다리 절단 장애인들인 모양이군요." 손 절단 장애인들도 있었다.

루벤이 착용한 근사한 갈고리 의수를 본 그들은 주위에 몰려들어 관찰하며 통역을 통해 질문을 쏟아냈다. "작동은 어떻게 해요?" 루벤이 웃음 띤 얼굴로 어깨 동작으로 팔을 움직이고 갈고리 집게를 폈다 접었다 하는 시범을 보여주었다.

병원 방문이 있은 후 부산 일간지에 루벤의 사진과 함께 관련 기사가 실렸다. 기사의 일부는 다음과 같았다. "인류를 위한 사랑의 사도 닥터 루벤 토레이가 병상에 누운 우리 백의의 영웅들을 한 사람 한 사람 찾아보고 상처를 어루만져주었다. 이 숭고한 모습을 보는 우리들은 눈물을 참을 수 없었다… 예수 그리스도는 '네 이웃을 네 자신같이 사랑하라'고 하셨다. 이럴진대 우리가 어찌 수족을 잃은 동포들에게 무관심할 수 있겠는가?"

루벤은 부산에서 고국으로 부친 편지에서 깊은 감동을 털어놓았다. "내가 받은 환영과 수족절단자 재활 프로젝트에 대해 표출된 열광과 기대는 매우 감동적이었다."

루벤은 시가지를 다음과 같이 묘사했다. "부산 시는 2년 만에

30만 인구의 도시에서 북쪽에서 내려온 피난민들로 인해 인구 100만의 도시로 성장한 불결하고 볼품없는 도시다. 수천 명이 초라한 판잣집들이 빼곡하게 들어선 지역에서 살아가는 모습은 말로 형용할 수 없을 정도로 비참하다. 이곳 사람들은 제각기 가난, 생존을 위한 필사적 투쟁, 용기, 쾌활함, 유머, 감사, 믿음과 소망을 나타내며 살아가고 있다. 내가 이들의 극심한 고통과 슬픔을 경감시키고 두려움에 떨고 있는 많은 사람들에게 새로운 희망을 주게 될 수 있기를 바란다. 내가 이 사람들 가운데서 살고 일한다는 것은 놀라운 특권이다."

한국 도착 이후 몇 주 동안 여름 더위가 기승을 부리기 시작하면서 루벤은 기운을 차리려고 애썼다. 복잡한 생활 조건과 줄지어 집으로 찾아오는 방문객들로 사생활은 고사하고 혼자 있을 틈마저 없다시피 지냈다. 아침마다 아기를 안고 부엌에 와서 우유 한두 병을 구걸하는 형편을 보면서 온통 가난과 고통에 신음하는 세상을 통렬하게 느끼며 사는 나날이기도 했다.

그렇다고 루벤이 아내를 잊고 산 것은 아니었다. "때때로 그리움으로 앓고 있소." 루벤이 아내에게 이렇게 썼다. "그러나 사기를 유지하기 위해 당신 생각을 억지로 마음의 구석 자리로 밀어 넣곤 한다오. 다른 선교사들도 대개 아내와 떨어져 살며 동일한 좌절과 가슴앓이를 맛보며 매일 치열하게 살고 있소."

루벤은 미국에서 올 보급품 상자를 기다리다 못해 매일 중요한 사람들을 만나고 다녔다. 교육부 장관, 사회보건부 장관, 국방부 장관을 만나 자기의 목표와 필요를 설명했다. 이 사람들 가운데 다수가 기독교인이거나 기독교 학교에서 공부를 한 사람들이라는 것을 알게 되었다. 육군 장군, 대령, 유엔 인사들도 찾아가 만났다. 모두들 친절하고 협력하려는 태도를 보였다. 지방지 WCTU와 한 주요 일간지에서 각각 루벤을 환영하는 만찬을 베풀었다.

루벤은 이런 만찬 자리들에서 아직 만나지 못한 지역 인사들을 만나 향후의 사역 계획을 알릴 수 있었다. 이런저런 인터뷰들 사이에 지방 병원과 관영 재활원을 방문했다. 이들 관영 재활원은 루벤이 생각하는 조건들을 구비하지 못했고 민간과의 협력도 잘 이루지지 않고 있었다.

7월 16일, 루벤은 네드와 수 애덤스를 데리고 미 육군 열차로 부산을 떠나 대구를 향해 출발했다. 루벤이 근무를 희망하는 병원 가운데 한 곳을 직접 둘러볼 목적이었다. 한국의 산야를 처음 구경할 기회이기도 했다. 묵직한 초가지붕을 얹은 작은 농가들 뒤로 계단밭이 있는 민둥산이 보였다.

"일본의 풍요한 녹색과 대비되는 메마른 산야를 보고 놀랐습니다." 루벤이 동료들에게 말했다.

"아실지 모르겠습니다만," 네드가 설명했다. "전쟁 중에 일본인들이 목재용 큰 나무를 모두 베어 산을 벗기다시피 했고 조금 남아 있던 나무조차 조리와 난방용으로 다 베어 갔기 때문이지요. 선교사 덱스터 루츠가 미 육군과 협력하여 산림녹화 프로그램을 진행하고 있습니다."

"저 초가집에서 평화롭게 하늘로 피어 오르는 연기만 보면 한국 땅에서 아직 전쟁이 벌어지고 있다는 사실을 잊어버리기 쉽군요." 루벤은 차창 밖 평화로운 경치를 감상하며 말했다.

본부를 설치하기로 한 대전에 정착하기 전, 루벤은 중공군 전쟁포로 수용소에서 두 주간 지냈다. 중국에서 파송돼 와서 미 육군에 시무하는 동료 선교사에게 휴가 기회를 만들어주려는 목적으로 루벤은 거기서 군목으로 일했다. 두 주간 거제도의 뜨거운 기온과 흙먼지 속에서 외롭고 향수에 젖은 중공군 포로들을 섬기는 독특한 기회였다.

한편, 대전 외곽 언덕바지에 수족절단자를 위한 직업교도원을 세울 터가 결정됐고, 건축을 위한 현장 사무소가 개설되었다. 루벤이 일을 감독하러 와보니 청년들 21명이 일할 채비를 갖추고 있었다. 그 중 네 명이 수족절단 장애 군인이고 상이군인이 한 명, 여성이 아홉 명이었다.

루벤은 이렇게 적었다. "찌는 해 아래 곡괭이와 삽을 들고 땅고르기를 하는 젊은 자원자들의 기쁨에 찬 모습, 열성과 기술을 보면서 큰 감동을 느꼈다."

그 사람들 중 팔 잃은 한 자원자가 나중에 이렇게 얘기했다.

"하루는 우리가 땀에 흠뻑 젖어 작업을 하고 있는데 루벤 선교사님이 오더니 활짝 웃는 얼굴로 우리와 한 명씩 인사를 나누는 거예요. 놀란 건 그분이 자기의 의수를 조금도 부끄러워하지 않는다는 점이었어요. 우리는 팔을 잃은 때부터 이게 수치스러웠거든요. 선교사님은 의수로 연필을 들거나 손수건을 집는 시범을 보여주었어요. 우리는 그걸 보고 크게 위로를 받았고 팔이 없는 것에 대해 너무 걱정할 필요가 없다는 생각이 들었어요. 루벤 선교사님은 우리에게 외톨이 인생을 끝내고 정상인이 되는 법을 처음으로 보여준 분입니다. 그분을 통해 삶의 새 희망을 찾았어요. 그분은 주님이 예비하여 우리에게 보내신 분입니다."

루벤은 건물이 올라가는 것을 보며 덱스터 루츠와 제일 적당한 식수(殖樹)의 종류를 의논해 소나무와 빨리 자라는 개아카시아를 심기 시작했다. 수년 뒤 그곳은 녹색의 정자(亭子)로 변했다.

그러나 대전에서의 일이 모두 행복한 가운데 순조롭게 진척된 것은 아니었다. 부산이 피난민과 절망의 도시라면 대전은 폐허의 도시였다. 한때 인구 20만의 철도와 산업 중심지로 번성하던 이 도시의 중심부 4평방미터가 미 공군의 폭격을 당했다. 많은 사람들이 죽어서 도랑을 파고 묻었다. 생존한 사람들은 직업을 잃었다. 파괴되어 돌무덤이 된 건물이 도처에 널려 있었다. 대전 20개 교회 중 7개 교회가 장로교회였다. 그들 기독교인들은 빈민을 돕기 위해 애를 쓰고 있었다.

대전은 사람이 살고 싶어할 만한 곳은 못 되었다. 그러나 루벤은 본부로 쓸 집을 구하다가 작은 일본식 방갈로를 찾았다. 선교회가 그 방갈로를 사서 루벤이 쓰도록 조치했다. 루벤은 수개월 간 가구를 하나씩 마련해가며 방 두 개짜리 방갈로를 번듯한 집으로 개조했다. 루벤은 천성적으로 무질서, 혼돈, 적당주의를 싫어했다. 부산에서 협착한 삶과 사생활 부족 상태에 있다가 이제 자기 공간이 생겼다는 사실에 그는 마음이 들떴다.

장로교, 감리교, 캐나다 연합교회가 1949년에 합동으로 세운 연합기독봉사회가 있는, 시내로부터 6킬로미터쯤 떨어진 황량한 언덕 위에 직업교도원(수족절단자 재활 프로젝트의 공식 명칭)의 터를 잡았다.

건물 완공까지 복잡한 문제들에 봉착했다. 루벤이 전에도 겪은 바 있는 두 가지 문제, 즉 인플레이션과 기근 문제였다. 이 두 가지 문제 위에 건축 문제가 겹쳤다. 건축 분야에 일가견이 있다는 한 선교사에게 자문을 받았다. 그의 자문에 따라 다진 흙을 사용해서 건물 세 채를 지었는데 여름 장마에 다 쓸려가버렸다. 결국 한국인 건축업자를 찾아내어 고용했다. 그러나 통역을 세워 그 사람과 일을 시작한 지 몇 달 만에 그가 정직하지 않은 사람이란 걸 알게 되었다. 그를 해고하고 다른 이를 찾았다.

이 시기, 루벤은 이렇게 적었다. "다 그만 두고 귀국하고 싶은 생각이 든다. 하지만 나를 한국으로 인도하신 건 하나님이다.

따라서 그분이 문제에 대한 해결책을 주실 것이고 이 공사를 재개하게 해주실 것이다."

아홉 달이 걸린 후 마침내 일곱 채의 튼튼한 건물을 세우고 장비를 갖추었다. 이 건물 안에서 인공수족이 제작되고 장애인들이 사용법을 배우고 직업 훈련을 받아 자립해 나갔다. 프로젝트가 외부에 알려지고 자금이 유입되었다. 자금은 여러 곳에서 들어왔다. 기독교세계봉사회, 유엔민사원조처 한국 지부, 협력 선교회들, 수백 명의 개인 후원자, 한국 파병 군인, 미국의 기독교인 등이 후원금을 보내주었다.

시간이 흐를수록 루벤은 자넷이 점점 더 그리워졌다. 1953년, 일본에 피난 갔던 한국 주재 선교사 부인들이 하나 둘 한국으로 복귀하기 시작했다. 그것을 보고 루벤은 희망이 생겼다. "여름이 되면 자넷도 여기 올 수 있을 거야." 미국에 있는 자넷에게 쓴 편지들이 생각났다. 뉴욕 본부와 한국 선교회의 승인이 떨어져야 되는 일이었다. 루벤은 활동을 개시했다.

미국에서 온 보급품을 실은 트럭 앞에서 수 애덤스, 한국인 동역자와 함께. 한국에서 활동해온 고참 선교사이며 능숙한 간호사인 수 애덤스 부인이 루벤의 오른팔 역할을 했다.

41장 사역의 시작

직업교도원 건물이 준공되기를 기다리는 동안 루벤은 서울을 자주 왕래했다. 서울에 있는 대규모 세브란스 병원은 이미 치료가 필요한 수족절단 환자들을 받아들이고 있었다. 폴 킹즈베리가 1952년 가을부터 뉴욕에서 와서 병원 내에 의수족 제작소를 개설하고 수족절단자들에게 의수족 제작하는 방법을 가르치고 있었다.

유서 깊은 한국 수도 서울은 최근의 폭격으로 많은 건물들이 부서진 상태였으나 부산이나 대전만큼 참담한 모습은 아니었다. 피난민촌이 벌거숭이 산비탈을 메워서 마치 작은 상자들을 군데군데 모아놓은 것처럼 보였다. 루벤은 네드와 수 애덤스를 벗 삼아 서울 생활에서 즐거움을 얻었다. 그들이 기거하는 집은 멋스럽고 평안했다. 하지만 매일 밤 연속적으로 들려오는 포성 때문에 전쟁터에 점점 가까워지고 있는 듯한 느낌이 들었다.

어느 날 저녁, 네드와 수 부부와 함께 저녁 상 앞에 앉아 있던 루벤이 말문을 열었다. "우리 일을 거들어줄 사람들을 채우시는 하나님의 방법이 참으로 놀랍다는 걸 종종 느낍니다."

"우리의 사역을 그분이 승인하신다는 증거들이 아닐까요?" 수가 말을 받았다.

"폴과 함께 일하라고 당신이 서울로 데려온 한 수족절단자에 관해 수와 무슨 얘기를 나누시는 것 같던데요?" 네드가 물었다.

"맞아요. 굉장히 재미나는 얘기가 있어요. 정간모라는 사람인데 직업교도원 일로 만났어요. 테너 목소리가 아주 좋고 총명한 청년입니다. 철도 사고로 다리 한 쪽을 잃고 의족을 했어요. 얼마나 잘 만들어 달았던지 두 다리 가진 사람만큼이나 잘 걸었어요. 자기 혼자 만든 의족에 만족한 나머지 아예 의족 제작 사업을 시작해보려던 참이었지요. 그래서 내가 폴을 도와서 의수족 제작소를 여기에서 열어보는 게 어떠냐고 운을 뗐더니 매우 좋아하더군요."

"아주 좋은 생각이군요. 근데, 통역 겸 비서감은 찾았습니까? 한국에 온 후 계속 그 문제를 놓고 기도해오지 않았어요? 우리들도 기도하고 있습니다." 네드가 고기 한 점을 썰어 루벤에게 내밀면서 말했다.

"아니, 됐어요. 맛있지만 이제 그만 먹겠습니다." 루벤이 말을 이었다. "마침 그 건에 대해서 말하려고 했어요. 우리 기도가 응답을 받은 것 같아요. 오늘 오후 박 씨라는 아주 잘생긴 청년을 하나 만났어요. 미군 통역을 한 적이 있다는군요. 영어로 말도 하고 읽기도 꽤 잘 하는 편인데다가 일어도 능통하더군요. 내가 가끔 물자를 구하러 일본을 왕래해야 한다는 걸 생각하면 아주 잘된 일이지요. 가족 부양 때문에 보수가 나은 직장을 구하고 있다고 했어요. 게다가 신실한 기독교인이고도 하고요."

"조건이 딱 맞네요, 루벤. 그래서 그를 채용할 생각입니까?" 수는 큰 관심을 보이며 물었다.

"임시로 써볼 생각입니다." 루벤은 대답했다.

두 사람은 모두 수족절단자 재활 사역에서 소중한 인물이 되었다. 정간모는 의족의수 제작 사업의 대가가 되었고, 그 뒤 프랑스령 카메룬의 엘라에 있는 커다란 장로교단 병원의 초빙을 받아 가게 되었다. 정간모는 거기서 아프리카 사람들을 상대로 의족의수 제작 기술을 가르쳤다. 엘라에 있는 의사들 중 한 사람이 정간모에 대해 이렇게 표현했다. "그는 한마디로 의족의수 제작의 대가일 뿐 아니라 한국에서 온 사도이며 진정한 그리스도의 사자이다."

박 씨는 루벤의 오른팔이 되었다. 루벤은 박 씨를 아들처럼 사랑하고 그에게 점점 큰 책임을 넘겨주었다.

서울이 전쟁으로 파괴되면서 세브란스 병원도 큰 피해를 보았으나 루벤이 보내는 수족절단자들의 치료는 계속했다. 이곳에서 사역이 본격화된 것은 미 제1군단이 이 소식을 듣게 된 후였다. 밴플리트 장군이 루벤을 만났다. "닥터 루벤, 장교와 사병들이 거리에서 매일 마주치는 수족 절단 아동들을 보고 매우 근심하고 있습니다."

"네, 저도 같은 근심을 하고 있습니다. 제가 듣기로 그런 아이들 중에 고아가 많다고 합니다. 폭격으로 가족을 잃었거나 북에서 피난 나왔다가 혼자가 된 아이들이랍니다. 동상이나 괴저로 다리를 잃은 아이들도 있습니다. 어떤 아이들은 지뢰를 밟거나 수류탄을 집어 들다가 손과 다리가 날아가기도 했습니다. 대개는 돌봐줄 사람조차 없어 거지 노릇을 하게 되었답니다."

"그래서 제가 여기 온 겁니다." 장군이 설명했다. "저희가 모금을 좀 했습니다만, 세브란스 병원에 어린이 특별 병동을 세울 비용을 저희들이 부담해도 되는지 여부를 알고 싶습니다."

"장군, 오랜만에 들어보는 최고의 소식입니다." 루벤이 탄성을 질렀다. "가능한 일이고 말고요. 제가 주선해보겠습니다."

얘기가 잘 되었고, 마침내 장군과 그의 부하들이 어린이 병동 건립비로 7만 달러를 희사했다. 새 병동이 오래잖아 건립되었다. 작은 꼬마들이 의족에 의지해 복도를 오르내리며 축구를 하는 모습이 보이게 되었다. 미국에서 온 한 방문자는 양손에 의수를 단 십대 소년이 달려와 문손잡이를 돌려주는 모습에 큰 감동을 받기도 했다. 그 소년은 환한 미소를 지으며 손 갈퀴를 내보였다. "닥터 루벤하고 똑같아요!" 소년이 공중제비를 해보이면서 손 갈퀴의 우수한 성능을 과시했다.

새 병동의 귀염둥이는 의지할 친척 하나 없는 다섯 살 배기 남자 아이였다. 두 손을 다 잃은 아이였는데 그렇게 된 이유를 설명하는 말이라곤 "나쁜 사람이 왔쩌… 쾅!" 이 전부였다. 아마 공산군이 집 안으로 수류탄을 투척해서 그 아이만 빼고 가족이 다 죽은 것 같았다. 꼬마는 유난히 귀염성 있는 아이였는데 루벤이라면 좋아서 어쩔 줄 몰라 했다. 루벤이 병원에 오면 "할아부지! 할아부지!" 소리를 지르며 루벤의 다리에 매달렸다. 이 소년은 퇴원한 후 미군 군의관 가정에 입양되어 새로운 삶을 시작했다.

대전으로 돌아온 후 루벤의 이름이 알려지면서 일정도 **빡빡**해졌다. 어떤 때는 방문자들이 밀어닥쳐 식사를 거르기도 했다. 한국 사람들이 상의하러 가져오는 일들은 루벤의 사역과 전혀 관련이 없는 경우도 간혹 있었다. 모든 대화가 통역을 통해 이루어졌다. 한국인들끼리 오랫동안 대화를 나눈 후에야 비로소 그 내용이 통역되는 경우도 생겼다. 두 한국인이 잠깐 숨을 고르느라 대화를 중단하기까지 30분 동안이나 기다리고 앉았다가 잠깐 몇 마디를 거들게 되는 때도 있었다. 루벤은 이렇게 썼다.

"누가 불쑥 나타나면 매우 낭패스럽고 화가 날 때도 있는 법이다. 나는 매일을 주님 손에 맡긴다. 그리고 나를 찾아와 불편하게 하는 사람들도 모두 주님이 나에게 보내기를 원하시는 사람들이라고 믿는다. 그래서 설사 시간 낭비라고 보일 때마저도 거기에는 나를 위한 교훈이 있다는 생각을 갖고 참을성 있게 친절한 태도를 보임으로써 구세주를 증거하려고 노력한다. 그렇게 하는 것이 비록 내 눈에 보이지 않더라도 어떤 선한 결과를 맺게 될 것이다."

그러나 인내심도 거저 생기는 것은 아니었다. 하루는 폴이 루벤의 사무실에 업무차 들렀는데 들어서자마자 이런 질문을 받았다. "폴, 문 밖에 사람 둘이 서 있지 않았소?"

"아니요, 루벤." 의아해진 폴이 대답했다. "들어올 때 아무도 못 봤는데요. 근데 왜 그러십니까?"

"조금 전 여기 왔던 사람들 두세 명에게 좀 싫은 소리를 했어요. 주님은 사람들을 절대로 그런 식으로 대하지 않으셨는데 말이오. 그 사람들에게 이 말을 해주고 싶었소." 백발이 성성한 선교사는 자신의 불편한 마음을 털어놓았다. 그것은 다른 사람이 아닌 자신에 대해 불편한 마음이었다.

한 독신 여성 선교사는 친구와의 대화 중에 이런 말을 했다. "나도 루벤 선교사님을 닮았으면 좋겠어. 그분은 늘 온화하시거든."

루벤이라고 해서 의기소침해지는 일이 없는 것은 아니지만,

좌절감에 빠진 다른 사람들에게 틈틈이 격려의 편지를 써서 보냈다. 그런 형편에 있던 딸에게 그는 이런 편지를 썼다.

"지금 네 기분을 얼마간은 알 것 같구나. 지난 몇 개월은 나에게 어려웠던 시기였단다. 골칫거리도 많았지. 전부터 있던 문제, 새로 생긴 문제, 심한 좌절감, 누적되는 미결 사항들, 거치적거리는 일들, 장시간의 회의들에다가 잠도 부족해서 심신이 매우 피곤했지… 결국 내가 깨닫게 된 것은 그럴 때 닥치는 시험거리는 다른 사람들이 가져오기도 하지만 대개 자기 자신으로부터 비롯된다는 사실이란다. 우리는 보통 이겨내려고 애만 쓰게 되지. 짐이 너무 무겁고 긴장이 버거워진다 싶으면, 일단 정지하고 며칠 밤을 잠자리에 일찍 들고 모든 일을 털어내고 주님과의 짧은 묵상 시간을 가지면서 주님의 만져주심에 나를 맡겨드려야 한단다.

주님은 우리에게 과로의 죄, 근심의 죄, 자기모멸의 죄를 처리할 곳을 알려주실 수 있는 분이지. 우리는 맞닥뜨린 문제들을 직시하면서, 그분이 문제들을 맡아서 깨끗하게 치워주시고 그분의 능력과 평정으로 새롭게 해주실 때까지 그분을 의뢰해야 한다고 믿는다. 우리를 짜증나게 하는 것들을 무릅쓰고 무리하게 프로그램을 추진하게 되는 경우가 없지 않지만, 그럴 때일수록 시기를 놓치기 전에 일단 정지하고, 보고, 또 말씀에 귀를 기울여야 한단다. 그렇지 못하면 너무 멀리 나아가서 되돌릴 수 없는 혼란에 빠져버리게 되기 때문이란다."

"애비도 지금까지 설명한 대로 실행하다보니 일들이 잘 해결되고 있구나."

1953년 6월 4일, 루벤이 미국에서 선편으로 도착하는 자넷을 맞으러 도쿄에 갔을 때 루벤의 하늘은 구름 한 점 없이 깨끗한 상태였다. 사실 그에게 휴가가 꼭 필요한 시점이었고 일본은 완벽한 휴가지였다. 일본에는 딸 클레어와 그녀의 남편 글렌이 자녀 셋과 함께 선교사로 일하고 있었다. 루벤은 아내와 자식들과 손자들을 볼 생각에 마음이 들떴다. "기다리기가 무척 힘이 드는군요." 루벤은 젊은 동료 폴에게 심경을 털어놨다.

직업교도원 건물이 준공되길 기다리는 동안 루벤은 서울을 자주 왕래했다. 서울에 있는 대규모 세브란스 병원은 이미 치료가 필요한 수족절단 환자들을 받아들이고 있었다. 폴 킹즈베리가 1952년 가을부터 뉴욕에서 건너와 병원 내에 의수족 제작소를 개설하고 수족절단자들에게 의수족 제작하는 방법을 가르쳤다.

42장 아내의 합류와 팀의 완성

루벤은 첫사랑에 빠진 청년이 되어 자넷이 타고 온 화물선을 마중나가러 요코하마에 도착했다. 화물선은 군수물자를 가득 싣고 있었기 때문에 부두에 정박할 수 없었다. 루벤은 론치(선박에 싣는 보트)가 승객을 항구로 실어오는 것을 기다리지 못하고 모터보트를 빌려 자넷이 타고 있는 화물선을 향했다. 작은 보트가 화물선에 다가가는 동안에도 그의 두 눈은 연방 갑판을 뒤지고 있었다.

보트를 타고 다가오는 사람이 누구인가 호기심에 가득찬 시선을 던지며 배 난간에 기대어 서 있는 승객들 틈에서 루벤은 자넷을 금방 알아봤다. 작고 가녀린 체구, 검고 짧은 곱슬머리, 빛나는 눈동자의 자넷이 사람들 사이에 서 있는 것을 본 루벤은 심장이 멎는 듯 기쁨에 겨웠다.

그는 손을 크게 흔들며 큰 소리로 불렀다. "자넷!"

자넷이 몸집이 작은 일본 짐꾼들 사이에 서 있는 장신의 백발 사나이를 알아보는 데 시간이 걸릴 리 없었다. 푸른 눈이 번쩍 뜨인 자넷은 손을 흔들며 화물선 한쪽에 부두 연결용으로 설치해놓은 작은 널판 입구로 달려왔다. 루벤이 배에 올라서자 두 사람은 옆 사람들의 눈치도 보지 않고 서로 부둥켜 안았다. 하얀 제복을 입은 관원들이 입국 심사를 하는 동안에도 두 사람은 얘기에 몰두했다.

루벤 부부는 클레어 가족과 함께 일본에서 행복이 가득한 두 주간을 보낸 후 한국행 비행기에 올랐다. 루벤은 한국에 있는 작고 검소한 새 사택에 대해서 자넷에게 마음의 준비를 시키려고 노력했다. 일본에 있는 동안 일본 가옥을 방문할 기회가 있을 때마다 루벤은 이런 설명을 했다. "자넷, 당신이 이해해야 될 것은 한국에 있는 우리 가옥이 여기 집들처럼 넓지도 멋지지도 않다는 사실이야."

한번은 자넷이 방을 나가자 루벤이 클레어에게 말했다. "내 생각으로는 대전에 있는 우리 집이 꽤 괜찮거든. 엄마가 괜히 기대를 크게 했다가 실망하지 않을까 걱정이 되는구나."

대전에 도착하자 루벤은 어린 소년이 새로 산 자전거를 자랑하듯이 일본식 방갈로를 아내에게 구석구석 보여줬다. 자넷은 기쁨에 찬 목소리로 말했다. "여보, 정말 훌륭한 집이네요. 당신

설명만 들어서는 감이 안 왔는데 방들의 모양과 크기가 마음에 들어요." 거실로 돌아와 자넷이 덧붙였다. "가구도 널찍하게 배치됐군요. 센스 있게 잘 배치해서 편안하게 쉴 수 있겠어요."

부인의 승인이 떨어지자 루벤의 눈이 기쁨으로 빛났다. 집안이 활기를 띠기 시작했다. 한국인들이 감사의 징표로 갖고 온 아름다운 선물들이 넘쳐났다. 루벤이 붓글씨 표구, 칠기, 화병, 가구를 그의 미적 취향에 맞게 배치했다.

루벤 부부가 부임한 후 1년 동안 대전에 있는 외국 선교사는 이들 부부뿐이었다. 한국 기독교인들이 정기적으로 찾아와서 기쁨, 슬픔 그리고 고민을 털어놓았다. 루벤과 자넷은 활기에 넘치는 이 사람들을 사랑하는 법을 배우고 말이 통하지 않아도 깊은 우의를 쌓을 수 있게 되었다. 한국인들도 루벤 부부의 사랑에 화답했다.

한 동역자가 이렇게 말했다. "루벤의 큰 키, 곧은 허리, 위풍당당한 체격, 거기다 백발, 콧수염까지 합쳐져서 유교의 뿌리가 깊이 내린 사람들의 존경을 자연스럽게 받게 되었다. 한국인들이 한 시간이 멀다하고 집으로, 사무실로 찾아와 자기네 삶과 문제들을 풀어놓았는데 루벤은 바빠 죽겠으면서도 꾹 참고 얘기들을 경청했다. 루벤은 금방 한국에서 전설적 인물이 되었다."

자넷도 곧 남편의 사역에 빠져들게 되었다. 구호품 옷가지들이 미국에서 대량으로 들어왔다. 자넷이 맡은 일은 크기에 따라 의복을 분류하고 쌓아서 수족절단자, 고아, 궁핍한 사람들에게 즉시 배급할 수 있도록 준비해놓는 것이었다.

10월이 될 때까지 그녀가 구호품을 보내준 사람들에게 친필로 쓴 감사편지가 500통이 되었으며, 고아원의 이사직을 맡게 되었다. 자넷은 예전에 했던 안주인 노릇을 재개해 약속된 손님이건 그렇지 않은 손님이건 가리지 않고 무수한 식사를 제공했다. 비워둔 방 하나에는 거의 언제나 손님을 재웠다.

루벤은 잠시 동안 대전에 주둔하는 미군 담당 군목 대리로 시무했다. 미군 사병들은 근무가 없을 때면 정기적으로 루벤을 방문하기 시작했다. 외국인 공동체가 점점 커지면서 주일마다 오후 5시에 영어예배를 드리게 되었다. 오후 3시 반이 되면 루벤 부부가 미군 사병들을 위해 집을 개방하고 다과를 제공하며 교제할 수 있는 자리를 만들어주었다. 루벤 부부는 오후 5시가 가까워지면 예배에 참석하는 청년들을 세비 밴에 가득 태우고 부근 감리교회에 영어예배를 드리러 갔다. 보통 6명에서 8명의 사병들이 루벤 부부 뒤를 따라 예배당 앞자리로 걸어들어 왔다.

"자넷, 오늘도 남자 친구들을 데리고 오셨군요!" 예배를 마친 후 선교사들 중 하나가 이렇게 인사를 하면 자넷은 자랑스럽게 대꾸했다. "오늘은 루터교인 하나, 남침례교인 하나, 가톨릭 신자 하나, 몰몬교인 하나, 유대교인 하나요!"

루터교인 프레드와 유대교인 해리가 예배에 가장 잘 참석하는 사람이었다. 루벤과 자넷은 특별한 일이 없는 저녁에는 사병들을 초대해서 시간을 함께 보냈다.

"우리 집에 올 때 일본 여행 슬라이드를 갖고 오지 그래요." 어느 날 저녁 루벤이 프레드에게 전화를 해서 이렇게 주문했다.

"좋습니다. 해리에게 집에서 보내 온 최신 빅터 레코드판을 갖고 오라고 할까요?"

"좋지요!"

"새 친구도 몇 명 생겼는데요."

"그 친구들도 데리고 와요!" 프레드의 마음을 알아차린 루벤이 대답을 했다. "많이 오면 올수록 그만큼 더 즐겁지."

이날 저녁, 프레드와 새로 온 병사들이 안락한 의자에 앉아 잡지를 읽고 루벤은 해리가 가져온 최신 고전음악 레코드를 들었다. 그리고 프레드가 슬라이드를 보여줬고, 모두들 자넷이 내온 주스와 커피와 케이크를 들며 담소했다.

"해리, 예수님이 해리의 메시아에 관한 모든 예언을 이루셨다고 우리는 믿고 있어요. 신약을 읽어본 적이 있나요?" 루벤이 물었다.

"아니요. 근데 꼭 한 번 읽어보고 싶군요."

"내가 한 권 줄게요. 우리는 늘 여분을 보관하고 있거든요."

"감사합니다. 고마운 말씀이십니다."

청년들이 돌아간 후 루벤이 아내에게 말했다. "프레드와 해리에게 어쩐지 정이 가는군."

"저도 그래요. 왠지 가족 같은 기분이 드네요." 자넷이 동감을 표시했다.

"오늘 밤 해리에게 신약전서 한 권을 줬소. 해리가 그 책을 읽게 해달라고, 또 그리스도가 약속된 구세주라는 걸 하나님이 해리에게 나타내주십사 하고 기도합시다."

시간이 흐른 뒤, 해리가 작별 인사를 하러 왔다. 그는 한국 복무를 마치고 귀국할 채비를 하고 있었다.

"알려드리고 싶은 말씀이 있는데요." 해리가 입을 열었다. "선교사님 여러분들과 교제하게 된 것은 정말 제 생애 중 가장 기억에 남는 경험이었습니다. 루벤, 선생님은 제가 만나본 사람들 가운데 유일하게 훌륭한 분입니다. 선생님의 메시아를 저도 구세주로 영접하기로 했습니다."

루벤과 자넷은 젊은 병사를 포옹하며 솟구치는 눈물을 참았다. 짧은 기도를 드리고 나서, 모두가 미국에 돌아간 후 서로 찾아보기로 약속했다. 석별의 아쉬움과 기쁨이 뒤엉킨 채 루벤 부부는 해리가 탄 지프가 보이지 않을 때까지 대문 앞에 서서 손을 흔들었다.

여러 해 후, 프레드가 루벤 부부를 만나러 아내를 데리고 몬트로즈까지 찾아왔다. 이 신혼부부가 뉴저지에서 차로 출발할 때 프레드는 신부에게 이렇게 말했다. "여보, 귀한 분을 만나게 될 거야!"

자넷은 손님 접대, 감사 편지 쓰기, 구호품 배급 역할에만 매달리는 데 만족하지 않았다. "전도 활동에 참여하고 싶어요." 어느 날 자넷이 한 한국인 여성 목회자에게 자신의 생각을 피력했다. "하지만 한국말을 할 줄 몰라서 할 수가 없군요."

"자넷, 한국 육군에 복무하는 군목들 중에 영어를 배우고 싶어하는 사람들이 있습니다." 여성 목회자가 의견을 말했다. "그 사람들에게 영어 회화를 가르치면서 그들의 삶에 영적으로 다가갈 수 있지 않을까요? 일정상 그렇게 할 시간을 낼 수 있으시겠어요?"

"시간을 내보겠습니다." 자넷이 약속했다.

목사들을 위한 영어 회화 교실이 문을 연 지 얼마 되지 않아 고등학교 교장 한 사람도 영어를 배우러 왔다. 은행원, 지방교도소장, 한국군 장교, 대학생들이 속속 영어 회화 교실에 참여했다. 영어 교실이 매주 4회 오전마다 열리게 되었고, 학생 수가 30명으로 갑자기 불어났다. 대부분 사람들은 기독교인이 아니었다. 자넷은 이번에는 전도 활동을 벌이고 싶은 욕심이 생겼다. 어느 날 자넷이 학생들에게 의사를 타진했다. "하루 오전을 더 늘려서 성경을 가르친다면 오시겠어요?"

42장 아내의 합류와 팀의 완성

젊은이들이 당장에 찬동 의사를 밝혔다. "성경이건 다른 책이건 영어만 배울 수 있다면 그것만으로 특권이지요."

두 주일이 지나기 전에 영어 교실 학생들이 성경공부 2일, 영어공부 3일 안을 채택했다. 영어 입문서를 마친 학생들이 자넷에게 알렸다. "저희들은 다른 영어 교과서를 주문하는 대신 성경을 교과서로 쓰기로 했습니다." 자넷은 기뻐 어쩔 줄 몰랐다.

많은 학생들이 급속도로 서로 친해졌다. 어떤 사람들은 영어를 배우게 하려고 아내를 데리고 왔다. 루벤과 자넷은 점차 교사의 역할뿐 아니라 상담자 역할도 하게 되었다. 한 부부의 결혼생활 문제를 도왔고, 출산을 돕는 기쁨을 누렸으며, 한 주부의 자살을 막기도 했다.

자넷이 받은 가장 이상한 요청은 한 젊은이를 미 육군에 입대시켜 달라는 것이었다. 자넷은 결국 한국인 7명을 미군에 입대시켰다. 이 모든 성과에도 불구하고 자넷의 소원과 기도제목은 그들 모두가 예수를 믿게 해 달라는 것이었다. 한 사람씩, 각기 다른 모양으로 각각 다른 시점에 전부는 아니더라도 대부분이 그리스도를 위해 살기로 결심하게 되었다. 그 중 두 사람은 목회자가 되기를 희망했다.

영어 공부 과정을 수료한 한 학생이 찾아와서 "저희 가족이 다 기독교인이 되었습니다"라고 말했다. "제 양친이 예수를 믿게 되었습니다"라고 전하는 사람도 생겼다. 루벤의 평가는 "기독교 신앙은 가족 구성원에까지 미치지 않으면 실효성이 없다"는 것이었다. 루벤은 아내가 거둔 성과에 대해서 "작은 일에 대한 그녀의 관심이 결국 더 큰 문을 열었다"고 평가했다. 자넷에게 있어서 영어를 가르치는 일은 하찮은 임무였다. 그러나 그것은 거대한 목회로 발전했다.

자넷이 한국에서 돌보았던 고아들.

루벤 부부가 부임한 후 1년 동안 대전에 있는 외국 선교사는 이들 부부뿐이었다. 한국 기독교인들이 정기적으로 찾아와 기쁨과 슬픔, 고민을 털어놓으면서 말은 통하지 않아도 서로 깊은 우의를 쌓았다. 대전 루벤의 집.

자넷이 주관한 영어 성경공부반(루벤의 집 앞에서).

43장 희망의 빛

어느 화창한 봄날, 월요일 아침이었다. 아침식사가 끝나고 스태프의 성경 읽기와 기도 시간도 마쳤다. 루벤이 가방을 챙겨들고 그가 월요일마다 여는 클리닉이 있는 옆 건물 자신의 사무실을 향해 나섰다. 루벤은 아내에게 출근 키스를 하면서 물었다. "당신도 곧 나올 거지?"

"편지를 한 장 먼저 써야 될 것 같아요." 자넷이 대답했다. "다 쓰고 사무실로 가서 옷가지를 분류할게요."

"그럼 곧 봐요." 루벤이 방을 나서서 흙마당을 몇 미터 천천히 걸어 옆 건물 출입문에 다다랐다. 문을 열고 클리닉과 사무실로 사용하는 일본식 주택이 있는 작은 정원으로 들어섰다. 묵직한 기와지붕을 하고 칠이 안 된 나무널판을 수직으로 댄 일본식 건물이 높은 담장 안에 서 있었다.

거의 모든 외국인 주택이 그렇듯이 도둑이 침입하는 것을 막기 위해 시멘트 담장 꼭대기에 깨진 유리 조각을 박아놓았다. 건물 내부 구조는 방 다섯 개와 좁은 복도가 전부였다. 다다미 바닥을 뜯어내고 목재로 바닥을 깔았다. 현관에는 문짝이 달리지 않은 신발장이 벽 쪽에 세워져 있는데 작은 받침을 달아 그 위에 한국인들이 신는 신발을 얹어놓았다. 현관 시멘트 바닥보다 턱이 진 목재 복도 바닥에는 구두 위에 뒤집어 씌우는 덧신과 슬리퍼가 가지런히 놓여 있었다.

현관문을 밀고 들어온 루벤은 허리를 굽혀 덧신을 신발 위에 신고 사무실 쪽으로 난 좁은 복도로 올라섰다. 방에 들어서자 간소한 책상 앞에 앉더니 가방을 꺼내 서류를 정리했다. 조금 있으니까 그의 비서가 왔다. 박 씨가 접이의자를 끌어다 루벤을 마주보고 앉았고 두 사람은 이날의 업무를 논의하기 시작했다. 대문 바깥까지 연결된 줄에 매단 종이 울리자 대화가 끊겼다. 박 씨는 일어나서 이날의 첫 환자를 맞으러 밖으로 나갔다.

쪽진 머리를 하고 정다운 표정을 한 성경학교 여인이 짧은 저고리에 어울리는 폭이 넓은 스커트를 입고 문 밖에 서 있었다. 등에 여덟 살 가량의 사내아이를 업고 있었다. 박 씨는 여인에게 정중하게 인사하고 건물 안으로 안내했다. 여인이 복도 입구에서 고무신을 벗었다.

"이리주세요. 제가 아이를 받을 테니까요." 박 씨가 아이를 들어 올리면서 말했다.

"고맙습니다." 여인이 대답을 하고 나무 마루바닥으로 올라서서 바닥에 놓인 슬리퍼에 맨발을 밀어 넣었다. "목사님 안에 계세요?"

"네, 이리 오십시오."

아이까지 세 사람이 사무실에 들어서자 루벤이 환한 미소를 짓고 자리에서 일어서나 정중하게 머리를 숙여 인사했다. 박 씨는 아이를 접이식 의자에 앉히고 여인에게 아이 옆 자리에 앉으라는 몸짓을 했다.

여인이 박 씨에게 한국 말로 얘기를 나누는 동안 루벤은 말은 안 했지만 이런 생각을 했다. '중국에 있을 때도 지저분한 아이들을 더러 본 일이 있지만 내 평생 이렇게 지저분한 아이는 처음 보는군.' 여인이 박 씨에게 사정을 설명하고 있는 동안 루벤은 지저분하다 못해 새카만 얼굴에 난 구멍 같은 눈으로 자기를 두려운 기색으로 쳐다보고 있는 아이에게 시선을 던졌다. 아이는 더럽고 헐렁한 셔츠를 입고 있었고 셔츠가 어깨로 축 늘어져서 진흙으로 덩어리진 바지를 반쯤 덮었다. 의자 아래로 매달려 있는 막대기 같이 마른 다리에는 발이 달려 있지 않았다.

사정의 단초를 파악한 박 씨가 루벤 쪽으로 돌아서서 영어로 통변을 했다. "오늘 아침 이 아이가 시장거리 진흙창 위를 엉금엉금 기어다니는 걸 부인이 발견했답니다. 이 아이를 좀 어떻게 해주실 수 있는지 부탁드리고 싶답니다. 아무도 이 아이에게 관심을 보이거나 알고 싶어 하지도 않습니다. 부인이 겨우 사정을 조금 알게 됐습니다만 아이가 두려워서 말을 하려고 하지 않습니다."

"부모가 계신지 물어보세요."

박 씨는 한국말로 아이에게 물었다. 아이가 눈을 내리뜬 채 몇 마디를 중얼거렸다.

"아버지는 죽었고 어머니는 행방을 모른답니다."

"양 발을 잃게 된 연유는?"

두려운 표정의 아이가 줄곧 눈을 내리뜨고 연유를 띄엄띄엄 설명하는데 긴 시간이 걸렸다. 박 씨와 성경학교 부인이 이따금씩 질문을 던지는 중 그들의 목소리와 몸짓에서 묻어나오는 친절함으로 아이가 자신감을 얻은 듯 했다. 아이는 점점 편안한 시선을 던지기 시작했다. 멍하고 두려운 빛이 가득했던 두 눈에 희망의 기색이 보이기 시작했다. 한국인 두 사람이 끌어내는 단편적인 이야기를 기초로 루벤은 아이에 대한 정보를 알아냈다. 아이가 마룻바닥을 응시하고 있는 동안 박 씨가 통역을 했다.

"이름은 이재구고요, 아버지가 돌아가시자 할머니에게 보내졌답니다. 얼마 동안 거기서 학교를 다니다가 어머니와 남동생이 보고 싶어서 도망쳐 나와 집으로 돌아갔고요. 집에 도착해서 보니 어머니는 집을 나갔고 아무도 행방을 몰랐답니다. 그때부터 거리를 떠돌며 어머니와 남동생을 찾아다녔고 급기야 집을 잃게 되었답니다."

"뭘해서 먹고 살았고 어디서 잠을 잤답니까?" 루벤이 물었다. 박 씨가 아이에게 다시 물었다. 고개를 숙인 채 재구가 웅얼웅얼 대답했다.

"문전이나 몸을 피할 곳이면 아무데서나 잤답니다. 쓰레기통을 뒤져서 먹었고요."

"그렇다면, 두 발은 어떻게 해서 잃었대요?" 루벤은 동정심에 찬 눈으로 아이를 바라보았다.

"지난 주에는, 잘 곳은 없는데, 날씨는 춥고 배를 곯아 더 걸을 힘도 없어서 길가에 웅크리고 누워 신문지로 몸을 덮었답니다. 다음날 아침 정신이 들어보니 경찰에 발견되어 도립병원에 누워 있었대요. 양발이 퉁퉁 부어올라 시커멓게 되었고 통증이 너무 심해 걸을 수가 없었다는군요. 침대 위에서 따뜻하게 누비이불을 덮고 누워 있던 게 얼마나 좋았던지 모르겠답니다. 그런데 의사가 발을 잘라내야겠다고 판단했던 모양입니다. 잠이 들었다가 아침에 깨어보니 두 발이 사라지고 대신 기부(基部)에 붕대가 칭칭 감겨져 있었대요.

"가엾기도 하지." 루벤이 머리를 저으며 탄식했다. 어떻게 된 일인지 아무도 저 아이에게 설명을 해주지 않았던 것 같군."

성경학교 여인이 미소띤 얼굴로 내려다보며 아이의 헝클어진

까만 머리를 손으로 토닥였다. 아이가 의아한 표정으로 여인을 올려다보다가 이내 눈을 내리깔았다.

"그런데 어떻게 해서 길가로 다시 나왔답니까?"

"얼마나 오랫동안 병원에 있었는지 기억이 안 나지만, 밤낮을 가리지 않고 발을 생으로 잘라내는 것 같은 통증을 느꼈답니다."

"나도 잘 알지." 루벤이 의수를 소년에게 들어 자기도 손이 없다는 걸 보여줬다. 처음에 아이는 무슨 소리인지 알아채지 못했다. 그러나 검은 눈으로 친절한 노인의 얼굴을 살피던 소년의 지저분하고 작은 얼굴에 이해와 희망의 빛이 비쳤다.

"병원에서 아무도 이 아이에게 관심을 두지 않았답니다." 박 씨는 말을 이었다. "이따금씩 기부에 붕대를 갈아주고 끼니 때가 되면 하루에 몇 번 음식이나 들여 밀었고요. 아이가 병원에서 쫓겨나 혼자서 먹고살라고 길 위에 다시 방기된 게 불과 이틀 전이랍니다."

"한국에서 이런 아이들이 얼마나 더 많이 거리를 방황하고 있을지 누가 알겠습니까?" 루벤이 한탄했다. "박 씨, 내 아내가 창고에 있는지 좀 알아봐줘요. 이리 와서 이 아이를 좀 보고 맞는 옷이 있나 찾아보라고 하세요."

박 씨가 일어서서 가려고 하자 아이는 당황스런 기색을 보였다. 성경공부반 여인이 아이를 다시 토닥거려주면서 한국어로 안심을 시켰다. 방 안으로 들어온 자넷이 아이를 보고 놀란 표정 대신 환한 미소를 지어 보이고 나서 목측으로 아이의 치수를 쟀다. "6 정도면 되겠어요." 그녀가 루벤에게 말했다. "맞는 옷이 있나 찾아볼게요."

"박 씨, 저 아이에게 설명해줘요. 깨끗한 옷을 입혀서 같은 처지에 있는 아이들이 있는 직업교도원으로 보내 목재 의족을 달고 걷는 연습을 하게 해주겠다고요. 내 아내가 옷을 찾고 있는 창고로 아이를 데려가세요." 루벤이 아이에게 돌아서서 한국어로 작별인사를 했다. "잘 가, 재구." 그러고 나서 영어로 말했다. "또 만나자." 소년이 무표정한 얼굴로 루벤을 바라보며 모기만한 목소리로 말했다. "안녕히 계세요."

재구는 직업교도원으로 보내져 검소한 기숙사 안에서 다른 수족절단자들과 함께 지내게 되었다. 밤이면 따뜻한 온돌 위에서 이불을 덮고 잤다. 목욕을 하고, 새 옷을 입고, 영양가가 풍부한 음식을 먹게 되었지만, 무엇보다 신나는 일은 새 다리 두 개를 만들어주겠다는 약속이었다. 새 다리를 얻고 보행을 하게 되기까지 몇 차례의 수술과 긴 입원 기간이 필요했지만 직업교도원에 온 지 하루 만에 재구의 눈에 희망의 빛이 비쳤다. 다른 사람들과 아이들이 의수와 의족을 자유롭게 사용하는 모습을 보았다. 소년은 사랑이 넘치고 미소가 가득한 얼굴들이 자기 주위에 있음도 알았다. 이 사람들이 자기를 보살피고 있었다.

루벤은 소년을 다시 만났을 때 두 발이 없다는 걸 보기 전까지 이 아이가 누구인지 알아보지 못했다. 소년이 이 외국인을 즉시 알아보고 환한 미소를 지으며 인사했다. "할아버지, 고맙습니다."

1년 후 재구는 기독교 보육원에 들어갔다. 물론 도움 없이 두 발로 걸어서 들어갔다. 이 행복하고 밝은 소년은 거기서 정상아들과 함께 교육을 받았다.

루벤과 박 씨는 이른 아침부터 밤늦게까지 절룩거리거나 부축을 받아 사무실로 찾아온 남녀노소를 만나고 그들에 대해 결정을 내렸다. 대기실은 하루 종일 만원이었다. 방문자들 중 한 여인은 다섯 살짜리 여아를 따라 한쪽 다리로 뜀뛰기를 하듯이 들어왔다. 임순재라는 이 여인이 들려준 이야기는 다음과 같았다. 여인이 이가 하나도 없어서 하는 말 중에 알아듣기 힘든 부분도 있었다.

"집이 폭격을 맞아 저만 도망 나왔습니다. 당시 제가 임신 중이었는데 뱃속에 있던 아이가 바로 이 아이입니다. 폭격으로 저는 가족과 재산을 다 잃었습니다. 소싯적에 학교를 다닌 적이 있어서 5년 간 아기와 함께 먹고살 돈을 벌려고 애를 썼습니다만 일자리를 얻을 수 없어서 혹시나 하고 이 기독교 기관을 찾아왔습니다." 여자가 말을 마쳤다.

수족을 잃은 사람을 신의 벌을 받은 사람으로 여기는 동양 미신의 영향으로 한국에서 수족절단자들은 사회적으로 고립되는 경우가 많았다. 수족절단자와는 아무도 관계를 맺으려 하지 않았고 그런 이들을 고용하려는 사람은 더욱 귀했다. 질문과 대화가 조금 더 있은 후 임순재 부인이 대기실로 안내되었고, 다른 환자가 면담하러 들어왔다.

다음 환자는 60세 남짓한 남자였다. 두껍고 상처투성이인 손가락만 봐도 오랫동안 힘든 농사일을 해온 농부가 분명했다. 이 남자도 역시 한쪽 발로 껑충껑충 뛰면서 클리닉 안으로 들어왔다. 남자는 가족, 재산 그리고 다리마저 잃고 북한에서 온 불쌍한 피난민이었다.

하루 종일 도움을 요청하는 사람들이 줄을 이었다. 점심 때가 되었어도 루벤은 밥을 먹을 틈조차 나지 않았다. 세비 밴이 찰 만큼 환자들이 모이자 그들을 건물 밖으로 데리고 나가 직업교도원으로 향했다. 밴이 언덕에 올라서자 차창 밖으로 아름다운 녹색 지경이 펼쳐졌다. 나무와 풀밭이 길고 나지막한 건물군을 두르고 있었다.

남자와 부녀자가 각각 다른 건물로 안내되었다. 공터 가운데에 작은 예배당이 있고, 칠을 안 한 투박한 나무 종탑 꼭대기에 십자가가 서 있었다. 이 예배당에서 훈련생들이 매주 일요일과 수요일 저녁에 예배를 드렸다. 그러나 낮에는 예배당 안의 시설이 재배치되었다. 보행 연습을 위해 트랩이 설치되고 의수 사용법을 가르치기 위해 문고리가 달린 판자와 기타 기구들이 놓였다. 다른 건물들에는 철/목공, 바구니 제작, 기타 직업기술을 익히는 작업장이 있었다.

임순재와 어린 딸은 직업교도원 안에서 숙식을 했다. 틀니와 의족을 받고 직조기술을 익혔다. 수개 월 후 부인은 부산에 내려가 자영업을 했다.

농부도 의족을 지급받고 지팡이나 목발 없이 보행하는 법을 배웠다. 묵묵히 즐겁게 잡일 등을 하며 오랜 기간 직업교도원에서 지냈다. 그는 다시 농사일을 하기엔 나이가 너무 많았다. 그러나 2년 후, 같이 일할 젊은 수족절단자를 찾았다. 두 사람은 직업교도원의 지원을 받아 조그만 땅을 부치기 시작했다. 이 농부는 루벤이 고안한 특수 유선형 의족을 사용했다. 이것은 논일을 할 때 재래식 의족보다 더 편했다. 나중에 이 두 사람은 크게 성공하여 직업교도원에서 독립해 나갔다. 하지만 영적 생활과 교제를 계속하기 위해 직업교도원에서 그리 멀지 않은 곳에 살았다.

루벤은 월요일만 되면 바빠졌으나 삶을 두려워하던 사람들 눈에서 싹트는 희망을 보며 감사를 드렸다. "두세 주가 지나면 사람들의 표정이 달라지고 두세 달 후에는 빛을 발합니다." 루벤이 말했다. 많은 수족절단자들이 이곳에 2년 간 머무르면서 직업에 필요한 기술을 배우고 삶 속으로 다시 나갔다.

해외선교회 순회시찰 차 뉴욕에서 와서 이곳을 방문한 한 사람이 이렇게 적었다. "두 달 간의 시찰 여행에서 내가 가장 높이 평가한 곳 중 하나가 대전이다. 전체 일정을 통틀어 가장 행복한 사람들을 수족절단자를 위한 직업교도원에서 보았다."

대전 직업교도원에 있던 예배당.

대전 직업교도원 창설 1주년 기념 예배(1953. 9. 27.).

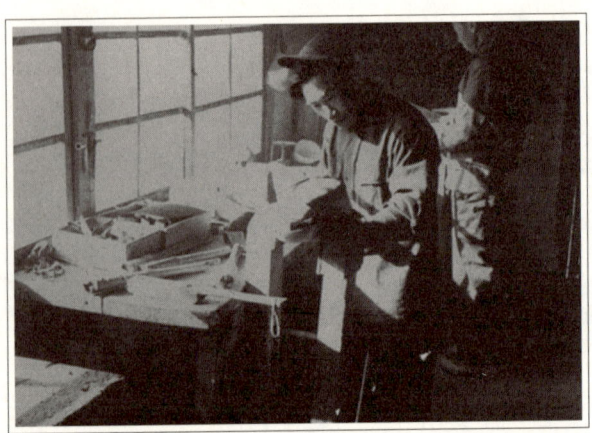

삶을 두려워하던 사람들 눈에서 희망이 싹트는 것을 보며 루벤은 감사를 드렸다. 많은 수족절단자들이 이곳 직업교도원에 머무르면서 필요한 직업 기술을 배우고 삶 속으로 다시 나갔다.

당시 루벤은 고아와 극빈자에게 무료로 의수족을 해주었다. 의족을 받는 대신 예수를 믿거나 교회에 나가야 한다는 조건을 달지 않았지만, 그때 도움을 받은 아이들 중 많은 이들이 훌륭한 기독교인으로 성장해 지금도 사회 각 분야에서 활동하고 있다.

카메룬 엘라에 있는 장로교단 병원의 초빙을 받아 아프리카 사람들에게 의족의수 제작 기술을 가르치고 돌아온 기술책임자 정간모 및 직원들과 함께.

44장 생애 최고의 순간

김 씨는 직업교도원을 방문해서 이곳의 옛 친구들의 뜨거운 환영을 받았다. 그는 청주의 장로교 병원에 입원해 있을 때 기독교인이 된 사람이다. 거기서 의족을 받은 첫 환자이기도 했다.

"고향 마을에 돌아간 후 어떻게 지냈는가?" 강 씨가 물었다.

"내가 다른 사람들과 같이 걸어서 돌아가니 친척과 친구들이 자기들 눈을 의심하더라니까! 내가 농사를 지을 수 없을 거라고 생각하다가 나도 매일 자기들만큼 일을 하는 걸 보고 놀라더군."

"여기를 떠난 후에 전도 활동 같은 것을 한 적이 있나요?" 루벤이 통역을 시켜 물었다.

"바로 그 일을 말씀 드리려 여기 온 겁니다." 김 씨가 응답했다. "제가 집에 돌아갔을 때는 우리 마을에 기독교인은 저 하나

뿐이었는데 수개월이 지나자 많은 사람들이 주님을 구세주로 영접했어요. 여기 직업교도원에서 누가 저와 함께 제 고향으로 가서 교회를 개척하는 일을 도와주실 수 있겠습니까?"

"반가운 요청이고 말고요!" 루벤은 반겼다. "어떻게 하면 좋을지 생각 좀 해보겠습니다. 모두가 업무에 매여 있는 형편이지만 누군가 갈 사람이 나설 거라고 믿어요."

그러나 업무를 제쳐놓고 나설 사람이 아무도 나타나지 않았다. 김 씨는 자기와 동행할 사람이 나타날 때까지 집으로 돌아가려 하지 않았다. 드디어 장로회 관할구에서 새 신자를 낙심시키지 않고 싶은 형제들과 대표 몇 사람을 김 씨와 동행케 하기로 했다. 그들은 수족절단자들을 돌볼 사람들을 구해놓은 다음 버스와 도보로 깊은 산간 마을로 들어갔다.

주일 아침 9시가 되자 새 신자 김 씨가 예배에 참석할 사람들을 끌어 모으기 시작했다. 사람들이 꾸역꾸역 모이기 시작하자 직업교도원에서 온 친구들은 놀라며 믿을 수 없다는 표정으로 쳐다보기만 했다. 농부와 주부들이 제일 좋은 흰색 옷을 차려입고 아이들 손을 잡고 도착했다. 모두들 김 씨 집 바닥에 가족 별로 앉아 머리를 조아리고 기도를 하며 예배가 시작되기를 기다렸다. 어느새 집안이 사람들로 가득 찼는데도 사람들이 연신 모여들었다. 이제는 타작마당에까지 사람들로 가득 찼다.

"마을 전체가 예수님을 영접한 겁니까?" 방문자 한 사람이 놀란 목소리로 속삭였다.

"거의 다요." 김 씨가 대답했다. "제가 보기에 300여 명 됩니다."

"그 사람들 모두 예수를 믿게 하는 데 얼마나 오래 걸렸나요?"

"한 아홉 달 걸린 것 같네요."

어느 가을, 루벤을 보러 찾아오는 많은 사람들 가운데 일주일 동안 머무르며 루벤의 활동을 취재하는 〈타임〉 지 기자가 있었다. 1955년 2월 14일자 〈타임〉 지에 루벤이 수족절단자 아동 한 명과 찍은 사진과 함께 사역에 대한 장문의 기사가 실렸다.

한 해가 지나고 루벤이 69세가 되었다. 그런데 이때까지도 루벤을 대신할 사람을 찾지 못하고 있었다. 어느 날 저녁, 루벤과 자넷이 저녁을 물린 후 작고 아늑한 거실에서 마주 앉았다.

"자넷, 1년 후면 내가 일흔 살이 되는군."

"저는 예순아홉이 되고요! 어떻게 하면 좋죠?"

루벤이 웃음을 터뜨렸다. "우리가 취할 조치는 아무것도 없다는 생각이오. 그렇지만 사역을 생각하면 보통 문제가 아니지 않소? 당신도 알다시피 본부의 정책은 70세 강제 은퇴요."

"당신 경우에는 예외를 만들지도 몰라요."

"아니요." 루벤이 상념에 묻힌 목소리로 말했다. "그렇게 할 의사도 의무도 없소."

"왜요?"

"선교회 사람들에게 짐이 되기 전에, 혹은 그 일로 전국의 사역자들에게 짐이 되기 전에 은퇴하는 게 마땅하다고 생각하오."

"그렇지만 이 사역은 새로우면서도 전혀 다른 사역이잖아요. 당신이 짐이 된다는 건 상상도 할 수 없는 일이에요, 루벤."

"듣기 좋은 말이긴 하지만, 난 그것이 좋은 제도라고 생각하고 있소. 그런데 오늘 오후 명자 씨를 만난 일은 어떻게 됐소?"

은퇴 문제에 대한 토론은 일단 이날 밤으로 끝났다. 그러나 언젠가는 다시 불거질 문제였다.

1956년, 수족절단자 재활 프로젝트 이사회가 루벤의 현역 복무 기간을 70세 이후까지 연장하기로 결의하고 이를 뉴욕에 있는 장로교단 본부에 요청하기로 했다. 한국 사정으로 비추어볼 때 절실한 요청이었다. 그들은 소아마비 환자와 심지어 한센씨병 환자들까지 돌보고 있었기 때문이다. 결정 사항을 통보하기 위해 대표단이 도착하자 루벤이 그들을 반갑게 맞으며 느린 어조로 입을 열었다. "제게 주시는 신뢰에 감사를 드립니다. 저는 이 사역을 사랑합니다. 여러분 모두와 함께 이 사역을 알게 되고 또 동역한 것은 기쁨이었습니다. 그러나 저는 내년에 은퇴해야 한다고 생각하고 있습니다."

"그럼 누가 이 일을 맡아서 합니까?"

"그때까지는 적당한 인물을 찾아내실 수 있을 겁니다." 루벤이 조용한 목소리로 대답했다. "저도 이 문제를 놓고 많은 기도를 해왔습니다. 여러분도 기도하시기 바랍니다." 루벤이 잠시 말을 멈추었다가 다시 계속했다. "우리와 함께 일하는 사람들 중에도 매우 유능한 분들이 계십니다. 강 씨는 저와 밀접하게 이 일을 해왔습니다. 아마 제 자리를 인수 받을 수도 있는 분입니다. 그분이 수락하신다면, 프로그램을 진행할 수 있도록 제가 최선을 다해 도와드리겠습니다."

그러나 직업교도원 이사회는 이 제안을 받아들이지 않고 뉴욕 본부에 서신을 보내 루벤의 복무 연장을 요청했다. 그들이 본부로부터의 회신을 기다리고 있는 동안에도 루벤은 주장을 굽히지 않았다. "나의 신조는 일흔 살 넘어서까지 현장에 머무른다는 건 현명하지 못한 처사라는 것이오." 루벤이 아내에게 다시 한 번 강조했다.

"알겠어요. 여보. 전에도 여러 번 얘기했잖아요."

"게다가 에디스도 있잖소." 루벤이 장난기 섞인 어투로 누이의 이름을 꺼냈다.

"그래요. 에디스도 있어요."

"누님은 무척 우리와 같이 살고 싶어 하지. 나도 그렇고. '선셋 슬롭'에서 우리 남매가 나란히 집을 짓고 살자고 내가 편지도 썼소."

"원래 당신은 가정사가 업무를 방해하는 걸 싫어하지 않았던가요?" 자넷이 상기시켰다.

"이번 경우는 달라요. 내가 말이야, 은퇴가 가까웠거든."

"여보, 아직 결정을 내린 것도 아니잖아요. 그토록 나이에 대해서 융통성이 없는 건 당신답지 않은 일이에요."

"하긴 내가 너무 고집을 부리고 있는 것 같기는 하오. 아무래도 네드와 수 애덤스에게 편지를 써서 어떻게 생각하는지 물어봐야 할 것 같소. 솔직하고 편견 없는 의견을 듣고 싶소."

회신이 급하게 왔다. "우리는 객관적으로, 현실적으로, 사랑하는 마음으로, 감사한 마음으로, 전적으로 루벤 내외분이 주님이 힘주시고 인도하심에 따라 그분의 사역을 계속하시기를 원하며 열렬히 지지합니다."

몇 달 후, 뉴욕 본부에서 루벤의 사역 기간을 1년 더 연장하는 것을 허락했다. 직업교도원 대표단이 이 소식을 갖고 의기양양한 모습으로 돌아왔다. "임기 연장 결정을 겸손하게 받아들이겠습니다." 루벤이 대답했다. "그러나 후계자 물색을 위해 기도를 계속해야 한다고 믿습니다."

1958년, 기도가 응답되었다. 양손이 없지만 재능 많은 미시간 출신 존 스틴스마가 보직을 수락하고 부인과 가족을 동반하여 한국에 도착했다. 그러나 스틴스마는 직책을 맡기 전 1년 간 어학연수 시간을 달라고 요청했다. 결국 루벤이 1년을 더 재직한다는 뜻이 되었다. 기독교세계봉사회는 루벤이 72세가 되는 가을까지 재직한다는 조건으로 1년 간의 사례금을 추가로 지급하기로 했다. 루벤의 직무는 조금도 가벼워지지 않았다. 둔부관절염 때문에 지팡이를 의지해야 했지만 사역에 대한 활력과 열성은 줄어들지 않았다.

1957년 6월, 서울에 있는 '림숍(의수족 제작소)'이 부산하게 움직이고 있었다. 소년들에게 일급비밀 작업 지시가 떨어졌다. 닥터 루벤이 절대 모르게 진행해야 할 일이었다. 소년들은 존경하는 지도자에게 자기들이 맡은 일을 알리고 싶어 안달이 나 있었다. 드디어 발표를 할 경사로운 날이 다가왔다. 한국 선교회의 연례총회 두 번째 날이었다. 선교회의 퇴임 회장 볼켈 씨가 개회를 선언했다. "금일의 첫 안건은 신임 회장 선출입니다." 볼켈이 선언했다. "여러분의 추천을 받겠습니다."

즉시 선교사 한 사람이 일어났다. "의장님, 우리는 선교회 중에서 연장자 순에 따라 회장을 선출하는 전통이 있습니다. 닥터 루벤은 우리 선교회에 소속된 지 5년밖에 되지 않았습니다만, 그의 막중한 사역과 우리에게 기여한 영감을 고려하여 닥터 루벤 A. 토레이를 차기 회장으로 추천합니다."

"추천할 분이 더 있으십니까?" 볼켈이 회중에게 물었다. 다른 선교사가 일어섰다. "추천 마감하기를 동의합니다."

"재청 있으십니까?"

짧은 시간이 흐른 뒤 놀란 표정을 한 루벤과 자넷이 강단으로 인도되었다. 철통같이 보안이 유지됐던 일급비밀이 드러나는 순간이었다. 볼켈이 루벤에게 사회봉을 건넸다.

"닥터 루벤, 사회봉을 넘겨 드리게 되어 매우 기쁩니다." 볼켈이 설명을 시작했다. "이 사회봉은 여기 서울에 있는 림숍에서 당신을 위해 특별히 제작한 것입니다. 소년들이 나무 의족, 목발을 만들고 남은 조각과 여러 재료들을 제작소 주변에서 찾아내어 만든 것입니다. 이 사회봉에는 장로교 선교회와 수족절단자 재활 프로젝트에 속한 모든 이들의 사랑이 담겨 있습니다."

볼켈이 연설을 마치자 선교사들의 박수가 터져 나왔다. 박수 소리가 끊이지 않고 계속됐고 루벤 부부는 감동에 사로잡혀 말문을 열지 못했다. 박수 소리가 잦아들자 루벤이 안경을 벗고 눈물을 훔친 뒤 입을 열었다. "여러분이 오늘 아내와 제게 퍼부어주신 사랑과 영광에 어떻게 감사를 드려야 할지 모르겠습니다. 다만, 제 생애 최고의 순간이라고 말씀 드리는 것으로 가름하겠습니다."

루벤과 자넷의 행복을 한층 더하게 한 것은 아들 아처, 그의 아내 제인, 일곱 살 손자 벤이 그해 11월 한국에 도착한 것이었다. 아처의 임무는 한국전쟁 후에 폐교된 서울의 성공회신학교를 다시 여는 일이었다. "정말 근사한 일이구나." 루벤이 환성을 질렸다. 아처, 제인, 꼬마 벤과 3년을 떨어져 지냈는데 이제 서로 100킬로미터밖에 안 떨어진 곳에 살게 되다니!'

1958년, 루벤은 대만 정부의 초청으로 수족절단 재향군인을 위한 4,200만 달러 프로그램에 관하여 국민당 정부에게 자문을 제공했다. 그는 대만 출장을 다녀오자마자 나흘 간의 감리교 선교사 연찬회를 인도했다.

이듬해 봄, 루벤은 10월 은퇴를 확정하고 존 스티스마와 인수인계 작업에 들어갔다. 그가 한국에 온 지 7년이 되는 해였다. 드디어 그가 미국에 있는 누나, 자녀들 그리고 손주들을 만나보게 된 것이다. 그런데 루벤은 귀국 비행기를 타기 8개월 전 엄청난 충격을 받게 되었다. 에디스 누나가 갑자기 아무 예고도 없이 숨을 거둔 것이었다. 루벤은 커다란 슬픔에 잠겼다.

"하필 몇 달 후면 만나보려는 때에…." 그는 찢어지는 가슴을 아내에게 털어놨다. " '왜' 라는 질문을 붙인다는 건 시험이지. 이 일도 '모든 것들' 중 하나로 받아들여야겠지. 누님을 만나보겠다는 기대가 얼마나 컸는지 이제야 알게 됐소."

"누님이 건강하셨대요." 자넷이 거들었다.

"어머니의 죽음도 이렇게 힘들지는 않았소. 오랜 시간을 두고 마음의 준비가 되어 있었기 때문이겠지. 하지만 이번 일은 받아들여지지 않는군. 누님이 돌아가시다니." 그의 목소리가 잦아들었다. "가족 가운데 누가 죽었을 때도, 어릴 적에 엘리자베스 누나가 죽었을 때만 빼고, 에디스 누님의 죽음만큼 견디기 어렵지는 않았는데." 긴 침묵이 흘렀다. "이젠 가족 중 나 혼자만 남았소."

10월이 오고 한국에서의 직무를 내려놓을 때가 가까워 오자 감사한 생각을 갖고 있던 지인들이 온갖 선물을 갖고 루벤 부부를 찾아오기 시작했다.

루벤은 한국 정부의 훈장과 세브란스 병원의 표창을 받았다. 여러 번에 걸친 환송 파티는 부부가 중국을 떠나 올 때를 연상케 했다. 루벤 부부가 담당한 사역은 놀라운 기회였다. 4,500명이 재활했고, 그들 중 다수가 그리스도를 영접했으며 자기네 터전으로 돌아가 그리스도의 사랑을 증거했다. 세브란스 병원 내에 닥터 루벤 토레이를 기념하는 예배당이 세워졌다. 예배당 입구 통로에 그의 얼굴과 사랑과 감사의 글이 새겨진 청동판이 걸렸다.

루벤 부부는 김포 공항에 도착했을 때 환송하러 나온 군중의 규모에 놀랐다. 사람들이 두 사람 곁에 몰려와서 사랑과 감사의 마음을 표할 때 두 사람은 감정에 북받쳐 어쩔 줄 몰랐다. 사람들에게 일일이 말을 건네는 대신 그들을 향해 계속 손을 흔들었다. 한국어로 부르는 '우리 다시 만날 때까지' 찬송이 터져 나왔다. 두 사람은 영어로 이 찬송을 부르면서 눈물이 그득하게 고인 눈으로 탑승구를 향했다. 트랩을 오르다가 뒤돌아서서 마지막 인사를 고했다. 부부가 비행기 안으로 들어왔는데도 바깥에서 지르는 환송 인사가 활주로를 가득 채웠다.

자넷은 안전벨트를 조이면서 말을 하려다가 목소리가 쉰 것을 느끼고 깜짝 놀랐다. "한국에서 사역한 것은 멋진 기회이자 기쁨이었어요. 하지만 제일 큰 기쁨은 한국 사람들 그 자체였어요."

루벤은 도저히 말을 할 수 없었다. 그저 동의의 뜻으로 고개를 끄덕이고, 비행기가 활주를 시작했을 때 창을 통해 계속 손을 흔들 뿐이었다.

마지막 사역지 한국을 떠나며 인사하는 루벤 부부(1959년, 김포공항). 뒷줄은 아들 내외인 대천덕 신부와 현재인 사모.

루벤은 한국 정부의 훈장과 세브란스 병원의 표창을 받았다. 세브란스 병원 내에 닥터 루벤 토레이를 기념하는 예배당이 세워졌다. 예배당 입구 통로에 그의 얼굴, 사랑과 감사의 글이 새겨진 청동판이 걸렸다(1970년경 토레이 기념관 앞. 맨 왼쪽이 대천덕 신부, 세 번째가 루벤의 후임자 존 스티스마).

44장 생애 최고의 순간 403

45장 은퇴 생활

미국 전역에 걸친 순회 강연을 마친 루벤과 자넷이 1960년 여름 몬트로즈에 도착했다. 펜실베이니아 주 남동쪽 모퉁이에 위치한 몬트로즈는 군 청사와 녹지가 있으며 뉴잉글랜드의 읍을 생각나게 하는 작은 읍이다. 우람한 고목 아래로 완만한 기복을 이루는 잔디 위에 넓고 사방으로 뻗은 흰색 주택들이 옛 상류사회의 풍모를 드러내며 앉아 있었다.

루벤이 동양에 머무르면서 마음속으로 꿈꾸며 못내 돌아오고 싶어 하던 곳이 바로 이곳, 그의 고향이었다. 그의 부친은 돔지붕과 헛간, 넓은 마당이 딸린 빅토리아풍의 붉은 벽돌집을 바이블 컨퍼런스에 단돈 1달러를 받고 넘겼다.

루벤이 이 세상에서 소유한 대지는 마을 위 숲에 위치한 2에이커짜리 땅 두세 필지가 전부였다. 루벤의 꿈은 부친이 '선셋 슬롭(해지는 언덕)'이라 명명한 조그만 땅에 통나무 오두막을 짓는 것이었다. 아버지 R. A. 토레이는 그곳에 올라가서 바위에 앉아 아름다운 석양을 바라보며 명상에 잠기곤 했다.

그러나 루벤은 그곳이 물, 가스, 하수도가 들어올 수 없는 지역이란 사실을 알고 나서 선셋 슬롭에서 살고 싶다는 꿈을 접어야 했다. 루벤과 자넷은 대신, '토레이 랏지(옛 집 이름)' 앞길 건너편에 있는 한 작은 흰색 주택을 구입하기로 하고 자세한 사항을 알아보고 있었다. 때마침 바이블 컨퍼런스의 디렉터인 더그 로우가 루벤 부부를 찾아와서 제안을 했다. "닥터 루벤, 토레이 랏지 1층 전체를 두 분이 살고 싶을 때까지 사용하셨으면 저희들도 참 기쁘겠습니다."

"더그 씨, 진담입니까? 방이 부족하지 않으시겠어요?"

"회의 연사들이 사용하기에 윗층이면 충분합니다." 더그는 대답했다.

"정든 옛 집으로 돌아와 살게 된다니 얼마나 감격스러운지 형언할 길이 없습니다. 전혀 기대하지 못한 제안입니다." 루벤이 말했다.

이후 6년 간 루벤 부부는 늦은 봄이면 몬트로즈로 차를 몰았다. 두 사람은 그 집에서 가을에 내리는 눈을 두 차례 즐기고 조지아 시몬즈 섬으로 가서 겨울을 났다. 사람들이 계속 루벤을 강사로 초빙했다. 남부 조지아에서는 루벤 부부의 오두막이 자문과 영적 도움을 바라는 이웃들이 자주 모이는 사랑방 노릇을 했다. 두 사람은 또, 교단 통합운동을 하는 남부인들의 소규모 그룹에 참여했다.

1966년 가을, 루벤 부부는 장로교 선교사들의 은퇴자 시설인 웨스트민스터 가든에 들어가기로 함으로써 자유로운 생활의 일부를 단념했다. 이 시설은 한 중국인 사업가가 기부한 돈으로 해외선교회가 캘리포니아 듀아트에 있는 아름다운 단지를 은퇴자 시설로 개축한 것이었다. 전직 교사와 선교사들이 노후에 갈 곳을 마련하는 것이 그 사업가의 소망이었다. 루벤과 자넷은 어느 관리인이 사용하던 작은 오두막을 배정받았다. 이 공동체의 일원이 된 후 두 사람은 공동체의 규약에 따라 1년에 석 달 동안만 캘리포니아를 벗어날 수 있었다. 몬트로즈에 가는 것은 자연히 여름 몇 달 동안만으로 제약을 받았다.

헬렌과 프레드가 1960년 몬트로즈에서 여름을 보내기 시작했다. 클레어와 글렌이 일본에서 돌아와 목회를 시작했다. 이 두 사람도 역시 옛 고향에서 휴가를 보냈다. 루벤이 바이블 컨퍼런스의 이사장으로 청빙을 받고 이를 수락했다. 오후 티타임 제도가 부활되었다. 바이블 컨퍼런스의 연사들과 읍내에서 온 친구들이 탁자 앞에 둘러앉아 이야기를 나누고 고양된 기분으로 집으로 돌아갔다.

펜실베이니아 몬트로즈에 있는 군 청사와 마을 광장

대학/신학원 시절 루벤의 집이었던 토레이 랏지. 후에 그의 부친은 돔지붕과 헛간, 넓은 마당이 딸린 이 빅토리아풍의 붉은 벽돌집을 바이블 컨퍼런스에 단돈 1달러만 받고 내주었다.

루벤은 손주들과 시간 보내기를 제일 좋아했다. 바이블 컨퍼런스 마당에서 열리는 저녁 회합이 끝나면 온 가족이 토레이 랏지에 모였다. "알로야, 리크야, 내일 아침 선셋 슬룹에 나와 함께 가지 않겠니? 나무가 우리 땅을 덮어버렸잖아. 나무를 좀 잘라내야겠구나." 루벤이 제안했다.

"우리도 가면 안 돼요?" 슬레이드와 페이튼이 간청을 했다.

"일손이 많으면 일이 쉽지." 루벤이 속담을 인용하며 맞장구를 쳤다. "그렇지만 빈둥빈둥 놀면 안 돼. 열심히 일을 해야 한단다."

이튿날 아침 손자들이 시간에 맞추어 나타났다. 루벤이 손자들과 얘기를 나누며 톱, 도끼, 간이의자를 스테이션 웨건에 실었다. 필요한 장비를 차곡차곡 실은 후 "전원 탑승!" 하고 외치고 엔진에 시동을 걸고 세 블록 정도 차를 몰아 숲으로 갔다.

"알로야, 내가 잘라낼 나무들을 결정할 동안 너는 장비를 차에서 내려놓으렴." 명령을 하달한 루벤이 지팡이에 의지하여 2에이커의 영지를 절뚝거리며 둘러보았다. "자, 얘들아, 내가 여기 앉아서 작전을 지휘하겠다." 몇 분 후 루벤이 지시를 내렸다.

이리하여 이날의 작업이 시작되었다. '루벤 왕'이 지팡이를 뻗어 벌목할 대상을 가리켰고 이제 다시 석양을 볼 수 있겠다는 희망이 생기기 시작했다. 일을 하는 두 시간여 동안 할아버지와 손자들 간에 많은 대화가 오갔다. 하루는 나이 어린 손자들이

몬트로즈 옛 집에서 네 명의 손자들과 함께한 루벤 부부(1964년).

자기들이 하는 일에 매여서 나오지 못하고 장손인 십대 소년 알로만 작업장에 나타났다. 이런 날이면 대화 내용이 좀 더 개인적인 것으로 변했다.

"알로야, 너 사라 버쉬에 대해 관심이 많지? 그렇지? 당연한 일이지. 매우 매력적인 여자아이니까." 알로가 대답을 궁리하고 있는데 할아버지가 말을 이었다. "그렇지만 홀딱 빠져버리면 안 된다. 풋사랑이 지나가면 진짜 지속적인 사랑이 오니까."

"할아버지, 그 차이를 어떻게 알 수 있어요?"

"풋사랑은 대개 육체적인 끌림인 경우가 많지. 늘 포옹하고 키스할 생각만 날 거야."

"엄마는 아이들은 서로 손도 잡으면 안 되는 것으로 생각하고 계세요." 알로가 시무룩하게 토를 달았다.

"할아버지와 할머니가 그렇게 교육을 시켰단다. 한 가지 일이 다른 일로 발전하고 얼마 지나지 않아 아주 큰일을 벌여놓았다는 것을 뒤늦게 알게 되는 법이지. 너도 결혼을 할 때까지 육체적 결합은 아껴두고 싶겠지만 말이야, 결혼이란 섹스 이상의 것이란다." 루벤이 설명했다.

"할아버지와 라오라오(외할머니를 일컫는 중국어)는 어떠세요? 외할머니를 보면 지금도 흥분되세요?"

루벤이 나무 잔가지를 꺾다가 일손을 멈추고 의자에 앉은 채로 알로를 올려다보았다. "알로야, 믿기 어렵겠지만 나는 말이야, 내가 노스필드로 가는 기차간에서 네 외할머니를 처음 만났을 때만큼, 아니 그보다 더 네 할머니를 여자로 느끼고 있단다. 내가 소년 시절에 목회자가 되겠다고 결심했을 때 배우자 선택에 매우 신중을 기해야 한다는 것을 깨닫고 있었지. 그런데 네 외할머니를 만나기 전까진 한 번도 내 기준에 맞는 신부감을 만나보지 못했단다. 네 외할머니는 외모가 매력적이었던 것은 물론, 지적이고 위트가 많은 신실한 기독교인이었단다."

손자들은 할아버지가 들려주는 얘기를 잘 듣고 모두 기억해 두었다. 루벤과 1960년대에 성장한 손자들 사이에 세대차란 존재하지 않았다. 손자들이 말하는 내용 중 어느 것도 그에게 충격으로 다가오지 않았다.

1967년, 루벤 부부가 차량으로 애리조나 피닉스를 경유하여 디디가 사업을 하고 있는 캘리포니아로 갔다. 디디 가족을 만난 후 듀아트까지 갔다. 루벤 부부가 여행에서 돌아온 직후, 루벤이 광범위한 관상동맥혈전으로 쓰러졌다. 병문안이 금지된 채 여러 날을 병실에 갇혀 있은 후, 루벤은 담당 의사를 쳐다보며 물었다. "닥터 버코위츠, 강장제를 먹어도 되겠습니까?"

"강장제라니요?" 놀란 의사가 되물었다. "강장제를 처방하지 않았는데요. 무슨 말씀을 하시는 겁니까?"

"제 아내를 두고 하는 말입니다." 루벤이 장난스런 웃음을 지으며 대답했다. "자넷은 제 강장제이거든요." 이날 이후 자넷은 자유롭게 남편을 문병할 수 있게 되었다. 아내의 유쾌한 모습과 영리한 위트는 정말로 그의 강장제였다.

그는 병세가 회복이 되어 2년을 더 살면서 편지 띄우기 목회를 계속했고 이따금씩 연사로도 활동을 했다. 그러나 거기에는 배워야 할 점도 있었다. 그의 심장병은 관절염에도 영향을 주어 관절이 굳어지는 정도가 심해졌다. 그가 가장 힘들어 한 것은 난생 처음으로 자넷의 도움을 받을 수밖에 없게 된 현실이었다. 구두나 양말을 신을 때 허리를 구부릴 수 없게 된 것이었다. 루벤은 이때까지 기사도 정신을 발휘하여 아내의 시중을 들며 살아왔고 자기가 할 수 있는 일은 다 스스로 하며 살아왔다. 다른 이에게 의지하며 살아감을 익힌다는 것은 그에게 견디기 어려운 일이었다.

어느 날, 루벤이 한숨을 쉬며 말했다. "늙어가는 데도 많은 인내가 필요하군." 자녀들은 여든이 넘은 아버지가 인내의 새 차원을 배워가며 이전 어느 때보다 더 깊은 자애로움의 경지로 들어가는 모습이 그저 놀라울 뿐이었다. 루벤의 조카 한 명이 이렇게 말했다. "아저씨와 함께 지내고 나면 저의 안팎을 모두 물로 씻어낸 듯 한 기분이 듭니다."

1969년, 루벤이 생애 마지막으로 몬트로즈에 가서 평소처럼 가족 모임과 컨퍼런스를 주재했다. 그해 9월에는 82번째 생일을 맞았다. 1970년 2월 23일, 웨스트민스터 가든에 사는 은퇴 선교사들의 중요한 회합이 있었다. 회의는 단지 내의 거실에서 열렸다. 이 포근한 거실로 가려면 우아하고 고풍스런 거실을 거쳐야 했다.

모임 시간이 다 되었을 즈음, 루벤이 아내에게 말했다. "자넷, 아이들에게 부칠 편지를 몇 장 써 놓았소. 내가 먼저 가서 일을 보고 올 테니까 친교실에서 5분 후에 봐요." 그가 편지를 부치고 나서 본관에 들어섰다. 식당 문 앞에 이르니 주치의가 거기에서 은퇴 선교사 몇 사람과 얘기를 나누고 있었다.

"박사님, 어떠세요?" 닥터 버코위츠가 그의 환자를 보고 큰 소리로 인사했다.

"네, 좋습니다." 루벤도 반가워하며 인사를 받았다. 그리고 문을 열고 방에 들어섰고 몇 발자국 걷고는 바닥에 쓰러지며 그대로 숨을 거두었다. 그것은 마치 이 세상에서 저 세상으로 걸어 들어가는 듯한 모습이었다.

이제, 가족의 걱정이 자넷에게로 옮겨갔다. 루벤의 노후에 자넷이 남편의 다리와 오른손 역할을 했던 반면, 루벤은 아내의 청력이 점차 나빠지면서 아내의 귀가 되어 지냈었다. 모임에서 대화를 나눌 때면 귀가 잘 안 들리는 자넷이 가끔 엉뚱한 소리를 할 때가 있었다. 그때마다 루벤이 부드러운 목소리로 "자넷!"

하며 아내를 일깨워주곤 했다. 자넷은 이 소리를 들으면 하던 말을 멈추고 대화의 맥락을 살폈다. 그러면 루벤이 이렇게 말했다. "지금 2차 세계대전이 아니라 월남전에 대해 얘기를 하는 중이오." 자넷이 미소 짓고는 얘기의 방향을 수정했다.

자넷은 남편을 보낸 후에도 담대한 모습을 보였다. 거의 보이지 않는 눈이나 들리지 않는 귀가 자신을 외부 세계로부터 격리하도록 내버려두지 않았을 뿐 아니라 희망과 낙관의 빛을 꺼버리지 않고 주위 사람들의 기분을 계속해서 북돋아주었다. 특히 웨스트민스터 가든에 새로 입주하는 여자들을 기쁘게 해주려고 노력했다.

자넷은 산책을 매일 삶의 일부로 삼았다. 매일 수 킬로미터씩 걷고, 걸어서 가게에 가 식료품을 사고, 웨스트민스터 가든에서 열리는 행사마다 참석하고, 독서와 편지 쓰기를 계속했다. 심지어는 94세가 될 때까지 여름마다 혼자서 몬트로즈로 비행기 여행을 했다. 목요일마다 컨퍼런스 부녀회 회원들을 토레이 랏지에 데리고 와서 전후방 응접실을 구경시켰다. 자넷은 동양에서 가져온 여러 기념품에 얽힌 얘기로 청중을 매료시키고 선교 사역을 더 생생하게 느끼게 해주었다.

자넷의 생애 마지막 4년 동안 인근 애리조나주보다 가까운 데 사는 친척은 손자 페이튼뿐이었다. 당시 페이튼은 자넷의 거처에서 20분 거리에 있는 파사데나 소재 신학원에 다니고 있었다. 두 사람 사이의 정이 놀라울 정도로 두터워졌다. 페이튼은 매주 할머니를 잊지 않고 찾아뵈었다. 주일마다 함께 교회에 다녀오고 나서 웨스트민스터 가든에서 같이 저녁을 들었다. 주일 날 할머니를 찾아뵐 수 없을 때에는 주중에 차를 몰고 왔다. 손자가 나타나면 할머니의 눈이 환하게 빛났다.

"왔구나!" 페이튼이 알아볼 수 있는 거리까지 다가오면 할머니가 이렇게 외쳤다. "아이고, 사랑스런 내 새끼! 한 주일도 잘 지냈니? 얘기를 들려주기 전에 우선 이 초콜릿부터 먹어라!"

"고마워요, 할머니." 청년이 190센티미터나 되는 몸을 구부려 152센티미터의 할머니에게 키스를 했다. "디디 아저씨가 초콜릿을 더 보내주셨던가요?"

"응, 어제 배달됐더라. 자, 그럼 지난 주간 어떻게 지냈는지 또 샌프란시스코 여행은 어땠는지 들려주려무나!"

페이튼이 천천히 그리고 분명한 어조로 설명을 했으나 간간이 할머니가 알아듣지 못하는 부분은 글씨로 써가면서 말씀을 드렸다. 자넷이 글씨 쓴 종이를 눈에 바짝 가져다 대어 읽고 나서 고개를 끄덕였다. "그래, 그래, 고것 한 단어만 못 알아들었단다!"

"할머니, 제 이야기는 그만하고요." 페이튼이 할머니를 손가락으로 가리키며 말했다. "할머니와 할아버지 얘기를 해주세요."

45장 은퇴 생활 415

"누구라고?"

"할아버지요." 페이튼이 할머니에게 몸을 더 가까이 가져가며 큰 소리로 말했다. "할아버지라고?"

자넷이 페이튼을 진지한 표정으로 바라보면서 말을 잘 알아들을 수 없다는 듯 물었다.

"할머니는 결혼생활이 왜 행복했다고 생각하세요?"

자넷이 잠시 먼 곳을 바라보는 듯 하더니 페이튼에게 눈을 돌렸다. "네 할아버지는 다정하고 이기적이지 않으셨지. 나는 할아버지를 온전하게 신뢰했단다. 그래서 우리는 행복했어."

자넷의 마지막 수년 간 페이튼이 자넷의 세상에 들어오는 햇볕이 되어주었다. 페이튼은 할머니의 길고도 풍성한 삶이 나누어주는 명철을 얻을 뿐 아니라 목회를 준비함에 있어 격려와 힘도 얻었다.

1984년, 96회 생신을 지내고 몇 달이 지나서 자넷이 골반 골절상을 입고 12일 동안 입원을 하게 되었다. 헬렌 고모가 펜실베이니아로부터, 어머니가 아이오와에서 올 때까지 페이튼이 꼬박 이틀 간 할머니의 병상을 지켰다. 수술을 받고 난 자넷은 호흡 곤란과 언어장애를 겪게 되었으나 자신을 배려하는 작은 일에 대해 "고마워"를 작은 소리로 말할 수는 있었다.

숨을 거두기 며칠 전, 자넷이 입을 떼었다. "이제 음악을 꺼도 괜찮아." 음악 소리를 들은 사람은 아무도 없었다. 천국에서 들려온 음악 소리였을까?

자넷이 운명하기 바로 전날 밤, 헬렌과 클레어는 이번 주 밤마다 읊던 시편을 암송하기로 했다. 자넷은 딸들의 암송을 따라 작은 소리로 암송을 했고 딸들이 막힐 때에도 암송을 계속했다.

자넷의 관심은 마지막 순간까지 다른 사람을 향한 것이었다. "물 좀 마시겠니?" 또는 "좀 쉬거라." 4월 21일 자넷의 마지막 오후, 그녀가 마지막 남은 힘을 끌어 모아 조금 더 긴 문장을 만들었다. "페이튼에게 뭐 갖고 싶은 것이 있는지 물어보거라. 초콜릿을 적어도 두 개는 갖다주렴." 몇 시간 후 자넷이 조그만 소리로 입을 열었다. "지금 몇 시나 됐지?

헬렌이 밝은 목소리로 대답했다. "7시예요, 엄마. 내일은 부활절이고요!"

자넷의 얼굴에 미소가 번졌다. 그리고 눈을 감았다. 한 시간 후 자넷은 영생으로 들어갔다. 그녀가 좋아하던 말씀이 그녀와 루벤의 생애 동안 풍성하게 성취되었다.

"주 우리 하나님의 은총을 우리에게 내리게 하사 우리의 손이 행한 일을 우리에게 견고하게 하소서 우리의 손이 행한 일을 견고하게 하소서"(시 90:17).

에필로그: 아버지와의 감동적인 만남

나는 이 책을 반복해서 읽으면서 눈물을 쏟았다. 이 위대한 사람이 나의 아버지였다니! 나는 아버지와 함께 사는 동안 그가 어떤 분이었는지 정확하게 이해하지 못했다. 기근대책위원회에서 일을 했고, 주위의 농촌 지역에 개량 목화의 일종을 들여온 분이라는 정도가 내가 아는 전부였다. 집에서는 오후 4시 티타임에 가족과 함께 어울렸다가 4시 30분이 되면 서둘러 일터로 다시 나가셨다.

나는 그분이 하는 일이 무엇인지 전혀 몰랐다. 그러다 아버지가 당신의 모친에게 쓰신 편지들을 누이가 발견했고, 그 편지들로 인해 아버지에 대한 우리 지식의 큰 구멍을 메울 수 있었다. 그분에 관해 처음 알게 된 사실들이 굉장히 많았다.

미국 대학에 진학하기 위해 열일곱 살에 집을 떠난 후 나는 아버지가 해외선교회에서 근무하시는 동안 잠깐씩만 아버지를 뵐 수 있었다. 아버지가 중국에 복귀했다가 그립스홀름 편으로 송환되어 미국에 돌아오셨을 당시, 나는 전투가 벌어지는 지중해 어디에선가 상선 선원으로 배를 타고 있었다. 그 후 아버지가 조지아 데어리언 교구로 나를 잠시 찾아오신 적이 있지만, 곧 어머니를 나에게 맡기고 임지로 떠나셨다. 아버지가 팔 하나를 잃고 미국으로 다시 돌아오셨을 때에야 무슨 일이 일어나고 있었는지 막연히 짐작할 수 있었을 뿐이다. 아버지가 한 쪽 팔을 잃게 된 것은 하나님의 계획 안에서 일어난 일이었으며, 후에 한국의 대전에서 수족절단자 재활 사역을 시작하시는 계기가 되었다. 이 사역은 한국 재활의료의 개척자 역할을 했고, 그 흔적을 지금 세브란스 재활병원에서 찾아볼 수 있다.

양친이 한국에 계신 동안 나는 한국 성공회의 존 댈리 신부를 만났고, 그 만남으로 인해 결국 한국에서 성미가엘 신학원(현 성공회신학대학교)를 세우게 되었다. 그때도 아버지를 잠시 뵈었을 뿐 아버지는 곧 미국으로 돌아가셨다. 그러니 누이가 쓴 이 책을 통해 아버지를 처음으로 만난 것이나 다름 없다. 정말이지 감동적인 만남이었다. 독자 여러분에게도 도전과 격려가 되는 책이기를 바란다.

_루벤 아처 토레이 3세(대천덕)

- 연표로 본 R. A. 토레이 2세 선교사의 생애

1887.	9월 16일 R. A. 토레이의 외아들로 미네아폴리스에서 출생
1890.	부친이 신설된 무디성경학교 초대교장으로 취임하며 온 가족이 시카고로 이사
1903.	부친의 영국 전도 여행을 따라 2년 동안 영국에서 불규칙한 학업 생활
1906.	펜실베이니아 이스튼의 라파옛 대학 입학
1907.	아내 자넷 맬러리와 우연히 처음 만남
1913.	6월 결혼식 후 10월에 중국 산둥성 미항 치푸 도착
1914.	영구 임지 지난으로 가서 본격적으로 선교 활동 시작
1916.	위수 첫 방문, 전도 활동 시작 7월 29일 첫째 딸 헬렌 출생
1918.	1월 19일 둘째 아들 아처 토레이 출생 같은 해 위수 전도 집회에서 성령의 역사가 크게 일어남 6월 첫 안식년을 맞아 귀국
1919.	1월 중국 귀환. 기근구제 사역 시작
1922.	1월 지난 사택 준공 셋째 딸 에디스 클레어 출생
1925.	7월 넷째 아들 프랭크 맬러리 출생, 같은 해 9월 사망
1926.	2월 두 번째 안식년을 맞아 귀국
1928.	10월 25일 부친 R. A. 토레이 별세
1929.	8월 중국 귀환
1930.	3월 21일 다섯째 아들 로레인 맬러리(디디) 출생

1933.	칭다오선교대회 참석 후 총체적인 영적 갱신
1937.	7월 세 번째 안식년을 맞아 귀국
1938.	10월 6일 중국으로 귀환, 일본군이 점령한 지난에 도착
1939.	10월 충푸교회에서 평신도 훈련반 개설
1941.	12월 7일 일본군에 의한 가택 연금. 선교 활동 중단
1942.	6월 29일 상하이에서 강제 송환 배 탑승
	8월 24일 뉴욕항에 입항하여 가족과 재회
1944.	중국 국민당의 요청으로 연락담당관으로 선발, 중국 서부로 파견됨
1945.	7월 업무 수행 중 교통 사고로 오른팔 절단
1947.	2월 다시 중국 상하이로 파송, 중국교회 재건 사역 참여
1949.	5월 24일 공산군 상하이 입성
	9월 24일 중국을 영원히 떠나는 귀향길에 오름
1950~1951.	몬트로즈 바이블 컨퍼런스 강사로 활동
1952.	6월 30일 한국 부산 공항 도착, 수족절단자 재활 사역 시작
	7월 수족절단자 직업교도원 착공(이후 9개월에 걸쳐 완공)
1953.	3월 모친 클라라 토레이 별세
	6월 한국에서 함께 사역하기 위해 미국에 있던 아내 자넷과 합류
1956.	수족절단자 재활 사역 이사회가 루벤의 현역 복무 기간 70세 이후까지 연장하기로 결의
1959.	10월 선교사직 은퇴, 한국을 떠남
1966.	은퇴 선교사 시설인 웨스트민스터 가든 입소
1970.	2월 23일 향년 83세로 별세

한국에서 동역했던 윌리엄 그럽 선교사는 당시의 토레이 선교사를 이렇게 기억한다. "성자가 따로 없습니다. 그는 하나님께 사로잡힌 사람이었습니다. 날마다 성령에 의지한 주님의 일꾼이었습니다. 한국인들을 위해 수없이 울면서 기도하는 그의 모습을 보았습니다. 토레이 박사는 말로만 선교하지 않았습니다. 직접 온몸으로 부딪히며 한국인들의 아픔을 자신의 아픔으로 받아들였습니다"('빛과소금' 2002. 10).

신앙의 명문 토레이 가(왼쪽부터 R. A. 토레이 1세, 2세, 3세, 벤 토레이).
R. A. 토레이 1세(1856-1928)는 예일대학과 동대학 신학부를 졸업하고 무디성경학교 초대 교장을 지냈다. 장로교 목사이자 이 책의 주인공인 그의 아들 토레이 2세(1887-1970)는 중국 선교사로 사역하다가 한국전쟁 이후 대전에서 고아들과 장애인들의 재활을 도왔다. 토레이 3세(1918-2002)는 태백에 성공회 수도원인 예수원을 설립하여 빈부 격차 없는 평등사회를 실천하고자 했던 대천덕 신부다. 그의 아들 벤 토레이 신부는 현재 예수원 삼수령센터 본부장으로 사역하며 통일 한국의 선교를 준비하고 있다. 이들 외에 토레이 가의 많은 이들이 이 땅 곳곳에서 조용히 하나님을 섬기며 믿음의 세대를 이어가고 있다.